2024 전기핵심완성 시리즈 **1**

전기자기학
전기기사 필기

2024
국가기술자격
검정시험대비

김명규 편저

예문사

# 머리말

"기초수학부터 자격증 취득까지 여러분을 인도합니다."

전기공부는 산을 오르는 것과 같습니다. 급한 마음으로 공부한다면 어렵고 힘든 길이 되겠지만 좋은 교재로 차근차근 공부한다면 재미있게 실력을 키울 수 있습니다.

효과적인 학습과 수월한 목표 달성을 위하여 기본에 충실한 교재를 만들기 위해 노력하였습니다. 어려운 내용과 문제보다는 기초를 다진 후 이를 응용하고 적응할 수 있도록 내용을 구성하였습니다. 충분히 기초를 쌓아야 어려운 문제도 풀 수 있습니다.

본 교재는
－전기를 처음 접하는 수험생
－오래전에 전기를 공부한 수험생
－기초수학이 부족한 수험생
을 위해 꼭 필요한 내용을 담았으며 되도록 계산기를 이용하여 풀도록 하였습니다.

자격증 취득 시험은 100점을 맞아야 합격하는 시험이 아니라 60점 이상만 맞으면 합격하는 시험입니다. 문제를 보고 필요한 공식을 즉시 떠올려 적용하는 것이 빠른 합격의 지름길입니다. 이를 위해서는 내용을 여러 번 반복해야만 합니다. 이 교재는 합격에 필요한 내용을 효과적으로 반복할 수 있도록 하여 전기자격증 이라는 산의 정상에 쉽게 오를 수 있도록 돕는 길잡이가 될 것입니다.

본 교재의 다소 미흡한 부분은 추후 개정판을 통해 수정 보완해나갈 것을 약속드리며 출간을 위해 애써주신 예문사에 진심으로 감사드립니다.

저자 일동

시험 가이드 / GUIDE

❶ 전기기사 개요

전기를 합리적으로 사용하는 것은 전력부문의 투자효율성을 높이는 것은 물론 국가 경제의 효율성 측면에도 중요하다. 하지만 자칫 전기를 소홀하게 다룰 경우 큰 사고의 위험이 있기 때문에 전기설비의 운전 및 조작·유지·보수에 관한 전문 자격제도를 실시하여 전기로 인한 재해를 방지하고 안전성을 높이고자 자격제도를 제정하였다.

❷ 시험 현황

① 시행처 : 한국산업인력공단
② 시험과목

구분	시험유형	시험시간	과목
필기 (CBT)	객관식 4지 택일형 (총 100문항)	2시간 30분 (과목당 30분)	1. 전기자기학 2. 전력공학 3. 전기기기 4. 회로이론 및 제어공학 5. 전기설비기술기준
실기	필답형	2시간 30분 정도	전기설비설계 및 관리

② 합격기준
 • 필기 : 100점을 만점으로 하여 과목당 40점 이상, 전과목 평균 60점 이상
 • 실기 : 100점을 만점으로 하여 60점 이상

❸ 시험 일정

구분	필기접수	필기시험	합격자 발표	실기접수	실기시험	합격자 발표
정기 1회	24.1.23. ~24.1.26.	24.2.15. ~24.3.7.	24.3.13.	24.3.26. ~24.3.29.	24.4.27. ~24.5.12.	1차 : 24.5.29. 2차 : 24.6.18
정기 2회	24.4.16. ~24.4.19.	24.5.9. ~24.5.28.	24.6.5.	24.6.25. ~24.6.28.	24.7.28. ~24.8.14.	1차 : 24.8.28. 2차 : 24.9.10.
정기 3회	24.6.18. ~24.6.21.	24.7.5. ~24.7.27.	24.8.7.	24.9.10. ~24.9.13.	24.10.9. ~24.11.8.	1차 : 24.11.20 2차 : 24.12.11

※ 자세한 내용은 한국산업인력공단 홈페이지(www.q-net.or.kr)를 참고하시기 바랍니다.

❹ 검정현황

연도	필기			실기		
	응시	합격	합격률(%)	응시	합격	합격률(%)
2022	52,187	11,611	22.2	32,640	12,901	39.5
2021	60,500	13,365	22.1	33,816	9,916	29.3
2020	56,376	15,970	28.3	42,416	7,151	16.9
2019	49,815	14,512	29.1	31,476	12,760	40.5
2018	44,920	12,329	27.4	30,849	4,412	14.3

도서의 구성과 활용

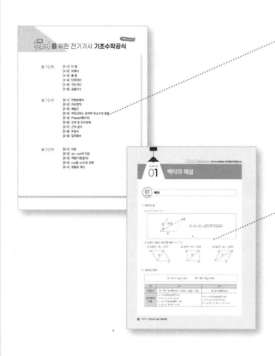

수포자를 위한 전기기사 기초수학공식

- 계산문제가 많은 전기기사 시험에 대비하기 위해 기반이 되는 수학공식을 수록하였습니다.
- 1~3단계로 나누어 체계적인 학습을 할 수 있도록 하였습니다.

STEP 2 **핵심이론**

- 효율적인 학습을 위해 최신 출제기준에 따라 핵심이론만을 정리·분석하여 체계적으로 수록하였습니다.
- 다양한 도표를 통해 쉽게 이해하여 문제를 보고 필요한 공식이 즉시 떠오를 수 있도록 하였습니다.

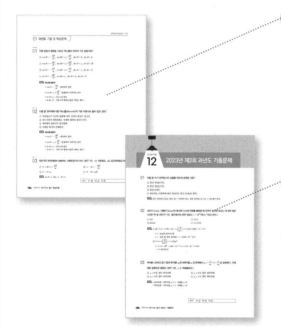

STEP 3 **단원별 과년도 기출 및 예상문제**

- 전기기사 및 산업기사의 과년도 기출문제를 철저히 분석하여 구성한 단원별 기출 및 예상문제를 제공합니다.
- 문제 아래 해설을 배치하여 빠른 학습이 가능하도록 구성했습니다.

STEP 4 **과년도 기출문제**

- 2023년 포함, 2020~2023년 기출문제를 수록하였습니다.
- 2022년도 2회 이후 CBT로 출제된 기출문제는 개정된 출제기준과 해당 회차의 기출 키워드 분석 등을 통해 완벽 복원하였습니다.

CBT 모의고사 이용 가이드

STEP 1 ▶ 로그인 후 메인 화면 상단의 [CBT 모의고사]를 누른 다음 시험 과목을 선택합니다.

STEP 2 ▶ 시리얼 번호 등록 안내 팝업창이 뜨면 [확인]을 누른 뒤 시리얼 번호를 입력합니다.

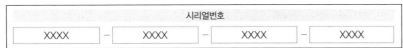

STEP 3 ▶ [마이페이지]를 클릭하면 등록된 CBT 모의고사를 [모의고사]에서 확인할 수 있습니다.

시리얼 번호

S133 - NR20 - 612W - 23J2

목차

수포자 를 위한 전기기사 **기초수학공식**

▣ 1단계

1 – 1	이항

1. +, − 의 이항

① +을 이항하면 −

② −를 이항하면 +

2. ×, ÷ 의 이항

① ×를 이항하면 ÷

② ÷를 이항하면 ×

3. +, − 곱의 계산

① $(+) \times (+) = +$

② $(-) \times (-) = +$

③ $(+) \times (-) = -$

④ $(-) \times (+) = -$

1 – 2	비례식

1. $A : B = \dfrac{A}{B}$

2. $A : B = C : D \Rightarrow \underset{(\text{내항의 곱} = \text{외항의 곱})}{BC = AD} \Rightarrow \dfrac{A}{B} = \dfrac{C}{D}$

3. ① $\dfrac{\frac{A}{B}}{\frac{C}{D}} = \dfrac{AD}{BC}$ ② $\dfrac{A}{\frac{C}{D}} = \dfrac{\frac{A}{1}}{\frac{C}{D}} = \dfrac{AD}{C}$ ③ $\dfrac{\frac{A}{B}}{C} = \dfrac{\frac{A}{B}}{\frac{C}{1}} = \dfrac{A}{BC}$

1-3	통분(분모를 일치시킨다.)

1) 방법 1

① $\dfrac{m}{a} + \dfrac{n}{b} = \dfrac{m \times b + n \times a}{a \times b}$ ② $\dfrac{m}{a} - \dfrac{n}{b} = \dfrac{m \times b - n \times a}{a \times b}$

2) 방법 2

① $\dfrac{m}{a} + \dfrac{n}{b} = \dfrac{m \times b}{a \times b} + \dfrac{n \times a}{b \times a} = \dfrac{m\,b + n\,a}{a\,b}$

② $\dfrac{m}{a} - \dfrac{n}{b} = \dfrac{m \times b}{a \times b} - \dfrac{n \times a}{b \times a} = \dfrac{m\,b - n\,a}{a\,b}$

1-4	단위 계산

작은 값		큰 값	
c(센치)	10^{-2}		
m(밀리)	10^{-3}	K(킬로)	10^{3}
μ(마이크로)	10^{-6}	M(메가)	10^{6}
n(나노)	10^{-9}	G(기가)	10^{9}
p(피코)	10^{-12}		

※ $1[cm^2] = 10^{-4}[m^2]$

1-5	각도계산

1. 계산기 사용시 "Deg"로 사용하면 편하다.

$$\pi = 180°$$

1) [Rad]을 [Deg]로 표현하는 방법 : π 값 대신 180°을 대입한다.

$$\frac{\pi}{2}[\text{Rad}] = 90°[\text{Deg}]$$

$$\frac{\pi}{4}[\text{Rad}] = 45°[\text{Deg}]$$

$$\frac{\pi}{3}[\text{Rad}] = 60°[\text{Deg}]$$

$$\frac{\pi}{6}[\text{Rad}] = 30°[\text{Deg}]$$

2) 각도계산

$$\sin\frac{\pi}{2} = \sin\frac{180°}{2}$$

$$\sin\frac{\pi}{4} = \sin\frac{180°}{4}$$

$$\sin\frac{\pi}{3} = \sin\frac{180°}{3}$$

$$\sin\frac{\pi}{6} = \sin\frac{180°}{6}$$

1-6	공통인수 : 공통문자나 상수를 맨 앞으로 끄집어 낸다.

$$ma - mb + mc = m(a - b + c)$$

■ 2단계

2-1 연립 방정식

1. 가감법

$$119 = L_1 + L_2 + 2M$$
$$11 \ = L_1 + L_2 - 2M \ \ (-$$
$$\overline{}$$
$$108 = \qquad\qquad 4M$$

$$\therefore M = \frac{108}{4} = 27$$

2. 대입법

예 $\lambda = \dfrac{2\pi}{\beta}$, $\beta = \omega \sqrt{\varepsilon \mu}$ 일 때, 파장 λ의 값을 구하면?

β에 $\beta = \omega \sqrt{\varepsilon \mu}$를 대입하면

$$\lambda = \frac{2\pi}{\beta} = \frac{2\pi}{\omega \sqrt{\varepsilon \mu}}$$

2-2 지수법칙

지수법칙은 계산기를 이용하는 것보다, 손으로 푸는 것이 더 빠르다.

1) $a^m \times a^n = a^{m+n}$

2) $a^m \div a^n = a^{m-n}$

3) $(a b)^m = a^m b^m$

4) $\left(\dfrac{a}{b} \right)^m = \dfrac{a^m}{b^m}$

5) $a^m = \dfrac{1}{a^{-m}}$, $a^{-m} = \dfrac{1}{a^m}$

6) $a^0 = 1$

7) $\sqrt[m]{a^n} = a^{\frac{n}{m}}$

8) $10^6 \times 10^{-6} = 10^3 \times 10^{-3} = 1$

2 - 3	제곱근

1) $X^2 = a \Rightarrow X = \sqrt{a}$

2) 제곱근의 성질

① $\sqrt{a^2} = a$, $\sqrt{a} = \sqrt[2]{a}$: 제곱근은 2가 생략된 것과 같다.

② $\sqrt{a^2 b} = a\sqrt{b}$: 제곱이 있으면 밖으로 나올 수 있다.

③ $\sqrt[3]{a^3 b} = a\sqrt[3]{b}$, $\sqrt[6]{a^6 b} = a\sqrt[6]{b}$

④ $(\sqrt{a})^2 = \sqrt{a}\sqrt{a} = a$

⑤ $\sqrt{a}\sqrt{b} = \sqrt{ab}$

⑥ $\sqrt{\dfrac{a}{b}} = \dfrac{\sqrt{a}}{\sqrt{b}}$

※ $\sqrt{\dfrac{a}{b}} = \dfrac{\sqrt{a}}{\sqrt{b}} = \dfrac{\sqrt{a}\sqrt{b}}{\sqrt{b}\sqrt{b}} = \dfrac{\sqrt{ab}}{b}$

⑦ $\sqrt[m]{a^n} = a^{\frac{n}{m}}$

3) 복소수

$i = \sqrt{-1}$, $i^2 = -1$

| 2-4 | 피타고라스 정리와 복소수 표현 |

1. 피타고라스 정리

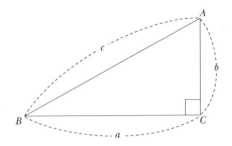

1) $c^2 = a^2 + b^2$

$c = \sqrt{a^2 + b^2}$

2) $\sin\theta = \dfrac{b}{c}$

$\cos\theta = \dfrac{a}{c}$

$\tan\theta = \dfrac{b}{a}$

3) $\sin^2\theta + \cos^2\theta = 1$

$\sin\theta = \sqrt{1 - \cos^2\theta}$

2. 복소수 표현

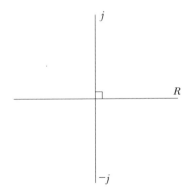

$j = \sqrt{-1} \ \Rightarrow \ j^2 = -1$

전기이론에서 많이 나오는 복소수

① **임피던스** : $Z = R + jX[\Omega]$

② **피상전력** : $P_a = P + jP_r$

2-5 | Phaser(페이저)

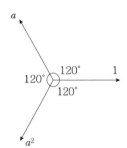

1) $a = 1 \angle 120° = -\dfrac{1}{2} + j\dfrac{\sqrt{3}}{2}$

2) $a^2 = 1 \angle 240° = 1 \angle -120° = -\dfrac{1}{2} - j\dfrac{\sqrt{3}}{2}$

3) $a = 1 \angle 360° = 1$

4) $a^2 + a + 1 = 0$

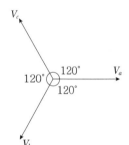

1) $V_a = V_a$

2) $V_b = a^2 V_a$

3) $V_c = a V_a$

2-6 | 전개 및 인수분해 공식

1) $(a+b)^2 = a^2 + 2ab + b^2$

2) $(a-b)^2 = a^2 - 2ab + b^2$

3) $(a+b)(a-b) = a^2 - b^2$

4) $(aX+b)(cX+d) = acX^2 + adX + bcX + bd$

2-7 근의 공식

1) 방정식 $ax^2 + bx + c = 0$를 푸는 방법

　① 인수분해를 이용하는 방법

　② 완전제곱식을 이용하여 푸는 방법

　③ 근의 공식을 이용하여 푸는 방법

$$ax^2 + bx + c = 0 \qquad\qquad ax^2 + 2bx + c = 0$$

$$x = \frac{-b \pm \sqrt{b^2 - 4ac}}{2a} \qquad\qquad x = \frac{-b \pm \sqrt{b^2 - ac}}{a}$$

2) $i = \sqrt{-1}, \quad i^2 = -1$

2-8 부등식

1) S는 2보다 작고, 3보다 크다.

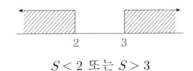

$$S < 2 \text{ 또는 } S > 3$$

2) S는 2보다 크고, 3보다 작다. 또는 S는 3보다 작고 2보다 크다.

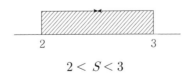

$$2 < S < 3$$

2-9	**일차 함수**

1) 원점을 지나는 1차 함수의 일반형

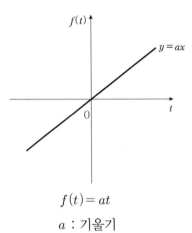

$$f(t) = at$$

a : 기울기

■ 3단계

3-1 미분

1. 기본공식

1) $f(x) = ax^m$의 미분 $\Rightarrow \dfrac{d}{dx}ax^m = a \cdot m\, x^{m-1}$

2) $f(x) = a(상수)$의 미분 $\Rightarrow \dfrac{d}{dx}a = 0$

3) $f(t) = b\,e^{at}$의 미분 $\Rightarrow \dfrac{d}{dt}be^{at} = b \cdot a\,e^{at}$

4) 편미분 : $\dfrac{\partial}{\partial x}f(x)$

3-2 sin, cos의 미분

1) $\dfrac{d}{dt}\sin\omega t = \omega\cos\omega t$

2) $\dfrac{d}{dt}\cos\omega t = -\omega\sin\omega t$

3-3 적분(기본공식)

1) 일반식 적분 : $\displaystyle\int a\,x^m dx = a\,\dfrac{1}{m+1}x^{m+1}$

2) 상수 적분 : $\displaystyle\int E\,dS = E\,S$

3) 지수함수 적분 : $\displaystyle\int e^x dx = e^x$

4) 지수함수 적분 : $\displaystyle\int e^{at} dt = \dfrac{1}{a}e^{at}$

5) $\displaystyle\int \dfrac{1}{x}dx = \ln x + c$

3 - 4	cos를 sin으로 변환하는 법

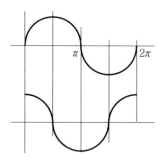

$$v = V_m \cos \omega t = V_m \sin(\omega t + 90°)$$

3 - 5	행렬

1) 단위행렬

$$I = \begin{bmatrix} 1 & 0 \\ 0 & 1 \end{bmatrix} = \begin{bmatrix} 1 & 0 & 0 \\ 0 & 1 & 0 \\ 0 & 0 & 1 \end{bmatrix} = 1$$

예 $sI - A = s\begin{bmatrix} 1 & 0 \\ 0 & 1 \end{bmatrix} - \begin{bmatrix} 0 & 1 \\ -3 & 4 \end{bmatrix} = \begin{bmatrix} s & 0 \\ 0 & s \end{bmatrix} - \begin{bmatrix} 0 & 1 \\ -3 & 4 \end{bmatrix} = \begin{bmatrix} s & -1 \\ 3 & s-4 \end{bmatrix}$

2) 곱 행렬 계산 : <u>칙칙폭폭, 칙칙폭폭, 곱하고, 더한다.</u>

$$\begin{bmatrix} I_a \\ I_b \\ I_c \end{bmatrix} = \begin{bmatrix} 1 & 1 & 1 \\ 1 & a^2 & a \\ 1 & a & a^2 \end{bmatrix}\begin{bmatrix} I_0 \\ I_1 \\ I_2 \end{bmatrix} = \begin{bmatrix} 1I_0 + 1I_1 + 1I_2 \\ 1I_0 + a^2I_1 + aI_2 \\ 1I_0 + aI_1 + a^2I_2 \end{bmatrix} = \begin{bmatrix} I_0 + I_1 + I_2 \\ I_0 + a^2I_1 + aI_2 \\ I_0 + aI_1 + a^2I_2 \end{bmatrix}$$

$$\begin{bmatrix} V_0 \\ V_1 \\ V_2 \end{bmatrix} = \frac{1}{3}\begin{bmatrix} 1 & 1 & 1 \\ 1 & a & a^2 \\ 1 & a^2 & a \end{bmatrix}\begin{bmatrix} V_a \\ V_b \\ V_c \end{bmatrix} = \frac{1}{3}\begin{bmatrix} 1V_a + 1V_b + 1V_c \\ 1V_a + aV_b + a^2V_c \\ 1V_a + a^2V_b + aV_c \end{bmatrix} = \frac{1}{3}\begin{bmatrix} V_a + V_b + V_c \\ V_a + aV_b + a^2V_c \\ V_a + a^2V_b + aV_c \end{bmatrix}$$

3-6	로그의 성질

1) $\log a^n = n \log a$

2) $\log 10 = 1$

3) $\log 1 = 0$

01

전기기사 필기
핵심이론

전기기사 핵심완성 시리즈 - 1. 전기자기학

CRAFTSMAN
ELECTRICITY

CHAPTER 01 벡터의 해설

SECTION 01 벡터

1. 벡타의 합

① 평행사변형의 원리

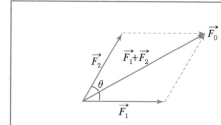

$$\overrightarrow{F_0} = |\overrightarrow{F_1} + \overrightarrow{F_2}| = \sqrt{F_1^2 + F_2^2 + F_1 F_2 \cos\theta}$$

② 120[°], 90[°], 60[°]일 때의 벡터의 합

㉠ 120[°] : $F_0 = \sqrt{1}\,F$　　　　㉡ 90[°] : $F_0 = \sqrt{2}\,F$　　　　㉢ 60[°] : $F_0 = \sqrt{3}\,F$

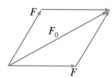

2. 내적과 외적

$$\dot{A} = A_x i + A_y j + A_z k \qquad \dot{B} = B_x i + B_y j + B_z k$$

구분	내적	외적
기본공식	$\dot{A} \cdot \dot{B} = \|A\|\,\|B\|\cos\theta = A_x B_x + A_y B_y + A_z B_z$	$\dot{A} \times \dot{B} = \|A\|\|B\|\sin\theta$

기본 벡터의 관계	• $i \cdot i = \|i\|\|i\|\cos 0[°] = 1,$
	  $i \cdot i = j \cdot j = k \cdot k = 1$
	• $i \cdot j = \|i\|\,\|j\|\cos 90[°] = 0$
	  $i \cdot j = j \cdot k = k \cdot i = 0$
		• $i \times i = \|i\|\|i\|\sin 0[°] = 0,$
		  $i \times i = j \times j = k \times k = 0$
		• $i \times j = k,\ j \times k = i,\ k \times i = j$

3. ▽(nabla : 헤밀톤연산자, del)

▽(nabla : 헤밀톤연산자, del)는 벡터를 미분할 때 활용한다.

$$\nabla = grad = i\frac{\partial}{\partial x} + j\frac{\partial}{\partial y} + k\frac{\partial}{\partial z}$$

• $\nabla = grad(gradient)$: 기울기

4. 벡터의 발산과 회전

① 벡터의 발산(=divergence) : $\mathrm{div} = \nabla \cdot$
② 벡터의 회전(=rotation=curl) : $\mathrm{rot} = \nabla \times$

5.

$$E = -\,grad\ V = -\,\nabla\,V = -\left(i\frac{\partial V}{\partial x} + j\frac{\partial V}{\partial y} + k\frac{\partial V}{\partial z}\right) = -\,i\frac{\partial V}{\partial x} - j\frac{\partial V}{\partial y} - k\frac{\partial V}{\partial z}$$

⚡ 과년도 기출 및 예상문제

★★☆

01 두 벡터 $A = 2i + 4j$, $B = 6j - 4k$가 이루는 각은 몇 도인가?

① 36[°]

② 42[°]

③ 50[°]

④ 62[°]

> **해설** $A \cdot B = AB\cos\theta = A_x B_x + A_y B_y + A_z B_z$에서 $AB = \sqrt{2^2 + 4^2} \ \sqrt{6^2 + (-4)^2} \cos\theta = 4 \times 6 = 24$
>
> $\cos\theta = \dfrac{24}{\sqrt{20} \times \sqrt{52}}$
>
> $\theta = \cos^{-1} \dfrac{24}{\sqrt{20} \times \sqrt{52}} = 41.92[°]$

★☆☆

02 벡터 $A = i - j + 3k$, $B = i + ak$일 때 벡터 A와 벡터 B가 수직이 되기 위한 a의 값은? (단, i, j, k는 x, y, z 방향의 기본벡터이다.)

① -2

② $-\dfrac{1}{3}$

③ 0

④ $\dfrac{1}{2}$

> **해설** $\dot{A} \cdot \dot{B} = |A| \ |B|\cos\theta = A_x B_x + A_y B_y + A_z B_z$
>
> $A \perp B$ 가 되기 위한 조건은 $\theta = 90[°]$ ∴ $\cos\theta = \cos 90[°] = 0$
>
> $|A| \ |B|\cos\theta = A_x B_x + A_y B_y + A_z B_z$
>
> $0 = 1 \times 1 + (-1) \times 0 + 3 \times a$
>
> $1 + 3a = 0$
>
> ∴ $a = -\dfrac{1}{3}$

★☆☆

03 벡터에 대한 계산식이 옳지 않은 것은?

① $i \cdot i = j \cdot j = k \cdot k = 1$

② $i \cdot j = j \cdot k = k \cdot i = 0$

③ $i \times i = j \times j = k \times k = 1$

④ $|A \times B| = AB\sin\theta$

> **해설** $i \times i = |i| \, |i| \sin 0[°] = 1 \times 1 \times 0 = 0$

정답 | 01 ② 02 ② 03 ③

★☆☆

04 전계 E의 x, y, z성분을 E_x, E_y, E_z 표시되었을 때, $\mathrm{div}\,E$는?

① $\dfrac{\partial E_x}{\partial x} + \dfrac{\partial E_y}{\partial y} + \dfrac{\partial E_z}{\partial z}$ ② $i\dfrac{\partial E_x}{\partial x} + j\dfrac{\partial E_y}{\partial y} + k\dfrac{\partial E_z}{\partial z}$

③ $\dfrac{\partial^2 E_x}{\partial x^2} + \dfrac{\partial^2 E_y}{\partial y^2} + \dfrac{\partial^2 E_z}{\partial z^2}$ ④ $i\dfrac{\partial^2 E_x}{\partial x^2} + j\dfrac{\partial^2 E_y}{\partial y^2} + k\dfrac{\partial^2 E_z}{\partial z^2}$

> **해설** $\mathrm{div}\,E = \nabla \cdot E = \left(i\dfrac{\partial}{\partial x} + j\dfrac{\partial}{\partial y} + k\dfrac{\partial}{\partial z} \right) \cdot (iE_x + jE_y + kE_z) = \dfrac{\partial E_x}{\partial x} + \dfrac{\partial E_y}{\partial y} + \dfrac{\partial E_z}{\partial z}$

★★☆

05 전위 $V = 3xy + z + 4$일 때 전계 E는?

① $i\,3x + j\,3y + k$ ② $-i\,3y - j\,3x - k$

③ $i\,3x - j\,3y - k$ ④ $i\,3y + j\,3x + k$

> **해설** $E = -\,grad\,V = -\nabla V = -\left(i\dfrac{\partial}{\partial x} + j\dfrac{\partial}{\partial y} + k\dfrac{\partial}{\partial z} \right) V$
>
> $= -\left(i\dfrac{\partial V}{\partial x} + j\dfrac{\partial V}{\partial y} + k\dfrac{\partial V}{\partial z} \right) = -(i3y + j3x + k) = -i3y - j3x - k$

★★☆

06 전계 $E = i3x^2 + j2xy^2 + kx^2yz$의 $\mathrm{div}\,E$는 얼마인가?

① $-i6x + jxy + kx^2y$ ② $i6x + j6xy + kx^2y$

③ $-\left(6x + 6xy + x^2y \right)$ ④ $6x + 4xy + x^2y$

> **해설** $\mathrm{div}\,E = \nabla \cdot E = \left(i\dfrac{\partial}{\partial x} + j\dfrac{\partial}{\partial y} + k\dfrac{\partial}{\partial z} \right) \cdot \left(iE_x + jE_y + kE_z \right)$
>
> $= \dfrac{\partial}{\partial x}E_x + \dfrac{\partial}{\partial y}E_y + \dfrac{\partial}{\partial z}E_z = \dfrac{\partial}{\partial x}3x^2 + \dfrac{\partial}{\partial y}2xy^2 + \dfrac{\partial}{\partial z}x^2yz = 6x + 4xy + x^2y$

정답 | 04 ①   05 ②   06 ④

CHAPTER 02 진공중의 정전계

01 SECTION 정전유도

1. 대전체

① 전기를 생기게 하는 현상을 대전이라고 하고
② 전기를 띠게 된 물체를 대전체라 한다.
③ (+) 털가죽 – 유리 – 명주 – 나무 – 고무 – 플라스틱 (−)

2. 정전유도

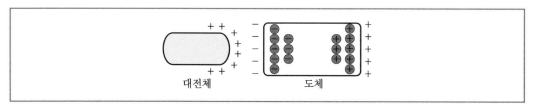

① 대전체(+)를 대전 되지 않은 도체를 가까이 접근시키면 가까운 곳은 (−)로, 먼 곳은 (+)로 대전되는 현상이다.
② 대전체가 가지고 있는 전기는 그 물체에 정지되어 있으므로 정전계라 한다.

3. Thomson's 정리(가장 안정적인 상태)

전계 중의 전하는 안정된 전하분포를 가지려 한다. 즉 전계 에너지가 최소로 되는 전하분포의 상태를 정전계라 한다.

⚡ 과년도 기출 및 예상문제

★☆☆

01 정전유도에 의해서 고립도체에 유기되는 전하는?

① 정전하만 유기되며 도체는 등전위이다.
② 정, 부 동량의 전하가 유기되며 도체는 등전위이다.
③ 부전하만 유기되며 도체는 등전위가 아니다.
④ 정, 부 동량의 전하가 유기되며 도체는 등전위가 아니다.

> **해설** **정전유도**
> • 대전체(+)를 대전 되지 않은 도체를 가까이 접근시키면 가까운 곳은 (−)로, 먼 곳은 (+)로 대전되는 현상
> • 정(+), 부(−) 동량의 전하가 유기되며 도체는 등전위이다.

★★★

02 정전계의 설명으로 가장 적합한 것은?

① 전계 에너지가 최대로 되는 전하분포의 전계이다.
② 전계 에너지와 무관한 전하분포의 전계이다.
③ 전계 에너지가 최소로 되는 전하분포의 전계이다.
④ 전계 에너지가 일정하게 유지되는 전하분포의 전계이다.

> **해설** Thomson's 정리(가장 안정적인 상태)

★☆☆

03 도체계에서 임의의 도체를 일정전위의 도체로 완전포위하면 내외공간의 전계를 완전차단할 수 있다. 이것을 무엇이라 하는가?

① 전자 차폐 ② 정전 차폐
③ 홀(Hall) 효과 ④ 핀치(Pinch) 효과

> **해설**
>
>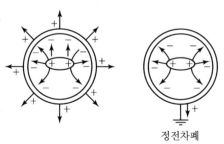
>
> 정전차폐

02 SECTION 쿨롱의 법칙

1. 반발력과 흡인력

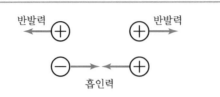

$$F = \frac{1}{4\pi\varepsilon_0}\frac{Q_1 Q_2}{r^2} = 9 \times 10^9 \frac{Q_1 Q_2}{r^2}\,[\mathrm{N}]$$

① $\dfrac{1}{4\pi\varepsilon_0} = 9 \times 10^9$

② ε_o(진공 중의 유전율)$= 8.855 \times 10^{-12}$

③ ε(유전율)$\varepsilon_o\varepsilon_s$($\varepsilon_s$: 비유전율)

④ 전속밀도(전기변위) : $\mathrm{D} = \varepsilon\mathrm{E} = \varepsilon_0\varepsilon_s\mathrm{E}$

$$F = \frac{1}{4\pi\varepsilon}\frac{Q_1 Q_2}{r^2} = \frac{1}{4\pi\varepsilon_0}\frac{Q_1 Q_2}{r^2}\frac{1}{\varepsilon_s}\,[\mathrm{N}]$$

과년도 기출 및 예상문제

★★★
01 진공 중에서 같은 전기량 $+1[C]$의 대전체 두 개가 약 몇 $[m]$ 떨어져 있을 때 각 대전체에 작용하는 척력이 $1[N]$인가?

① 9.5×10^4
② 3×10^3
③ 9.5×10^{-4}
④ 3×10^{-3}

해설

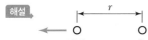

$$F = 9 \times 10^9 \, \frac{Q_1 \times Q_2}{r^2}$$

$$1 = 9 \times 10^9 \, \frac{1 \times 1}{r^2}$$

$$r^2 = 9 \times 10^9$$

$$r = \sqrt{9 \times 10^9} = 94868.3 = 9.5 \times 10^4$$

★☆☆
02 진공 중에 그림과 같이 한 변이 a[m]인 정삼각형의 꼭짓점에 각각 서로 같은 점전하 $+Q[C]$이 있을 때 그 각 전하에 작용하는 힘 F는 몇 $[N]$인가?

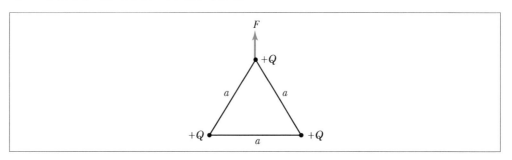

① $F = \dfrac{Q^2}{4\pi\varepsilon_0 a^2}$
② $F = \dfrac{Q^2}{2\pi\varepsilon_0 a^2}$

③ $F = \dfrac{\sqrt{2}\, Q^2}{4\pi\varepsilon_0 a^2}$
④ $F = \dfrac{\sqrt{3}\, Q^2}{4\pi\varepsilon_0 a^2}$

해설 $F_1 = \dfrac{Q^2}{4\pi\varepsilon_0 a^2}$

$$F = \sqrt{3}\, F_1 = \frac{\sqrt{3}\, Q^2}{4\pi\varepsilon_0 a^2} [N]$$

정답 | 01 ① 02 ④

★☆☆

03 유전체 중의 전계의 세기를 E, 유전율을 ε이라 하면 전기변위는?

① $\dfrac{1}{2}\varepsilon E^2$

② $\dfrac{E}{\varepsilon}$

③ εE^2

④ εE

해설 전기변위＝전속밀도

★☆☆

04 합성수지의 절연체에 $5 \times 10^3 [\mathrm{V/m}]$의 전계를 가했을 때, 이때의 전속밀도를 구하면 약 몇 $[\mathrm{C/m^2}]$이 되는가? (단, 이 절연체의 비유전율은 10으로 한다.)

① 1.1×10^{-4}

② 2.2×10^{-5}

③ 3.3×10^{-6}

④ 4.4×10^{-7}

해설 $D = \varepsilon E = \varepsilon_0 \varepsilon_s E = \varepsilon_0 \times 10 \times 5 \times 10^3 = 4.427 \times 10^{-7} [\mathrm{C/m^2}]$

★☆☆

05 공기 중 두 점전하 사이에 작용하는 힘이 $5[\mathrm{N}]$이었다. 두 전하 사이에 유전체를 넣었더니 힘이 $2[\mathrm{N}]$으로 되었다면 유전체의 비유전율은 얼마인가?

① 15

② 10

③ 5

④ 2.5

해설 • $F_0 = \dfrac{1}{4\pi\varepsilon_0} \dfrac{Q_1 Q_2}{r^2}$ 에서 $5 = \dfrac{1}{4\pi\varepsilon_0} \dfrac{Q_1 Q_2}{r^2}$

• $F = \dfrac{1}{4\pi\varepsilon_0 \varepsilon_s} \dfrac{Q_1 Q_2}{r^2} = \dfrac{1}{4\pi\varepsilon_0} \dfrac{Q_1 Q_2}{r^2} \dfrac{1}{\varepsilon_s}$ 에서 $2 = 5 \dfrac{1}{\varepsilon_s}$ $\therefore \varepsilon_s = \dfrac{5}{2} = 2.5$

★☆☆

06 두 개의 도체구가 $20[\mathrm{cm}]$ 떨어져 놓여 있다. 도체구의 전하를 각각 $0.2[\mu\mathrm{C}]$ 및 $-0.6[\mu\mathrm{C}]$이라 할 때 가느다란 전선으로 양 도체구를 접속했을 때의 힘을 구하면?

① $9 \times 10^{-3} [\mathrm{N}]$, 흡인력

② $9 \times 10^{-3} [\mathrm{N}]$, 반발력

③ $18 \times 10^{-3} [\mathrm{N}]$, 흡인력

④ $18 \times 10^{-3} [\mathrm{N}]$, 반발력

해설

0.2[μc]   −0.6[μc]

$0.2 - 0.6 = -0.4[\mu C]$

0.2   −0.2

0.2[m]

$$F = 9 \times 10^9 \, \frac{Q_1 Q_2}{r^2} = 9 \times 10^9 \, \frac{(-0.2 \times 10^{-6}) \times (-0.2 \times 10^{-6})}{0.2^2} = 9 \times 10^{-3} \, [\text{N}]$$

★★☆

07 점전하 Q_1, Q_2 사이에 작용하는 쿨롱의 힘이 F일 때 이 부근에 점전하 Q_3를 놓을 경우 Q_1과 Q_2 사이의 쿨롱의 힘을 F'라고 하면?

① $F > F'$ ② $F < F'$

③ $F = F'$ ④ Q_3의 크기에 따라 다르다.

해설

$$F = 9 \times 10^9 \, \frac{Q_1 Q_2}{r^2}$$

• Q_1과 Q_2 사이에 작용하는 힘은 Q_1, Q_2의 크기와 Q_1, Q_2 사이의 거리에서만 영향을 받으며 다른 것에 의한 영향은 받지 않는다.

정답 | 07 ③

03 SECTION 전기력선

1. 전기력선의 성질

① 전기력선의 방향은 전계의 방향이고, 표면(등전위면)과 수직 방향이며, 수직한 단면적의 전기력선밀도는 전계의 세기이다.

② 전기력선은 (+)전하에서 나와서 (−)전하로 끝난다.

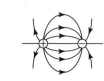

③ 전기력선은 전위가 높은 점에서 낮은 점으로 향한다.

④ 전기력선은 그 자신만으로 폐곡선을 이루지 않는다. 즉, 불연속이다.

⑤ 전하가 없으면 전기력선의 발생, 소멸이 없다. 즉, 연속적이다.

⑥ 도체 내부에는 전기력선이 존재하지 않는다(전기력선은 표면에서 나온다.).

⑦ 전기력선은 반발하며 교차하지도 않는다.

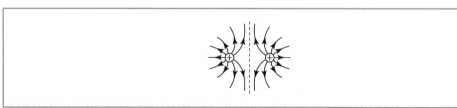

⑧ 전기력선의 접선방향이 전계의 방향이다.

　㉠ 단위전하 1[C]에서의 전기력선은 $\frac{1}{\varepsilon_o}$ 개이며, 전속(D) 수는 1개이다.

　㉡ 전하 Q[C]에서의 전기력선은 $\frac{Q}{\varepsilon_o}$ 개이며, 전속 수는 Q개이다.

과년도 기출 및 예상문제

★★★
01 대전 도체 표면의 전계의 세기는?

① 곡률이 크면 커진다.

② 곡률이 크면 작아진다.

③ 평면일 때 가장 크다.

④ 표면 모양에 무관하다.

> **해설**
> • 뾰족한 부분일수록 곡률이 크다.
> • 도체 표면의 전하는 뾰족한 부분에 모이는 성질이 있다.
>
> **대전 도체 표면의 전하밀도에 따른 도체 표면의 모양**
>
>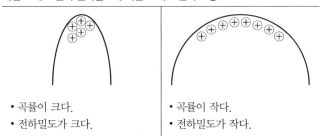
>
> • 곡률이 크다.   • 곡률이 작다.
> • 전하밀도가 크다.   • 전하밀도가 작다.

★★☆
02 대전 도체 표면의 전하밀도는 도체 표면의 모양에 따라 어떻게 되는가?

① 곡률이 크면 작아진다.

② 곡률이 크면 커진다.

③ 평면일 때 가장 크다.

④ 표면 모양에 무관하다.

> **해설**
> • 뾰족한 부분일수록 곡률이 크다.
> • 도체 표면의 전하는 뾰족한 부분에 모이는 성질이 있다. 즉, 전하밀도가 크다.

★☆☆
03 전기력선의 성질에 대한 설명으로 옳지 않은 것은?

① 전계가 0이 아닌 곳에서는 2개의 전기력선은 교차하는 일이 없다.

② 전기력선은 도체 내부에 존재한다.

③ 전하가 없는 곳에서는 전기력선의 발생, 소멸이 없다.

④ 전기력선은 그 자신만으로 폐곡선을 만들지 않는다.

> **해설** 도체 내부에는 전기력선이 존재하지 않는다(전기력선은 표면에서 나온다).

| 정답 | 01 ① 02 ② 03 ② |

★★★
04 전기력선의 설명 중 틀리게 설명한 것은?

① 전기력선의 방향은 그 점의 전계의 방향과 일치하고 밀도는 그 점에서의 전계의 세기와 같다.

② 전기력선은 부전하에서 시작하여 정전하에서 그친다.

③ 단위전하에는 $\dfrac{1}{\varepsilon_0}$개의 전기력선이 출입한다.

④ 전기력선은 전위가 높은 점에서 낮은 점으로 향한다.

해설 전기력선은 정(+)전하에서 나와 부(−)전하로 끝난다.

★☆☆
05 정전계에서 도체의 성질을 설명한 것 중 옳지 않은 것은?

① 전하는 도체의 표면에서만 존재한다.

② 대전된 도체는 등전위면이다.

③ 도체 내부의 전계는 0이다.

④ 도체 표면상에서의 전계의 방향은 모든 점에서 표면의 접선 방향이다.

해설 전계는 도체표면(등전위면)과 수직이다.

★★☆
06 유전율 ε의 유전체 내에 있는 전하 Q에서 나오는 전기력선 수는?

① $\dfrac{Q}{\varepsilon_s}$

② $\dfrac{Q}{\varepsilon_0}$

③ Q

④ $\dfrac{Q}{\varepsilon_0 \varepsilon_s}$

해설 전기력 선수 $N = \dfrac{Q}{\varepsilon} = \dfrac{Q}{\varepsilon_0 \varepsilon_s}$

정답 | 04 ② 05 ④ 06 ④

07 어떤 폐곡면 내에 $+8\,[\mu C]$ 의 전하와 $-3\,[\mu C]$ 의 전하가 있을 경우, 이 폐곡면에서 나오는 전기력선의 총수는?

① 5.65×10^5 개

② 10^7 개

③ 10^5 개

④ 9.65×10^5 개

해설

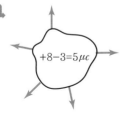

전기력 선수 $N = \dfrac{5 \times 10^{-6}}{\varepsilon_0} = 564704 = 5.6 \times 10^5$

07 ①

04 SECTION 전계

1. 점전하의 전계의 세기

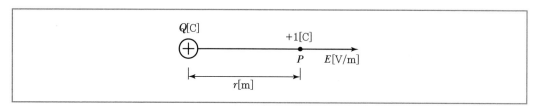

$$E = \frac{F}{Q} = \frac{1}{4\pi\varepsilon_0} \frac{Q \times 1}{r^2} \left[\frac{\text{V}}{\text{m}}\right]$$

2. 가우스의 정리(전계의 세기를 구하는 법칙)

$$\text{전기력선의 수}: N = \oint_s E\,dS = E\,S = \frac{Q}{\varepsilon_0} = \frac{Q}{\varepsilon}$$

① 구도체, 도체구, (점)전하 : $S = 4\pi r^2$
② 길다.(무한 원주도체, 동심원통) : $S = 2\pi r$
③ 면(무한평면) : $S = 1$

3. 전위

$$V(\text{전위}) = -\int_\infty^r E\,dr = \int_r^\infty E\,dr\,[\text{V}]$$

과년도 기출 및 예상문제

★☆☆

01 점전하에 의한 전계는 쿨롱의 법칙을 사용하면 되지만, 분포되어 있는 전하에 의한 전계를 구할 때 무엇을 이용하는가?

① 렌츠의 법칙 ② 가우스의 정리
③ 라플라스 방정식 ④ 스토크스의 정리

해설 가우스의 정리는 전계의 세기를 구하는 식이다.

★☆☆

02 전계 중에 단위 점전하를 놓았을 때 그것에 작용하는 힘을 그 점에서의 무엇이라 하는가?

① 전계의 세기 ② 전위
③ 전위차 ④ 변위전류

해설 $E = \dfrac{F}{Q} = \dfrac{1}{4\pi\varepsilon_0}\dfrac{Q \times 1}{r^2}\left[\dfrac{\text{V}}{\text{m}}\right]$

★☆☆

03 $\text{div}\,E = \dfrac{\rho}{\varepsilon_0}$ 와 의미가 같은 식은? (단, E : 전계, ρ : 전하밀도, ε_0 : 진공의 유전률)

① $\displaystyle\oint_s E\,dS = \dfrac{\rho}{\varepsilon_0}$

② $E = -\,grad\,V$

③ $\text{div}\,grad\,V = -\dfrac{\rho}{\varepsilon_0}$

④ $\text{div}\,grad\,V = 0$

해설 • 가우스 법칙의 미분형 : $\text{div}\,E = \dfrac{\rho}{\varepsilon_0}$

• 가우스 법칙의 적분형 : $\displaystyle\oint_s E\,ds = \dfrac{\rho}{\varepsilon_0}$

정답 | 01 ② 02 ① 03 ①

★☆☆
04 점전하에 의한 전계의 세기[V/m]를 나타내는 식은? (단, r 은 거리, Q는 전하량, λ는 선전하 밀도, σ 는 표면 전하밀도이다.)

① $\dfrac{1}{4\pi\varepsilon_0}\dfrac{Q}{r^2}$

② $\dfrac{1}{4\pi\varepsilon_0}\dfrac{\sigma}{r^2}$

③ $\dfrac{1}{2\pi\varepsilon_0}\dfrac{Q}{r^2}$

④ $\dfrac{1}{2\pi\varepsilon_0}\dfrac{\sigma}{r^2}$

해설 가우스 정리로 전계를 구하면 $E=\dfrac{1}{4\pi\varepsilon_0}\dfrac{Q}{r^2}\left[\dfrac{\text{V}}{\text{m}}\right]$

★★☆
05 진공 중에 놓은 $3[\mu\text{C}]$의 점전하에서 $3[\text{m}]$ 되는 점의 전계는 몇 [V/m]인가?

① 100

② 300

③ 1,000

④ 3,000

해설 가우스 정리로 전계를 구하면 $E=\dfrac{1}{4\pi\varepsilon_0}\dfrac{Q}{r^2}=9\times10^9\times\dfrac{3\times10^{-6}}{3^2}=3,000\left[\dfrac{\text{V}}{\text{m}}\right]$

★☆☆
06 무한장 직선 도체에 선전하 밀도 $\lambda[\text{C/m}]$의 전하가 분포되어 있는 경우 직선 도체를 축으로 하는 반경 r의 원통면 상의 전계는 몇 [V/m]인가?

① $E=\dfrac{1}{4\pi\varepsilon_0}\dfrac{\lambda}{r}$

② $E=\dfrac{1}{2\pi\varepsilon_0}\dfrac{\lambda}{r^2}$

③ $E=\dfrac{1}{4\pi\varepsilon_0}\dfrac{\lambda}{r^2}$

④ $E=\dfrac{1}{2\pi\varepsilon_0}\dfrac{\lambda}{r}$

해설 가우스 정리로 전계를 구하면 무한 선전하에 의한 전계는 $E=\dfrac{\lambda}{2\pi\varepsilon_0 r}[\text{V/m}]$ (거리에 반비례한다.)

★☆☆
07 다음 중 전계의 세기를 나타낸 것으로 옳지 않은 것은?

① 점전하에 의한 전계 : $E=\dfrac{Q}{4\pi\varepsilon_0 r^2}$

② 선전하에 의한 전계 : $E=\dfrac{Q}{4\pi\varepsilon_0 r}$

③ 구전하에 의한 전계 : $E=\dfrac{Q}{4\pi\varepsilon_0 r^2}$

④ 전기 쌍극자에 의한 전계 : $E=\dfrac{M}{4\pi\varepsilon_0 r^3}\sqrt{1+3\cos^2\theta}$

정답 | **04** ① **05** ④ **06** ④ **07** ②

해설 전기 쌍극자의 전계, 전위

• 전계

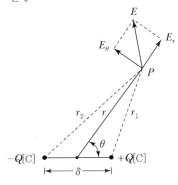

$$E = \frac{M}{4\pi\varepsilon_0 r^3}\sqrt{1+3\cos^2\theta}$$

• 전위 $\left(V = -\int_{\infty}^{r} E dr = \int_{r}^{\infty} E dr\,[\mathrm{V}] \right)$

$$V = \frac{M}{4\pi\varepsilon_0 r^2}\cos\theta = 9 \times 10^9 \frac{M}{r^2}\cos\theta$$

★★★

08 쌍극자 모멘트가 $M[\mathrm{C \cdot m}]$인 전기쌍극자에 의한 임의 점 P의 전계의 크기는 전기쌍극자의 중심에서 축 방향과 점 P를 잇는 선분 사이의 각 θ가 어느 때 최대가 되는가?

① 0

② $\dfrac{\pi}{2}$

③ $\dfrac{\pi}{3}$

④ $\dfrac{\pi}{4}$

해설 $E = \dfrac{M}{4\pi\varepsilon_0 r^3}\sqrt{1+3\cos^2\theta}$ 에서 점 P의 전계는 $\theta = 90[°]$일 때 최소가 된다.

★★★

09 전기 쌍극자로부터 r 만큼 떨어진 점의 전위 크기 V는 r과 어떤 관계에 있는가?

① $V \propto r$

② $V \propto \dfrac{1}{r^3}$

③ $V \propto \dfrac{1}{r^2}$

④ $V \propto \dfrac{1}{r}$

해설 전기 쌍극자

• 전계 : $E = \dfrac{M}{4\pi\varepsilon_0 r^3}\sqrt{1+3\cos^2\theta} \propto \dfrac{1}{r^3}[\mathrm{V/m}]$

• 전위 : $V = \dfrac{M}{4\pi\varepsilon_0 r^2}\cos\theta \propto \dfrac{1}{r^2}[\mathrm{V}]\left(V = -\int_{\infty}^{r} E dr = \int_{r}^{\infty} E dr\,[\mathrm{V}] \right)$

정답 | 08 ① 09 ③

★☆☆
10 반지름 a[m]인 도체구에 전하 $Q[\text{C}]$를 주었을 때 구 중심에서 $r[\text{m}]$ 떨어진 구 밖$(r > a)$의 전속밀도 $D[\text{C/m}^2]$는 얼마인가?

① $\dfrac{Q}{2\pi\varepsilon r}$

② $\dfrac{Q}{4\pi r^2}$

③ $\dfrac{Q}{4\pi\varepsilon a^2}$

④ $\dfrac{Q}{4\pi r}$

해설 $D = \varepsilon E = \varepsilon \dfrac{Q}{4\pi\varepsilon r^2} = \dfrac{Q}{4\pi r^2}[\text{C/m}^2]$

★★★
11 30[V/m]의 전계 내의 50[V]되는 점에서 1[C]의 전하를 전계 방향으로 70[cm] 이동한 경우, 그 점의 전위는 몇 [V]인가?

① 21

② 29

③ 35

④ 65

해설 $V_{BA} = V_B - V_A = -\displaystyle\int_A^B E\,dl = -\int_0^{0.7} E\,dl = -[30l]_0^{0.7} = -21[\text{V}]$

$V_A = 50[\text{V}]$, $V_{BA} = -21[\text{V}]$이므로

$\therefore V_B = V_A + V_{BA} = 50 - 21 = 29[\text{V}]$

★★☆
12 40[V/m]의 전계 내의 50[V]되는 점에서 1[C]의 전하를 전계 방향으로 80[cm] 이동한 경우, 그 점의 전위는 몇 [V]인가?

① 18

② 22

③ 35

④ 55

해설 $V_{BA} = V_B - V_A = -\displaystyle\int_A^B E\cdot dl = -\int_0^{0.8} E\cdot dl = -[40l]_0^{0.8} = -32[\text{V}]$

$V_A = 50[\text{V}]$, $V_{BA} = -32[\text{V}]$이므로

$\therefore V_B = V_A + V_{BA} = 50 - 32 = 18[\text{V}]$

정답 | 10 ② 11 ② 12 ①

13 ★★☆

$Q_1 = Q_2 = 6 \times 10^{-6}[C]$인 두 개의 점전하가 서로 10[cm] 떨어져 있다. 전계의 강도가 0인 점은 어느 곳인가?

① Q_1 과 Q_2 의 중간지점

② Q_2 에서 Q_1 쪽으로 15[cm] 지점

③ Q_2 에서 Q_1 의 반대쪽으로 10[cm] 지점

④ Q_1 에서 Q_2 의 반대쪽으로 10[cm] 지점

해설 ✎ 전계의 세기가 0이 되는 지점은 전하량이 같으므로 양쪽 전하의 중간지점이 된다.

14 ★☆☆

그림과 같이 $q_1 = 6 \times 10^{-8}[C]$, $q_2 = -12 \times 10^{-8}[C]$의 두 전하가 서로 10[cm] 떨어져 있을 때 전계 세기가 0이 되는 점은?

① q_1과 q_2의 연장선상 q_1으로부터 왼쪽으로 24.1[cm] 지점이다.

② q_1과 q_2의 연장선상 q_1으로부터 오른쪽으로 14.1[cm] 지점이다.

③ q_1과 q_2의 연장선상 q_2으로부터 오른쪽으로 24.1[cm] 지점이다.

④ q_1과 q_2의 연장선상 q_1으로부터 왼쪽으로 14.1[cm] 지점이다.

해설 ✎ • 두 전하의 부호가 다르므로 전계의 세기가 0이 되는 점은 전하의 절대값이 작은 쪽의 외부가 된다. 즉, q_1으로부터 왼쪽이 된다. (이것으로부터 정답 결정됨)

• $E_1 = \dfrac{1}{4\pi\varepsilon_0} \dfrac{6 \times 10^{-8}}{x^2}$, $E_2 = \dfrac{1}{4\pi\varepsilon_0} \dfrac{12 \times 10^{-8}}{(x+0.1)^2}$

$E_1 = E_2$이므로 $\dfrac{1}{4\pi\varepsilon_0} \dfrac{6 \times 10^{-8}}{x^2} = \dfrac{1}{4\pi\varepsilon_0} \dfrac{12 \times 10^{-8}}{(x+0.1)^2}$

$\dfrac{1}{x^2} = \dfrac{2}{(x+0.1)^2}$

• 계산기를 사용하면 $x = 0.2414[m] = 24.1[cm]$

정답 | 13 ① 14 ①

05 SECTION 전기력선의 방정식

1. 전기력선의 방정식($\dot{E} = E_x i + E_y j + E_z k$일 때)

① 전기력선의 방정식 : $\dfrac{dx}{Ex} = \dfrac{dy}{Ey} = \dfrac{dz}{Ez}$

※ 전기력선의 방정식을 풀기 위한 수학 공식

㉠ $\displaystyle\int \dfrac{1}{x} dx = \ln x + C$

㉡ $\ln x + \ln y = \ln xy,\ \ln x - \ln y = \ln \dfrac{x}{y}$

② 전기력선 방정식으로 풀면 다음과 같은 일반식이 유도된다.

㉠ $V = x^2 + y^2 [\text{V}]\ (\ E = -2x\,i - 2y\,j\ )$

전계, 전위의 부호가 같으면 : $y = Ax$

㉡ $E = 4x\,i - 4y\,j\,[\text{V/m}]$

전계, 전위의 부호가 다르면 : $xy = A$

⚡ 과년도 기출 및 예상문제

★☆☆

01 도체표면에서 전계 $E = E_x a_x + E_y a_y + E_z a_z \,[\text{V/m}]$이고, 도체면과 법선방향인 미소길이가 $dL = dx a_x + dy a_y + dz a_z \,[\text{m}]$일 때 성립되는 식은?

① $E_x dx = E_y dy$

② $E_y dz = E_z dy$

③ $E_x dy = E_y dz$

④ $E_y dy = E_z dz$

해설 **전기력선 방정식**

$$\frac{dx}{E_x} = \frac{dy}{E_y} = \frac{dz}{E_z}$$

★★★

02 전위함수가 $V = x^2 + y^2 \,[\text{V}]$일 때 점$(3, 4)[\text{m}]$에서의 등전위선의 반지름은 몇 $[\text{m}]$이며, 전력선 방정식은 어떻게 되는가?

① 등전위선의 반지름 : 3, 전력선 방정식 : $y = \dfrac{3}{4}x$

② 등전위선의 반지름 : 4, 전력선 방정식 : $y = \dfrac{4}{3}x$

③ 등전위선의 반지름 : 5, 전력선 방정식 : $x = \dfrac{4}{3}y$

④ 등전위선의 반지름 : 5, 전력선 방정식 : $x = \dfrac{3}{4}y$

해설 • $E = -\,grad\,V = -\nabla V = -\left(i\dfrac{\partial V}{\partial x} + j\dfrac{\partial V}{\partial y} + k\dfrac{\partial V}{\partial z}\right)$

$= -i\dfrac{\partial V}{\partial x} - j\dfrac{\partial V}{\partial y} - k\dfrac{\partial V}{\partial z} = -i\dfrac{\partial}{\partial x}(x^2 + y^2) - j\dfrac{\partial}{\partial y}(x^2 + y^2) = -i2x - j2y$

$\therefore\ E = -2x\,i - 2y\,j$

• 전기력선의 방정식 : $\dfrac{dx}{E_x} = \dfrac{dy}{E_y}$ 이므로 $\dfrac{dx}{-2x} = \dfrac{dy}{-2y} \rightarrow \dfrac{1}{x}dx = \dfrac{1}{y}dy$

• 양변에 로그를 취하면 $\displaystyle\int \dfrac{1}{x}dx = \int \dfrac{1}{y}dy$

$\log x + C_1 = \log y + C_2$

$\log y - \log x = C_1 - C_2$

$\log \dfrac{y}{x} = C$

$\log \dfrac{y}{x} = \log A \ \therefore\ y = Ax$

이때 점$(3, 4)$은 $x = 3$, $y = 4$이므로 대입하면 $4 = A \times 3 \ \therefore\ A = \dfrac{4}{3}$

따라서 $y = \dfrac{4}{3}x$ 또는 $x = \dfrac{3}{4}y$

정답 | **01** ② **02** ④

- 등전위선의 반지름은 원점인 원의 방정식이므로 $r^2 = x^2 + y^2$

  $\therefore r = \sqrt{x^2 + y^2} = \sqrt{3^2 + 4^2} = 5$

- 전력선 방정식의 일반식은 부호가 같으므로 $y = Ax$

  $x = 3$, $y = 4$을 대입하면 $4 = A \times 3$ $\therefore A = \dfrac{4}{3}$

  따라서 $y = \dfrac{4}{3}x$ 또는 $x = \dfrac{3}{4}y$

★☆☆

03 $E = 4xi - 4yj\,[\mathrm{V/m}]$일 때, 점 $(1,\ 2)[\mathrm{m}]$를 통과하는 전기력선의 방정식은?

① $xy = 2$

② $\dfrac{1}{x} = y$

③ $\dfrac{1}{x} + \dfrac{1}{y} = 2$

④ $y = \dfrac{1}{2}x$

해설 전력선 방정식의 일반식은 부호가 다르므로 $xy = A$

$x = 1$, $y = 2$을 대입하면

$1 \times 2 = A$ $\therefore A = 2$

$xy = A$에 대입하면 $xy = 2$ 또는 $y = \dfrac{2}{x}$

별해

- 전기력선의 방정식 : $\dfrac{dx}{E_x} = \dfrac{dy}{E_y}$

  $E = E_x i + E_y j + E_z k$이므로 $E = 4xi - 4yj + 0k$

  $\dfrac{dx}{4x} = \dfrac{dy}{-4y} \rightarrow \dfrac{1}{4x}dx = -\dfrac{1}{4y}dy \rightarrow \dfrac{1}{x}dx = -\dfrac{1}{y}dy$

- 양변에 로그를 취하면

  $\displaystyle\int \dfrac{1}{x}dx = -\int \dfrac{1}{y}dy$

  $\log x + C_1 = -\log y + C_2$

  $\log x + \log y = C_2 - C_1$

  $\log xy = C$

  $\log xy = \log A$ $\therefore xy = A$

  이때 점$(1,\ 2)$는 $x = 1$, $y = 2$이므로 $1 \times 2 = A$ $\therefore A = 2$

  따라서 $xy = 2$

정답 | 03 ①

04 $E = xa_x - ya_y [\mathrm{V/m}]$일 때 점 $(6,\ 2)[\mathrm{m}]$를 통과하는 전기력선의 방정식은?

① $y = 12x$

② $y = \dfrac{12}{x}$

③ $y = \dfrac{x}{12}$

④ $y = 12x^2$

해설
- 전력선 방정식의 일반식은 부호가 다르므로 $xy = A$
  이때 점$(6,\ 2)$는 $x = 6$, $y = 2$이므로 $6 \times 2 = A$ ∴ $A = 12$
- $xy = A$ 에 대입하면 $xy = 12$ 또는 $y = \dfrac{12}{x}$

CHAPTER 03 진공중의 도체계

01 SECTION 도체계의 E, V, C

1. 도체계의 E(전계), V(전위), C(정전용량)

(1) 도체구, 구도체, (점)전하

① E : 가우스 법칙

② $V = \dfrac{Q}{C}$[V]

③ $C = \dfrac{4\pi\varepsilon}{\dfrac{1}{r}} = 4\pi\varepsilon r$[F]

※ $V = Er$

(2) 동심구

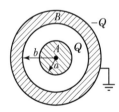

① E : 가우스 법칙

② $V = \dfrac{Q}{C}$[V]

③ $C = \dfrac{4\pi\varepsilon}{\dfrac{1}{a} - \dfrac{1}{b}}$[F]

(3) 무한 원주도체, 동심원통

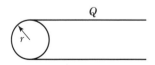

① E : 가우스 법칙

② $V = \dfrac{Q}{C}$[V], $V = \infty$

③ $C = \dfrac{2\pi\varepsilon}{\ln\dfrac{b}{a}}$[F]

(4) 평행도선

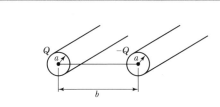

① E : 가우스 법칙

② $V = \dfrac{Q}{C}$ [V]

③ $C = \dfrac{\pi\varepsilon}{\ln\dfrac{b}{a}}$ [F]

(5) 평행판

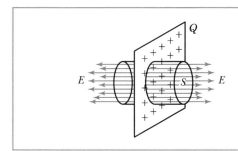

① $E = \dfrac{Q}{2\varepsilon_0} \left[\dfrac{\text{V}}{\text{m}}\right]$ (거리에 무관)

② $V = -\displaystyle\int_{\infty}^{r} E\,dr$, $V = \infty$

(6) 간격이 d인 평행판(대전도체)

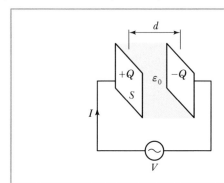

① $E = \dfrac{Q}{\varepsilon_0} \left[\dfrac{\text{V}}{\text{m}}\right]$ (거리에 무관)

② $V = E\,d$

③ $C = \varepsilon\dfrac{S}{d}$

⚡ 과년도 기출 및 예상문제

★★☆

01 공기 중에 있는 지름 6[cm]인 단일 도체구의 정전용량은 약 몇 [pF]인가?

① 0.33

② 0.67

③ 3.33

④ 6.71

해설 도체구 $C = 4\pi\varepsilon_0 a = \dfrac{1}{9\times10^9}\times 3\times10^{-2} = 3.333\times10^{-12}[\text{F}] = 3.34[\text{pF}]$

★★☆

02 반지름이 a[m]가 되는 구도체에 Q[C]의 전하가 주어졌을 때 이 구의 중심에서 5a[m] 되는 점의 전위 V는 얼마인가?

① $\dfrac{Q}{4\pi\varepsilon_0 a}$

② $\dfrac{Q}{4\pi\varepsilon_0 a^2}$

③ $\dfrac{Q}{20\pi\varepsilon_0 a}$

④ $\dfrac{Q}{20\pi\varepsilon_0 a^2}$

해설 **구도체 전위**

- $C = 4\pi\varepsilon_0 r[\text{F}], \quad V = \dfrac{Q}{C}[\text{V}]$

- $V = \dfrac{Q}{C} = \dfrac{Q}{4\pi\varepsilon_0 r}[\text{V}]$이므로 $V = \dfrac{Q}{4\pi\varepsilon_0 (5a)} = \dfrac{Q}{20\pi\varepsilon_0 a}[\text{V}]$

★★☆

03 그림과 같이 내부 도체구 A에 $+Q$[C], 외부 도체구 B에 $-Q$[C]를 부여한 동심 도체구 사이의 정전용량 C[F]는?

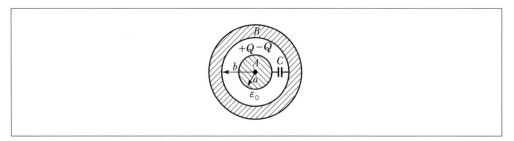

① $4\pi\varepsilon_0 (b-a)$

② $\dfrac{4\pi\varepsilon_0 ab}{b-a}$

③ $\dfrac{ab}{4\pi\varepsilon_0 (b-a)}$

④ $4\pi\varepsilon_0\left(\dfrac{1}{a}-\dfrac{1}{b}\right)$

정답 | 01 ③   02 ③   03 ②

해설 동심 도체구

$$C = \frac{4\pi\varepsilon_0}{\frac{1}{a} - \frac{1}{b}} = \frac{4\pi\varepsilon_0}{\frac{b-a}{ab}} = \frac{4\pi\varepsilon_0\, ab}{b-a}$$

★★☆

04 진공 중에서 내구의 반지름 $a = 3\,[\text{cm}]$, 외구의 반지름 $b = 9\,[\text{cm}]$인 두 동심구 사이의 정전용량은 몇 $[\text{pF}]$인가?

① 0.5

② 5

③ 50

④ 500

해설 동심구

$$C = \frac{Q}{V} = \frac{4\pi\varepsilon_0}{\frac{1}{a} - \frac{1}{b}} = \frac{4\pi\varepsilon_0}{\frac{1}{3\times10^{-2}} - \frac{1}{9\times10^{-2}}} = 5\times10^{-12}\,[\text{F}]$$

★☆☆

05 동심구형 콘덴서의 내외 반지름 a[m], b[m]을 각각 2a[m], 2b[m]로 증가시키면 정전용량은 몇 배인가?

① 2배

② $\sqrt{2}$ 배

③ 5배

④ $\sqrt{5}$ 배

해설 동심구

- $C_0 = \dfrac{4\pi\varepsilon_0}{\dfrac{1}{a} - \dfrac{1}{b}}$ 에서

- a를 2배, b를 2배하면 $C = \dfrac{4\pi\varepsilon_0}{\dfrac{1}{2a} - \dfrac{1}{2b}} = \dfrac{4\pi\varepsilon_0}{\dfrac{1}{2}\left(\dfrac{1}{a} - \dfrac{1}{b}\right)} = 2 \times \dfrac{4\pi\varepsilon_0}{\dfrac{1}{a} - \dfrac{1}{b}} = 2C_0$

★☆☆

06 내도체의 반지름이 $\dfrac{1}{4\pi\varepsilon}\,[\text{cm}]$, 외도체의 반지름이 $\dfrac{1}{\pi\varepsilon}\,[\text{cm}]$인 동심구 사이를 유전율이 $\varepsilon\,[\text{F/m}]$인 매질로 채우면 도체 사이의 동심구의 C은?

① $\dfrac{1}{2}\,[\text{F}]$

② $10^{-2}\,[\text{F}]$

③ $\dfrac{3}{4}\,[\text{F}]$

④ $\dfrac{4}{3}\times10^{-2}\,[\text{F}]$

정답 ┃ 04 ② 05 ① 06 ④

해설 **동심구**

$$C = \frac{4\pi\varepsilon}{\frac{1}{a}-\frac{1}{b}} = \frac{4\pi\varepsilon}{\frac{1}{\frac{1}{4\pi\varepsilon}\times 10^{-2}} - \frac{1}{\frac{1}{\pi\varepsilon}\times 10^{-2}}} = \frac{4\pi\varepsilon}{4\pi\varepsilon - \pi\varepsilon}\times 10^{-2} = \frac{4}{3}\times 10^{-2}$$

★☆☆

07 공기 중에 $0.1\times 10^{-6}[C]$ 의 점전하가 있다. 전하 Q에서 거리 $a=1[m]$, $b=2[m]$에 있는 두 점 a, b 사이의 전위차는 몇 [V]인가?

① 4.5

② 45

③ 450

④ 4,500

해설 • 거리가 2개이면 동심구로 본다.

• a, b 간의 전위차 V_{ab}는 $V_{ab} = \frac{Q}{C} = \frac{Q}{\frac{4\pi\varepsilon_0}{\frac{1}{a}-\frac{1}{b}}} = \frac{Q}{4\pi\varepsilon_0}\left(\frac{1}{a}-\frac{1}{b}\right) = \frac{0.1\times 10^{-6}}{4\pi\varepsilon_0}\left(1-\frac{1}{2}\right) = 450[V]$

★★★

08 내부원통의 반지름 a, 외부원통의 반지름 b인 동축 원통 콘덴서의 내외 원통 사이에 공기를 넣었을 때 정전용량이 C_0 이었다. 내외 반지름을 모두 3배로 하고 공기 대신 비유전율 9인 유전체를 넣었을 경우의 정전용량은?

① $\frac{C_0}{9}$

② $\frac{C_0}{3}$

③ C_0

④ $9C_0$

해설 단위 길이당 정전용량 $C = \frac{2\pi\varepsilon}{\ln\frac{b}{a}}[F/m]$에서

• 공기 : $C_0 = \frac{2\pi\varepsilon_0}{\ln\frac{b}{a}}$

• 유전체 : $C' = \frac{2\pi\varepsilon_0 \times 9}{\ln\frac{3b}{3a}} = 9 \times \frac{2\pi\varepsilon_0}{\ln\frac{b}{a}} = 9C_0$

정답 | **07** ③ **08** ④

★★★

09 다음 중 거리 r에 반비례하는 것은?

① 무한장 직선 전하에 의한 전계 　　　② 구도체 전하에 의한 전계
③ 전기 쌍극자에 의한 전계 　　　　　④ 전기 쌍극자에 의한 전위

해설 • 무한장 직선 전하에 의한 전계 : $E = \dfrac{Q}{2\pi\varepsilon_0 r}$

　　• 구도체(점전하)에 의한 전계 : $E = \dfrac{1}{4\pi\varepsilon_0} \times \dfrac{Q}{r^2}$

　　• 전기 쌍극자에 의한 전계 : $E = \dfrac{M}{4\pi\varepsilon_0 r^3}\sqrt{3\cos^2\theta + 1}$

　　• 전기 쌍극자에 의한 전위 : $V = \dfrac{M}{4\pi\varepsilon_0 r^2}\cos\theta\, (V = -\int_{\infty}^{r} E dr = \int_{r}^{\infty} E dr\,[\mathrm{V}])$

★☆☆

10 유전률 ε인 유전체를 넣은 무한장 동축 케이블의 중심 도체에 $q[\mathrm{C/m}]$의 전하를 줄 때 중심축에서 r[m] (내외 반지름의 중간점)의 전속밀도는 몇 $[\mathrm{C/m^2}]$인가?

① $\dfrac{q}{4\pi r^2}$ 　　　　　　　　　② $\dfrac{q}{4\pi\varepsilon r^2}$

③ $\dfrac{q}{2\pi r}$ 　　　　　　　　　④ $\dfrac{q}{2\pi\varepsilon r}$

해설 • $E = \dfrac{q}{2\pi\varepsilon r}$

　　• $D = \varepsilon E = \varepsilon\dfrac{q}{2\pi\varepsilon r} = \dfrac{q}{2\pi r}$

★★☆

11 진공 중에서 무한장 직선 도체에 선전하 밀도 $\rho_L = 2\pi \times 10^{-3}\,[\mathrm{C/m}]$가 균일하게 분포된 경우 직선 도체에서 2[m]와 4[m] 떨어진 두 점 사이의 전위차는 몇 [V]인가?

① $\dfrac{10^{-3}}{\pi\varepsilon_0}\ln 2$ 　　　　　　　② $\dfrac{10^{-3}}{\varepsilon_0}\ln 2$

③ $\dfrac{1}{\pi\varepsilon_0}\ln 2$ 　　　　　　　④ $\dfrac{1}{\varepsilon_0}\ln 2$

해설 **무한장 직선 도체의 전위차**

$$V = \dfrac{Q}{C} = \dfrac{Q}{\dfrac{2\pi\varepsilon}{\ln\frac{b}{a}}} = \dfrac{\rho_L}{\dfrac{2\pi\varepsilon_0}{\ln\frac{b}{a}}} = \dfrac{\rho_L}{2\pi\varepsilon_0}\ln\dfrac{b}{a} = \dfrac{2\pi\times 10^{-3}}{2\pi\varepsilon_0}\ln\dfrac{4}{2} = \dfrac{10^{-3}}{\varepsilon_0}\ln 2\,[\mathrm{V}]$$

정답 | 09 ① 　 10 ③ 　 11 ②

★☆☆

12 반지름 $a[\mathrm{m}]$, 선간거리 $d[\mathrm{m}]$인 평행 도선 간의 정전용량 $[\mathrm{F/m}]$은?

① $\dfrac{2\pi\varepsilon_0}{\log\dfrac{d}{a}}$

② $\dfrac{1}{2\pi\varepsilon_0\log\dfrac{d}{a}}$

③ $\dfrac{1}{2\varepsilon_0\log\dfrac{d}{a}}$

④ $\dfrac{\pi\varepsilon_0}{\log\dfrac{d}{a}}$

> **해설** 평행 도선
>
> $$C=\frac{\pi\varepsilon}{\ln\dfrac{b}{a}}=\frac{\pi\varepsilon_0}{\ln\dfrac{d}{a}}=\frac{\pi\varepsilon_0}{\log\dfrac{d}{a}}$$

★★☆

13 그림과 같이 반지름 $a[\mathrm{m}]$, 중심 간격 $d[\mathrm{m}]$인 무한장 평형도체가 있다. $d\gg a$라 할 때 A, B 도체 간의 전위차는 몇 $[\mathrm{V}]$인가? (단, 원주의 단위 길이당의 전하를 $\lambda[\mathrm{C/m}]$이다.)

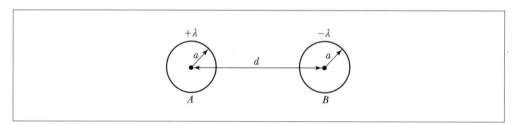

① $\dfrac{\lambda}{\pi\varepsilon_0}\ln\dfrac{d}{a}$

② $\dfrac{\lambda}{2\pi\varepsilon_0}\ln\dfrac{d}{a}$

③ $\dfrac{\lambda}{\pi\varepsilon_0}\ln\dfrac{a}{d}$

④ $\dfrac{\lambda}{2\pi\varepsilon_0}\ln\dfrac{a}{d}$

> **해설** 평행 도선
>
> $$V_{AB}=\frac{Q}{C}=\frac{Q}{\dfrac{\pi\varepsilon}{\ln\dfrac{b}{a}}}=\frac{Q}{\pi\varepsilon}\ln\frac{b}{a}=\frac{\lambda}{\pi\varepsilon_0}\ln\frac{d}{a}$$

14 무한히 넓은 도체 평면판에 면밀도 $\delta[\text{C/m}^2]$의 전하가 분포되어 있는 경우 전기력선은 면에 수직으로 나와 평행하게 발산한다. 이 평면의 전계의 세기$[\text{V/m}]$는?

① $\dfrac{\delta}{\varepsilon_0}$

② $\dfrac{\delta}{2\varepsilon_0}$

③ $\dfrac{\delta}{2\pi\varepsilon_0}$

④ $\dfrac{\delta}{4\pi\varepsilon_0}$

> **해설** 무한평면
>
> $$\oint_s E \cdot ds = ES = \frac{Q}{\varepsilon_0} \text{ 에서 } E \times 2S = \frac{\delta_s}{\varepsilon_0} \therefore E = \frac{\delta}{2\varepsilon_0}$$

15 무한평면 전하에 의한 외부 전계의 크기는 거리와 어떤 관계가 있는가?

① 거리와 관계없다.

② 거리에 비례한다.

③ 거리에 반비례한다.

④ 거리에 자승에 비례한다.

> **해설** 무한평면
>
> $E = \dfrac{Q}{2\varepsilon_0}[\text{V/m}]$ 따라서, 거리에 관계가 없다.

16 간격 3$[\text{m}]$의 평행 무한평면 도체에 각각 $\pm 4[\text{C/m}^2]$의 전하를 주었을 때, 두 도체 간의 전위차는 몇 $[\text{V}]$인가?

① 1.5×10^{11}

② 1.5×10^{12}

③ 1.36×10^{11}

④ 1.36×10^{12}

> **해설** 대전도체
>
> $$E = \frac{Q}{\varepsilon_0} = \frac{4}{8.85 \times 10^{-12}} = 4.52 \times 10^{11}$$
>
> $$\therefore V = Ed = 4.52 \times 10^{11} \times 3 = 1.36 \times 10^{12}[\text{V}]$$

정답 | 14 ② 15 ① 16 ④

★★☆
17 평행판 콘덴서의 양극간 면적을 3배로 하고 간격을 $\frac{1}{3}$로 줄이면 정전용량은 처음의 몇 배가 되는가?

① 1　　　　　　　　　　　　　　　② 3
③ 6　　　　　　　　　　　　　　　④ 9

해설 대전도체

$$C = \varepsilon_0 \frac{3S}{\frac{1}{3}d} = 9\varepsilon_0 \frac{S}{d} = 9$$배이므로 9배로 늘어난다.

★☆☆
18 정전용량이 C인 콘덴서의 극판 사이에 비유전율이 2인 유전체를 제거하여 공기로 하였을 때의 용량을 C_o라고 하면 C와 C_o의 관계는?

① $C = 4C_o$　　　　　　　　　　　② $C = 2C_o$

③ $C = \dfrac{C_o}{4}$　　　　　　　　　　　④ $C = \dfrac{1}{2}C_o$

해설 대전도체

• 공기 : $C_0 = \varepsilon_0 \dfrac{s}{d}$, 유전체 : $C = \varepsilon \dfrac{s}{d} = \varepsilon_0 \varepsilon_s \dfrac{s}{d}$

• $\dfrac{C}{C_0} = \dfrac{\varepsilon_0 \varepsilon_s \dfrac{s}{d}}{\varepsilon_0 \dfrac{s}{d}}$, $\dfrac{C}{C_0} = \varepsilon_s$ ∴ $C = \varepsilon_s C_0 = 2C_0$

★★☆
19 극판의 면적이 $4[\text{cm}^2]$, 정전용량 $1[\text{pF}]$인 종이 콘덴서를 만들려고 한다. 비유전율 2.5, 두께 0.01[mm]의 종이를 사용하면 종이는 몇 장을 겹쳐야 하는가?

① 87장　　　　　　　　　　　　　② 100장
③ 250장　　　　　　　　　　　　　④ 885장

해설 대전도체

• $C = \varepsilon_0 \varepsilon_s \dfrac{S}{d}$ 에서 $d = \dfrac{\varepsilon_0 \varepsilon_s S}{C} = \dfrac{\varepsilon_0 \times 2.5 \times 4 \times 10^{-4}}{10^{-12}} = 8.8541 \times 10^{-3}[\text{m}]$이므로

• 0.01[mm] 두께의 종이로 쌓으면 $N = \dfrac{8.85 \times 10^{-3}}{0.01 \times 10^{-3}} = \dfrac{8.85}{0.01} = 855[\text{장}]$

정답 | 17 ④　18 ②　19 ④

20 절연내력 3,000[kV/m]인 공기 중에 놓여진 직경 1[m]의 구도체에 줄 수 있는 최대전하는 몇 [C]인가?

① 6.75×10^4

② 6.75×10^{16}

③ 8.33×10^{-5}

④ 8.33×10^{-6}

해설 **구도체**
- 정전용량 $C = 4\pi\varepsilon_0 r$, 구도체의 전위 $V = E r$
- $Q = CV = 4\pi\varepsilon_0 r \times E r = 4\pi\varepsilon_0 r^2 E = 4\pi\varepsilon_0 \times 0.5^2 \times 3000 \times 10^3 = 8.344 \times 10^{-5}$[C]

21 대향면적 $S = 100[\text{cm}^2]$의 평행판 콘덴서가 비유전율 2.1, 절연내력 $1.2 \times 10^5[\text{V/cm}]$인 기름 중에 있을 때 축적되는 최대 전하는 몇 [C]인가?

① 2.23×10^{-6}

② 3.14×10^{-6}

③ 4.28×10^{-6}

④ 6.28×10^{-6}

해설 **대전도체**

$$Q = CV = \frac{\varepsilon_0 \varepsilon_s S}{d} \times E d = \varepsilon_0 \varepsilon_s S E$$

$$\therefore\ Q = \varepsilon_0 \times 2.1 \times 100 \times 10^{-4} \times 1.2 \times 10^5 \times 10^2 = 2.23 \times 10^{-6}[\text{C}]$$

22 한 변의 길이가 a[m]인 정사각형 A, B, C, D의 각 정점에 각각 Q[C]의 전하를 놓을 때 정사각형 중심점의 전위는 몇 [V]인가?

① $\dfrac{3Q}{4\pi\varepsilon_0 a}$

② $\dfrac{3Q}{\pi\varepsilon_0 a}$

③ $\dfrac{\sqrt{2}\,Q}{\pi\varepsilon_0 a}$

④ $\dfrac{2Q}{\pi\varepsilon_0 a}$

해설 $r = \overline{AO} = \dfrac{1}{2} \times \sqrt{2}\,a = \dfrac{1}{\sqrt{2}}a[\text{m}]$

- 1점 전위 : $V_1 = \dfrac{Q}{4\pi\varepsilon_0\left(\dfrac{a}{\sqrt{2}}\right)} = \dfrac{Q}{2\sqrt{2}\,\pi\varepsilon_0 a}[\text{V}]$

- 중점 전위 : $V_0 = 4V_1 = 4 \times \dfrac{Q}{2\sqrt{2}\,\pi\varepsilon_0 a} = \dfrac{\sqrt{2}\,Q}{\pi\varepsilon_0 a}[\text{V}]$

정답 | 20 ③ 21 ① 22 ③

02 SECTION 용량계수와 전위계수

1. 용량계수와 유도계수

(1) 두 도체의 전하량($Q = CV = qV[\mathrm{C}]$)

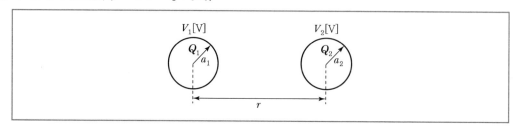

① $Q_1 = 4\pi\varepsilon_0 a_1 V_1 + 4\pi\varepsilon_0 r V_2 = q_{11} V_1 + q_{12} V_2$

② $Q_2 = 4\pi\varepsilon_0 r V_1 + 4\pi\varepsilon_0 a_2 V_2 = q_{21} V_1 + q_{22} V_2$

(2) 용량계수, 유도계수

① 용량계수 : $q_{rr} > 0$

② 유도계수 : $q_{rs} = q_{sr} \leqq 0$(유도계수는 항상 0보다 작거나 같다.)

③ $q_{11} + q_{21} + q_{31} + \cdots + q_{n1} \geqq 0$

2. 전위계수

(1) 두 도체의 전위($V = \dfrac{1}{C} Q \to P = \dfrac{1}{C}\left[\mathrm{F}^{-1} = \mathrm{Daraf} = \dfrac{\mathrm{V}}{\mathrm{Q}}\right]$)

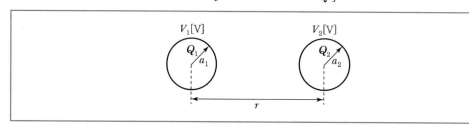

① $V_1 = \dfrac{Q_1}{4\pi\varepsilon_0 a_1} + \dfrac{Q_2}{4\pi\varepsilon_0 r} = \dfrac{1}{4\pi\varepsilon_0 a_1} Q_1 + \dfrac{1}{4\pi\varepsilon_0 r} Q_2 = P_{11} Q_1 + P_{12} Q_2$

② $V_2 = \dfrac{Q_1}{4\pi\varepsilon_0 r} + \dfrac{Q_2}{4\pi\varepsilon_0 a_2} = \dfrac{1}{4\pi\varepsilon_0 r} Q_1 + \dfrac{1}{4\pi\varepsilon_0 a_2} Q_2 = P_{21} Q_1 + P_{22} Q_2$

(2) 전위계수

① $P_{rr} > 0$

② $P_{rs} \geqq 0$

③ $P_{rr} \geqq P_{rs} = P_{sr}$

과년도 기출 및 예상문제

★☆☆
01 도체Ⅰ, Ⅱ 및 Ⅲ이 있을 때 도체 Ⅱ가 도체 Ⅰ에 완전 포위되어 있음을 나타내는 것은?

① $P_{11} = P_{21}$ ② $P_{11} = P_{31}$

③ $P_{11} = P_{33}$ ④ $P_{12} = P_{22}$

해설 ① $P_{11} = P_{21}$: Ⅰ도체가 Ⅱ도체를 포위한 경우   ② $P_{11} = P_{31}$: Ⅰ도체가 Ⅲ도체를 포위한 경우

③ $P_{11} = P_{33}$: Ⅰ도체와 Ⅲ도체가 크기가 같은 경우   ④ $P_{12} = P_{22}$: Ⅱ도체가 Ⅰ도체를 포위한 경우

★☆☆
02 전위계수에서 $P_{11} = P_{21}$의 관계가 의미하는 것은?

① 도체 1과 도체 2가 멀리 떨어져 있다.   ② 도체 1과 도체 2가 가까이 있다.
③ 도체 1이 도체 2의 내측에 있다.   ④ 도체 2이 도체 1의 내측에 있다.

해설

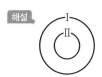

★☆☆
03 도체계에서의 전위계수의 성질로 옳지 않은 것은?

① $P_{rr} \geq P_{rs}$ ② $P_{rr} < 0$

③ $P_{rs} \geq 0$ ④ $P_{rs} = P_{sr}$

해설 **전위계수의 성질**
- $P_{rr} > 0$
- $P_{rr} \geq P_{rs}$
- $P_{rs} \geq 0$
- $P_{rs} = P_{sr}$

정답 | 01 ①   02 ④   03 ②

★☆☆

04 용량계수와 유도계수의 설명 중 옳지 않은 것은?

① $q_{rs} = q_{sr}$이다.

② 용량계수는 항상 0보다 크다.

③ $q_{11} \geqq -(q_{21} + q_{31} + \cdots + q_{n1})$

④ 용량계수와 유도계수는 항상 0보다 크다.

> **해설** ▸ $q_{rs} = q_{sr}$(유도계수) $\leqq 0$(유도계수는 항상 0보다 작거나 같다.)

★☆☆

05 각각 $\pm Q[\text{C}]$으로 대전된 두 개의 도체 간의 전위차를 전위계수로 표시하면?

① $(P_{11} + P_{12} + P_{22})Q$

② $(P_{11} + 2P_{12} + P_{22})Q$

③ $(P_{11} - P_{12} + P_{22})Q$

④ $(P_{11} - 2P_{12} + P_{22})Q$

> **해설** ▸ • $V_1 = P_{11}Q_1 + P_{12}Q_2, \ V_2 = P_{21}Q_1 + P_{22}Q_2$
> • $V = V_1 - V_2 = (P_{11} - P_{12} - P_{21} + P_{22})Q = (P_{11} - 2P_{12} + P_{22})Q$

★☆☆

06 2개의 도체를 $+Q[\text{C}]$ 과 $-Q[\text{C}]$으로 대전했을 때 이 두 도체 간의 정전용량을 전위계수로 표시하면 어떻게 되는가?

① $\dfrac{P_{11}P_{22} - P^2_{12}}{P_{11} + 2P_{12} + P_{22}}$

② $\dfrac{P_{11}P_{22} + P^2_{12}}{P_{11} + 2P_{12} + P_{22}}$

③ $\dfrac{1}{P_{11} + 2P_{12} + P_{22}}$

④ $\dfrac{1}{P_{11} - 2P_{12} + P_{22}}$

> **해설** ▸
>
>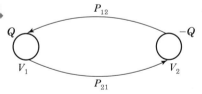
>
> • $V_1 = P_{11}Q + P_{12}(-Q) = P_{11}Q - P_{12}Q, \ V_2 = P_{21}Q + P_{22}(-Q) = P_{21}Q - P_{22}Q$
> $V = V_1 - V_2 = P_{11}Q - P_{12}Q - P_{21}Q + P_{22}Q = (P_{11} - 2P_{12} + P_{22})Q$
> • $C = \dfrac{Q}{V} = \dfrac{Q}{Q(P_{11} - 2P_{12} + P_{22})} = \dfrac{1}{P_{11} - 2P_{12} + P_{22}}$

정답 | 04 ④ 05 ④ 06 ④

07 진공 중에서 떨어져 있는 두 도체 A, B가 있다. A에만 $1[\mathrm{C}]$의 전하를 줄 때 도체 A, B의 전위가 각각 3, 2[V]였다. 지금 A, B에 각각 2, 1$[\mathrm{C}]$의 전하를 주면 도체 A의 전위[V]는?

① 6

② 7

③ 8

④ 9

해설 • $V_A = P_{AA} Q_A + P_{AB} Q_B$, $V_B = P_{BA} Q_A + P_{BB} Q_B$

• $Q_A = 1[\mathrm{C}]$, $Q_B = 0[\mathrm{C}]$, $V_A = 3$, $V_B = 2$이므로

$3 = P_{AA} \times 1 + P_{AB} \times 0$ ∴ $P_{AA} = 3$

$2 = P_{BA} \times 1 + P_{BB} \times 0$ ∴ $P_{BA} = 2$

• $Q_A = 2[\mathrm{C}]$, $Q_B = 1[\mathrm{C}]$일 때

$V_A = P_{AA} Q_A + P_{AB} Q_B = 3 \times 2 + 2 \times 1 = 8[\mathrm{V}]$

03 SECTION 중요정리

(1) 가우스적분형

$$N = \oint_s E\,dS = \frac{Q}{\varepsilon_0}\left(\int_s D\,dS = Q\right)$$

(2) 가우스의 미분형

$$\operatorname{div} E = \nabla \cdot E = \frac{\rho_v}{\varepsilon_0}\ (\operatorname{div} D = \rho_v)$$

(3) 푸아송의 방정식(체적 전하밀도 ρ_v 을 구하는 식)

$$\nabla^2 V = -\frac{\rho_v}{\varepsilon_0}$$

> 🔍 참고   푸아송의 방정식의 유도
>
> - $\operatorname{div} E = \dfrac{\rho_v}{\varepsilon_0}$
>
> - $\nabla \cdot (-\nabla V) = \dfrac{\rho_v}{\varepsilon_0}\ (E = -\operatorname{grad} V = -\nabla V)$
>
> - $-\nabla^2 V = \dfrac{\rho_v}{\varepsilon_0}$
>
> - $\therefore \nabla^2 V = -\dfrac{\rho_v}{\varepsilon_0}$

⚡ 과년도 기출 및 예상문제

★★★
01 다음 식 중에서 틀린 것은?

① 발산의 정리 : $\int_s E \cdot dS = \int_v \mathrm{div} E \, dv$

② Pioisson의 방정식 : $\nabla^2 V = \dfrac{\rho}{\varepsilon_0}$

③ Gauss의 정리 : $\mathrm{div} D = \rho$

④ Laplace의 방정식 : $\nabla^2 V = 0$

해설 푸아송의 방정식 : $\nabla^2 V = -\dfrac{\rho}{\varepsilon_0}$

★☆☆
02 Poisson 방정식은?

① $\mathrm{div} E = -\dfrac{\rho}{\varepsilon_0}$

② $\nabla^2 V = -\dfrac{\rho}{\varepsilon_0}$

③ $E = grad \, V$

④ $\mathrm{div} E = \varepsilon_0$

해설 푸아송(Poisson)의 방정식 : $\nabla^2 V = -\dfrac{\rho}{\varepsilon_0}$

★☆☆
03 푸아송의 방정식 $\nabla^2 V = -\dfrac{\rho}{\varepsilon_0}$ 은 어떤 식에서 유도한 것인가?

① $\mathrm{div} D = \dfrac{\rho}{\varepsilon_0}$

② $\mathrm{div} D = -\rho$

③ $\mathrm{div} E = \dfrac{\rho}{\varepsilon_0}$

④ $\mathrm{div} E = -\dfrac{\rho}{\varepsilon_0}$

해설 **푸아송의 방정식의 유도**

가우스 정리 $\mathrm{div} E = \dfrac{\rho_v}{\varepsilon_0}$ $(\mathrm{div} = \nabla \cdot,\ E = -grad\,V = -\nabla V)$에서

$\nabla \cdot (-\nabla V) = \dfrac{\rho_v}{\varepsilon_0}$

$-\nabla^2 V = \dfrac{\rho_v}{\varepsilon_0}$

$\therefore \nabla^2 V = -\dfrac{\rho_v}{\varepsilon_0} \left(\nabla^2 = \dfrac{\partial^2}{\partial x^2} + \dfrac{\partial^2}{\partial y^2} + \dfrac{\partial^2}{\partial z^2} \right)$

정답 | 01 ② 02 ② 03 ③

★★☆
04 전위함수 $V = 5x^2y + z$[V]일 때 점$(2, -2, 2)$에서 체적전하밀도 ρ[C/m^3]의 값은?

① $5\varepsilon_0$

② $10\varepsilon_0$

③ $20\varepsilon_0$

④ $25\varepsilon_0$

해설 푸아송 방정식 $\nabla^2 V = -\dfrac{\rho}{\varepsilon_0}$ 에서

• $\nabla^2 V = \left(\dfrac{\partial^2}{\partial x^2} + \dfrac{\partial^2}{\partial y^2} + \dfrac{\partial^2}{\partial z^2}\right)(5x^2y + z) = 10y = 10 \times (-2) = -20$

• $-20 = -\dfrac{\rho}{\varepsilon_0}$ ∴ $\rho = 20\varepsilon_0$[C/m^3]

★☆☆
05 전위함수 $V = 2xy^2 + x^2yz^2$[V]일 때 점 $(1, 0, 0)$[m]의 공간 전하밀도는 몇 [C/m^2]은?

① $-2\varepsilon_0$

② $-4\varepsilon_0$

③ $-6\varepsilon_0$

④ $-8\varepsilon_0$

해설 푸아송 방정식 $\nabla^2 V = -\dfrac{\rho}{\varepsilon_0}$ 에서

• $\nabla^2 V = \dfrac{\partial^2 V}{\partial x^2} + \dfrac{\partial^2 V}{\partial y^2} + \dfrac{\partial^2 V}{\partial z^2} = \dfrac{\partial^2}{\partial x^2}(2xy^2 + x^2yz^2) + \dfrac{\partial^2}{\partial y^2}(2xy^2 + x^2yz^2) + \dfrac{\partial^2}{\partial z^2}(2xy^2 + x^2yz^2)$
  $= 2yz^2 + 4x + 2x^2y$

• $(1, 0, 0)$의 값을 대입하면 $\nabla^2 V = 2 \times 0 \times 0^2 + 4 \times 1 + 2 \times 1^2 \times 0 = 4$

• $\nabla^2 V = -\dfrac{\rho}{\epsilon_0}$ 이므로 $4 = -\dfrac{\rho}{\epsilon_0}$ ∴ $\rho = -4\varepsilon_0$[C/m^3]

| 정답 | **04** ③ **05** ②

CHAPTER

04 유전체

01 패러데이관
SECTION

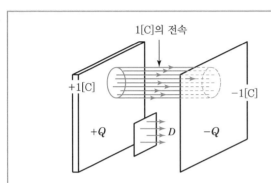

① 단위 전하 $+1[C]$이 만든 전기력선관
② 패러데이관 = 전속수(D) = 전하량(Q)

과년도 기출 및 예상문제

★☆☆
01 어떤 대전체가 진공 중에서 전속이 $Q[C]$이었다. 이 대전체를 비유전율 10인 유전체 속으로 가져갈 경우에 전속은 어떻게 되는가?

① Q

② $10Q$

③ $\dfrac{Q}{10}$

④ $\dfrac{Q}{\varepsilon_0}$

해설 전속은 매질($\varepsilon_s = 10$)과 관계없다.
$\therefore D = Q[C]$

★☆☆
02 폐곡면으로부터 나오는 유전속(dielectric flux)의 수가 N일 때 폐곡면 내의 전하량은 얼마인가?

① N

② $\dfrac{N}{\varepsilon_0}$

③ $\varepsilon_0 N$

④ $\dfrac{N}{2\varepsilon_0}$

해설 패러데이관 = 전속수(D) = 전하량(Q)

★☆☆
03 패러데이관에서 전속선수가 $5Q$개이면 패러데이관 수는?

① $\dfrac{Q}{\varepsilon}$

② $\dfrac{Q}{5}$

③ $\dfrac{5}{Q}$

④ $5Q$

해설 패러데이관 = 전속수(D) = 전하량(Q)

★★★
04 패러데이관(Faraday tube)에 대한 설명 중 틀린 것은?

① 패러데이관 내의 전속선 수는 일정하다.
② 진전하가 없는 점에서는 패러데이관은 불연속적이다.
③ 패러데이관의 밀도는 전속밀도와 같다.
④ 패러데이관 양단에 정, 부의 단위 전하가 있다.

해설 Faraday관은 +1[C]의 진전하에서 나와서 −1[C]의 진전하로 들어가는 한 개의 관으로 Faraday관수(전속수)는 관속에 진전하가 없으면 일정하다. 즉, 연속적이다.

정답 | 01 ① 02 ① 03 ④ 04 ②

02 SECTION 전기분극

1. 분극의 세기($P[\text{C/m}^2]$)(분극의 세기＝표면전하 밀도)

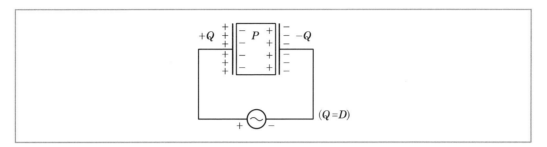

$(Q＝D)$

① $E = \dfrac{D-P}{\varepsilon_0}$

② $P(\text{분극의 세기}) = D - \varepsilon_0 E = D\left(1 - \dfrac{1}{\varepsilon_s}\right) = \varepsilon_0(\varepsilon_s - 1)E = \chi E$

　　㉠ 분극률 : $\chi = \varepsilon_0(\varepsilon_s - 1)$

　　㉡ 비분극률(감수율) : $\overline{\chi} = \varepsilon_s - 1$

③ $D = \varepsilon E = \varepsilon_0 \varepsilon_s E$

④ 물질별 ε_s(비유전율)

　　㉠ 티탄산바륨 : $\varepsilon_s = 1,000$

　　㉡ 물 : $\varepsilon_s = 80$

　　㉢ 운모 : $\varepsilon_s = 6$

　　㉣ 종이 : $\varepsilon_s = 2.5$

　　㉤ 고무 : $\varepsilon_s = 2$

　　㉥ 진공＝공기＝수소 : $\varepsilon_s = 1$

2. 압전효과와 파이로(pyro) 전기

① 압전효과 : 결정에 압력을 가하면 내부에 전기분극이 일어나는 현상

　　㉠ 종효과 : 응력과 분극이 동일 방향으로 발생할 경우

　　㉡ 횡효과 : 서로 수직 방향으로 발생하는 경우

　　※ 압전기소자로 많이 이용되는 물질 : 티탄산바륨, 로셸염, 전기석, 수정

② 파이로(pyro) 전기 : 열을 가하면 내부에 전기분극이 일어나는 현상

🔆 과년도 기출 및 예상문제

★★★
01 유전체 내의 전속밀도에 관한 설명 중 옳은 것은?

① 진전하만이다.　　　　　　　　　　② 분극 전하만이다.

③ 겉보기 전하만이다.　　　　　　　　④ 진전하와 분극 전하이다.

> **해설** 전속밀도(D)는 진전하 밀도를 의미하며, 도체 전극에 공급된 진전하가 원천이 된다.

★☆☆
02 동일 규격 콘덴서의 극판 간에 유전체를 넣으면?

① 용량이 증가하고 극판 간의 전계는 감소한다.

② 용량이 증가하고 극판 간의 전계는 불변한다.

③ 용량이 감소하고 극판 간의 전계는 불변한다.

④ 용량이 불변하고 극판 간의 전계는 증가한다.

> **해설** $E = \dfrac{\sigma - P}{\varepsilon_0} = \dfrac{D - P}{\varepsilon_0}$ 이므로 전계는 감소한다.

★★★
03 유전체에 가한 전계 $E[\mathrm{V/m}]$와 분극의 세기 $P[\mathrm{C/m^2}]$, 전속밀도 $D[\mathrm{C/m^2}]$ 간의 관계식으로 옳은 것은?

① $D = \varepsilon_0 E - P$　　　　　　　　② $P = \varepsilon_0 (\varepsilon_s + 1) E$

③ $D = \varepsilon_0 \varepsilon_s E + P$　　　　　　　④ $P = \varepsilon_0 (\varepsilon_s - 1) E$

> **해설** **분극의 세기**
> $$P = D - \varepsilon_0 E = D\left(1 - \frac{1}{\varepsilon_s}\right) = \varepsilon_0 (\varepsilon_s - 1) E$$

★☆☆
04 비유전율이 10인 유전체를 $E = 5[\mathrm{V/m}]$인 전계 내에 놓으면 유전체의 표면전하 밀도는 몇 $[\mathrm{C/m^2}]$인가? (단, 유전체의 표면과 전계는 직각이다.)

① $35\,\varepsilon_0$　　　　　　　　　　　② $45\,\varepsilon_0$

③ $55\,\varepsilon_0$　　　　　　　　　　　④ $65\,\varepsilon_0$

> **해설** 유전체의 표면전하 밀도＝분극의 세기
> $$P = D - \varepsilon_0 E = \varepsilon_0 (\varepsilon_s - 1) E = \varepsilon_0 (10 - 1) \times 5 = 45\varepsilon_0$$

정답	01 ①	02 ①	03 ④	04 ②

05 유전율이 10인 유전체를 $5\,[\mathrm{V/m}]$인 전계 내에 놓으면 유전체의 표면전하밀도는 몇 $[\mathrm{C/m^2}]$인가? (단, 유전체의 표면과 전계는 직각이다.)

① 0.5

② 1.0

③ 50

④ 250

> **해설** 유전체의 표면전하밀도＝분극의 세기
>
> $$P = D - \varepsilon_0 E = \varepsilon E - \varepsilon_0 E = 10 \times 5 - \varepsilon_0 \times 5 = 50$$

06 비유전율 $\varepsilon_s = 5$인 유전체 내의 한 점에서 전계의 세기가 $E = 10^4\,[\mathrm{V/m}]$일 때 이 점의 분극의 세기 $P\,[\mathrm{C/m^2}]$는?

① $\dfrac{10^{-5}}{9\pi}$

② $\dfrac{10^{-9}}{9\pi}$

③ $\dfrac{10^{-5}}{18\pi}$

④ $\dfrac{10^{-9}}{18\pi}$

> **해설** $P = \varepsilon_0 (\varepsilon_s - 1) E = \varepsilon_0 (5-4) \times 10^4 = 4\varepsilon_0 \times 10^4$
>
> $$= \frac{1}{\pi \times 9 \times 10^9} \times 10^4 = \frac{1}{9\pi \times 10^5} = \frac{10^{-5}}{9\pi} = 3.5 \times 10^{-7}$$

07 비유전율 $\varepsilon_s = 5$인 베이크라이트의 한 점에서 전계의 세기가 $E = 10^4\,[\mathrm{V/m}]$일 때, 이 점의 분극률 $\chi\,[\mathrm{F/m}]$는?

① $\dfrac{10^{-9}}{9\pi}$

② $\dfrac{10^{-9}}{18\pi}$

③ $\dfrac{10^{-9}}{27\pi}$

④ $\dfrac{10^{-9}}{36\pi}$

> **해설** • $P = \varepsilon_0 (\varepsilon_s - 1) E = xE$
>
> $\qquad \chi(분극률) = \varepsilon_0 (\varepsilon_s - 1) = \varepsilon_0 (5-1) = 4\varepsilon_0$
>
> • $\dfrac{1}{4\pi\varepsilon_0} = 9 \times 10^9$
>
> $\therefore 4\varepsilon_0 = \dfrac{1}{\pi \times 9 \times 10^9} = \dfrac{10^{-9}}{9\pi}$

정답 | 05 ③ 06 ① 07 ①

★★☆
08
유전체의 분극률이 χ일 때 분극 벡터 $P = \chi E$의 관계가 있다고 한다. 비유전율 4인 유전체의 분극률은 진공의 유전율 ε_0의 몇 배인가?

① 1

② 3

③ 9

④ 12

해설 **분극률**

$\chi = \varepsilon_0(\varepsilon_s - 1) = \varepsilon_0(4-1) = 3\varepsilon_0$이므로 3배가 된다.

★☆☆
09
전지에 연결된 진공 평행판 콘덴서에서 진공 대신 어떤 유전체로 채웠더니 충전전하가 2배로 되었다면 전기 감수율(susceptibility)은 얼마인가?

① 0

② 1

③ 2

④ 3

해설 • $\dfrac{Q}{Q_0} = \dfrac{CV}{C_0 V} = \dfrac{C}{C_0} = \varepsilon_s = 2$

• 감수율(비분극율) $\overline{\chi} = \dfrac{\chi}{\varepsilon_0} = \dfrac{\varepsilon_0(\varepsilon_s - 1)}{\varepsilon_0} = \varepsilon_s - 1 = 2 - 1 = 1$

★☆☆
10
비유전률 ε_s에 대한 설명으로 틀린 것은?

① 진공의 비유전율은 0이다.

② 공기중의 비유전율은 약 1 정도가 된다.

③ ε_s는 항상 1보다 큰 값이다.

④ ε_s는 절연물의 종류에 따라 다르다.

해설 • 진공 $\varepsilon_s = 1$

• 공기 $\varepsilon_s \fallingdotseq 1.00058$

• 유전체의 비유전율 ε_s는 물질의 종류에 따라 다르고, 항상 1보다 크다.

★☆☆
11
다음 물질 중 비유전율이 가장 큰 것은?

① 공기

② 운모

③ 물

④ 티탄산바륨

해설 ① 진공＝공기＝수소 : $\varepsilon_s = 1$

② 운모 : $\varepsilon_s = 6$

③ 물 : $\varepsilon_s = 80$

④ 티탄산바륨 : $\varepsilon_s = 1,000$

★☆☆
12 기계적인 변형력을 가할 때, 결정체의 표면에 전위차가 발생되는 현상은?

① 볼타효과

② 전계효과

③ 압전효과

④ 파이로 효과

> **해설** 압전효과 : 결정을 어떤 방향으로 압축 또는 응력을 가할 때 내부에 전기분극이 일어나고 그 단면에 분극 전하
> 가 나타나는 효과
> ① 응력과 분극이 동일 방향으로 발생할 경우는 종효과
> ② 서로 수직 방향으로 발생하는 경우는 횡효과
> ※ 특히 압전기현상에 티탄산바륨, 로셀염, 전기석, 수정 등이 압전기소자로 이용된다.

★☆☆
13 압전기 현상에서 분극이 동일 방향으로 발생할 때는 무슨 효과라 하는가?

① 직접 효과

② 역효과

③ 종효과

④ 횡효과

> **해설** • 종효과 : 응력과 분극이 동일 방향으로 발생할 경우
> • 횡효과 : 서로 수직 방향으로 발생하는 경우

★☆☆
14 압전기 현상에서 분극이 응력에 수직한 방향으로 발생하는 현상은 무슨 효과인가?

① 종효과

② 횡효과

③ 역효과

④ 간접효과

> **해설** • 종효과 : 응력과 분극이 동일 방향으로 발생할 경우
> • 횡효과 : 서로 수직 방향으로 발생하는 경우

★☆☆
15 어떤 종류의 결정(結晶)을 가열하면 한 면(面)에 정(+), 반대 면에 부(−)의 전기가 나타나 분극을 일으
키며 반대로 냉각하면 역(逆)의 분극이 일어나는 것은?

① 파이로(pyro) 전기

② 볼타(Volta) 효과

③ 바르크하우젠(Barkhausen) 효과

④ 압전기(piezo − electric)의 역효과

> **해설** • 압전효과 : 압력을 가하면 전기분극이 발생
> • 파이로 전기 : 열을 가하면 전기분극이 발생

정답	12 ③ 13 ③ 14 ② 15 ①

03 SECTION 유전체 경계면에서의 경계조건

1. 굴절법칙

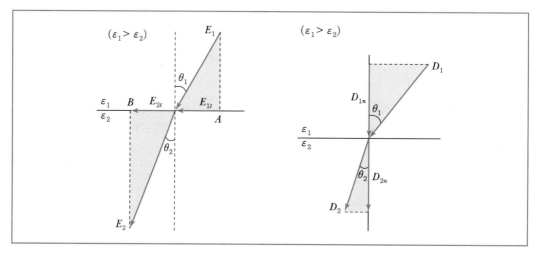

① $E_1\sin\theta_1 = E_2\sin\theta_2$: 전계는 접선 성분(평행성분)이 같다.

② $D_1\cos\theta_1 = D_2\cos\theta_2$: 전속밀도의 법선 성분(수직성분)이 같다.

③ $\dfrac{\tan\theta_2}{\tan\theta_1} = \dfrac{\varepsilon_2}{\varepsilon_1}$ 또는 $\dfrac{\tan\theta_1}{\tan\theta_2} = \dfrac{\varepsilon_1}{\varepsilon_2}$

④ $\varepsilon_1 > \varepsilon_2$, $\theta_1 > \theta_2$, $D_1 > D_2$, $E_1 < E_2$

⑤ 두 경계면에서의 전위는 서로 같다.

⑥ 전속선은 유전율이 큰 유전체 쪽으로 모인다.

2. 전속 및 전계가 수직입사일 때

① 입사각과 굴절각은 굴절하지 않는다($\theta_1 = \theta_2 = 0$).

　　㉠ 수직 입사이므로 $\theta_1 = 0[°]$

　　㉡ $\dfrac{\tan\theta_2}{\tan\theta_1} = \dfrac{\varepsilon_2}{\varepsilon_1}$에서 $\tan\theta_2 = \dfrac{\varepsilon}{\varepsilon_1}\tan\theta_1 = 0$　$\therefore \theta_2 = 0$ 굴절하지 않는다.

② $D_1 = D_2$: 연속이다.

　　$D_1\cos\theta_1 = D_2\cos\theta_2$에서 $\theta_1 = \theta_2 = 0[°]$이므로 $D_1 = D_2$

③ $E_1 \ne E_2$: 불연속이다.

　　$D_1 = D_2$ 에서 $\varepsilon_1 E_1 = \varepsilon_2 E_2$ 에서 $\varepsilon_1 \ne \varepsilon_2$이므로 $E_1 \ne E_2$

과년도 기출 및 예상문제

★☆☆

01 종류가 다른 두 유전체 경계면의 전하분포가 없을 때 경계면 양쪽에 대한 설명으로 옳은 것은?

① 전계의 법선 성분 및 전속밀도의 접선 성분은 서로 같다.
② 전계의 법선 성분 및 전속밀도의 법선 성분은 서로 같다.
③ 전계의 접선 성분 및 전속밀도의 접선 성분은 서로 같다.
④ 전계의 접선 성분 및 전속밀도의 법선 성분은 서로 같다.

해설
- $E_1 \sin\theta_1 = E_2 \sin\theta_2$: 전계는 접선 성분(평행성분)이 같다.
- $D_1 \cos\theta_1 = D_2 \cos\theta_2$: 전속밀도의 법선 성분(수직성분)이 같다.

★☆☆

02 두 종류의 유전율 ε_1, ε_2을 가진 유전체 경계면에 전하가 존재하지 않을 때 경계조건이 옳게 나타낸 것은?

① $E_1 \sin\theta_1 = E_2 \sin\theta_2$, $D_1 \sin\theta_1 = D_2 \sin\theta_2$, $\dfrac{\tan\theta_1}{\tan\theta_2} = \dfrac{\varepsilon_2}{\varepsilon_1}$

② $E_1 \cos\theta_1 = E_2 \cos\theta_2$, $D_1 \sin\theta_1 = D_2 \sin\theta_2$, $\dfrac{\tan\theta_1}{\tan\theta_2} = \dfrac{\varepsilon_2}{\varepsilon_1}$

③ $E_1 \sin\theta_1 = E_2 \sin\theta_2$, $D_1 \cos\theta_1 = D_2 \cos\theta_2$, $\dfrac{\tan\theta_1}{\tan\theta_2} = \dfrac{\varepsilon_1}{\varepsilon_2}$

④ $E_1 \cos\theta_1 = E_2 \cos\theta_2$, $D_1 \cos\theta_1 = D_2 \cos\theta_2$, $\dfrac{\tan\theta_1}{\tan\theta_2} = \dfrac{\varepsilon_1}{\varepsilon_2}$

해설
- $E_1 \sin\theta_1 = E_2 \sin\theta_2$: 전계는 접선 성분(평행성분)이 같다.
- $D_1 \cos\theta_1 = D_2 \cos\theta_2$: 전속밀도의 법선 성분(수직성분)이 같다.

$\dfrac{\tan\theta_2}{\tan\theta_1} = \dfrac{\varepsilon_2}{\varepsilon_1}$ 또는 $\dfrac{\tan\theta_1}{\tan\theta_2} = \dfrac{\varepsilon_1}{\varepsilon_2}$

정답 | 01 ④ 02 ③

★★☆
03
매질 $1(\varepsilon_1)$은 나일론 (비유전율 $\varepsilon_s = 4$)이고, 매질 $2(\varepsilon_2)$는 진공일 때 전속밀도 D가 경계면에서 각각 θ_1, θ_2의 각을 이룰 때 $\theta_2 = 30[°]$라 하면 θ_1의 값은?

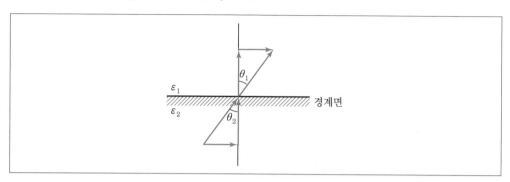

① $\tan^{-1}\dfrac{4}{\sqrt{3}}$

② $\tan^{-1}\dfrac{\sqrt{3}}{4}$

③ $\tan^{-1}\dfrac{\sqrt{3}}{2}$

④ $\tan^{-1}\dfrac{2}{\sqrt{3}}$

해설 ▸ · $\dfrac{\tan\theta_1}{\tan\theta_2} = \dfrac{\varepsilon_1}{\varepsilon_2} = \dfrac{4\varepsilon_0}{\varepsilon_0} = \dfrac{4}{1}$

$\tan\theta_1 = 4\tan\theta_2 = 4 \times \tan30[°] = 4 \times \dfrac{1}{\sqrt{3}} = \dfrac{4}{\sqrt{3}}$

· $\tan\theta_1 = \dfrac{4}{\sqrt{3}}$

$\therefore \theta_1 = \tan^{-1}\dfrac{4}{\sqrt{3}}$

★☆☆
04
두 유전체 ①, ②가 유전율 $\varepsilon_1 = 2\sqrt{3}\,\varepsilon_0$, $\varepsilon_2 = 2\varepsilon_0$이며, 경계를 이루고 있을 때 그림과 같이 전계가 입사하여 굴절하였다면 유전체 ② 내의 전계의 세기는 E_2는 몇 $[\text{V/m}]$인가?

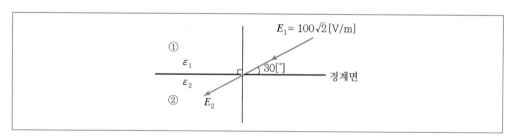

① 95

② 100

③ $100\sqrt{2}$

④ $100\sqrt{3}$

해설
- $$\frac{\tan\theta_1}{\tan\theta_2} = \frac{\varepsilon_1}{\varepsilon_2} = \frac{2\sqrt{3}\,\varepsilon_0}{2\varepsilon_0} = \sqrt{3}$$

$$\tan\theta_2 = \frac{1}{\sqrt{3}}\tan\theta_1 = \frac{1}{\sqrt{3}} \times \tan60[°] = 1$$

$$\therefore \theta_2 = \tan^{-1}1 = 45[°]$$

- $E_1 \sin\theta_1 = E_2 \sin\theta_2$

$$E_2 = \frac{\sin\theta_1}{\sin\theta_2}E_1 = \frac{\sin60[°]}{\sin45[°]} \times 100\sqrt{2} = 100\sqrt{3}$$

★☆☆
05 유전체 A, B의 접합면에 전하가 없을 때 각 유전체 중의 전계 방향이 그림과 같고 $E_A = 100\,[\mathrm{V/m}]$ 이면, $E_B[\mathrm{V/m}]$ 는?

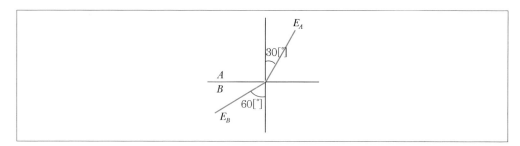

① $100\sqrt{3}$

② $\dfrac{100}{\sqrt{3}}$

③ 300

④ $\dfrac{100}{3}$

해설 $E_A \sin\theta_1 = E_B \sin\theta_2$ 에서
- $100 \times \sin30[°] = E_B \sin60[°]$

- $E_B = \dfrac{\dfrac{100}{2}}{\dfrac{\sqrt{3}}{2}} = \dfrac{100}{\sqrt{3}}\,[\mathrm{V/m}]$

06 ★★☆ 평등전계 중에 유전체 구에 의한 전계 분포가 그림과 같이 되었을 때 ε_1과 ε_2의 크기 관계는?

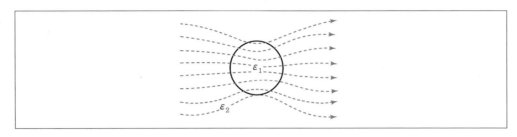

① $\varepsilon_1 > \varepsilon_2$

② $\varepsilon_1 < \varepsilon_2$

③ $\varepsilon_1 = \varepsilon_2$

④ 무관하다.

해설 ▸ 유전율이 큰 쪽으로 전속선이 모인다.

$\therefore \varepsilon_1 > \varepsilon_2$

07 ★☆☆ 전계가 유리 $E_1[\text{V/m}]$에서 공기 $E_2[\text{V/m}]$ 중으로 입사할 때 입사각 θ_1, 굴절각 θ_2 및 전계 E_1, E_2 사이의 관계 중 옳은 것은?

① $\theta_1 > \theta_2$, $E_1 > E_2$

② $\theta_1 < \theta_2$, $E_1 > E_2$

③ $\theta_1 > \theta_2$, $E_1 < E_2$

④ $\theta_1 < \theta_2$, $E_1 < E_2$

해설 ▸ • 유리(E_1) > 공기(E_2)이므로 $\theta_1 > \theta_2$

• $\theta_1 > \theta_2$이면 $E_1 < E_2$

08 ★☆☆ 유전율이 서로 다른 두 종류의 경계면에 전속과 전기력선이 수직으로 도달할 때 옳지 않은 것은?

① 전계의 세기는 연속적이다.

② 전속밀도는 불변이다.

③ 전속과 전기력선은 굴절하지 않는다.

④ 전속선은 유전율이 큰 유전체 중으로 모이려는 성질이 있다.

해설 ▸ **전속 및 전계가 수직입사일 때**

• 전속밀도 : $D_1 = D_2$(연속) : $D_1 \cos \theta_1 = D_2 \cos \theta_2$에서 $\theta_1 = \theta_2 = 0[°]$이므로 $D_1 = D_2$

• 전계의 세기: $E_1 \neq E_2$(불연속) : $D_1 = D_2$에서 $\varepsilon_1 E_1 = \varepsilon_2 E_2$에서 $\varepsilon_1 \neq \varepsilon_2$이므로 $E_1 \neq E_2$

• 입사각과 굴절각 : $\theta_1 = \theta_2 = 0$(굴절하지 않음)

－ 수직 입사이므로 $\theta_1 = 0[°]$

$\dfrac{\tan\theta_2}{\tan\theta_1} = \dfrac{\varepsilon_2}{\varepsilon_1}$에서 $\tan\theta_2 = \dfrac{\varepsilon}{\varepsilon_1} \tan\theta_1 = 0$

$\therefore \theta_2 = 0$이므로 굴절하지 않는다.

정답	06 ① 07 ③ 08 ①

04 에너지

SECTION

1. 정전계

① $Q = CV$: $J = \dfrac{1}{2}QV = \dfrac{1}{2}CV^2 = \dfrac{1}{2}\dfrac{Q^2}{C}$ [J]

② $D = \varepsilon E$: $\dfrac{J}{m^3} = \dfrac{1}{2}DE = \dfrac{1}{2}\varepsilon E^2 = \dfrac{1}{2}\dfrac{D^2}{\varepsilon}\left[\dfrac{J}{m^3}\right]$

2. 정자계

① $\psi = LI$: $J = \dfrac{1}{2}\psi I = \dfrac{1}{2}LI^2 = \dfrac{1}{2}\dfrac{\psi^2}{L}$ [J]

② $B = \mu H$: $\dfrac{J}{m^3} = \dfrac{1}{2}BH = \dfrac{1}{2}\mu H^2 = \dfrac{1}{2}\dfrac{B^2}{\mu}\left[\dfrac{J}{m^3}\right]$

⚡ 과년도 기출 및 예상문제

★☆☆

01 반지름 a[m]인 도체구에 전하 Q[C]이 있을 때, 이 도체구가 유전율 ε[F/m]인 유전체가 있다고 하면, 이 도체구가 가진 에너지는 몇 [J]인가?

① $\dfrac{Q^2}{2\pi\varepsilon a}$

② $\dfrac{Q^2}{4\pi\varepsilon a}$

③ $\dfrac{Q^2}{8\pi\varepsilon a}$

④ $\dfrac{Q^2}{16\pi\varepsilon a}$

해설 $W = \dfrac{1}{2}\dfrac{Q^2}{C} = \dfrac{1}{2} \times \dfrac{Q^2}{4\pi\varepsilon a} = \dfrac{Q^2}{8\pi\varepsilon a}$

★☆☆

02 면적 S[m²], 간격 d[m]의 평행판 콘덴서에 전하 Q[C]를 충전하였을 때 정전에너지[J]은?

① $W = \dfrac{dQ^2}{\varepsilon S}$

② $W = \dfrac{dQ^2}{2\varepsilon S}$

③ $W = \dfrac{dQ^2}{4\varepsilon S}$

④ $W = \dfrac{dQ^2}{8\varepsilon S}$

해설 $W = \dfrac{1}{2}\dfrac{Q^2}{C} = \dfrac{1}{2} \times \dfrac{Q^2}{\varepsilon\dfrac{S}{d}} = \dfrac{dQ^2}{2\varepsilon S} \left(C = \varepsilon \dfrac{S}{d} \right)$

★★☆

03 유전체 내의 정전 에너지 식으로 옳지 않은 것은?

① $\dfrac{1}{2}ED$

② $\dfrac{1}{2}\dfrac{D^2}{\varepsilon}$

③ $\dfrac{1}{2}\varepsilon E^2$

④ $\dfrac{1}{2}\varepsilon D^2$

해설 $W = \dfrac{1}{2}E \cdot D = \dfrac{1}{2}\varepsilon E^2 = \dfrac{1}{2}\dfrac{D^2}{\varepsilon}$ [J/m³] $\left(D = \varepsilon E,\ E = \dfrac{D}{\varepsilon} \right)$

정답 | **01** ③ **02** ② **03** ④

★★★

04 평판 콘덴서에 어떤 유전체를 넣었을 때 전속밀도가 $4.8 \times 10^{-7} [\mathrm{C/m^2}]$ 이고 단위 체적 중의 에너지가 $5.3 \times 10^{-3} [\mathrm{J/m^3}]$ 이었다. 이 유전체의 유전율은 몇 $[\mathrm{F/m}]$ 인가?

① 1.15×10^{-11} ② 2.17×10^{-11}

③ 3.19×10^{-11} ④ 4.21×10^{-11}

해설 $W = \dfrac{1}{2} ED = \dfrac{1}{2} \varepsilon E^2 = \dfrac{1}{2} \dfrac{D^2}{\varepsilon}$ 에서 $W = \dfrac{1}{2} \dfrac{D^2}{\varepsilon}$ 이므로

$$53 \times 10^{-3} = \frac{1}{2} \frac{(2.4 \times 10^{-7})^2}{\varepsilon}$$

$$\therefore \; \varepsilon = \frac{1}{2} \frac{(4.8 \times 10^{-7})^2}{5.3 \times 10^{-3}} = 2.17 \times 10^{-11}$$

★☆☆

05 두 도체의 전위 및 전하가 각각 V_1, Q_1 및 V_2, Q_2일 때, 이 도체계가 갖는 에너지는 얼마인가?

① $\dfrac{1}{2}(V_1 Q_1 + V_2 Q_2)$ ② $\dfrac{1}{2}(Q_1 + Q_2)(V_1 + V_2)$

③ $V_1 Q_1 + V_2 Q_2$ ④ $(V_1 + V_2)(Q_1 + Q_2)$

해설 전 에너지는 $W = \sum\limits_{i=1}^{n} \dfrac{1}{2} Q_i V_i$ 이므로 $W = \dfrac{1}{2}(Q_1 V_1 + Q_2 V_2)[\mathrm{J}]$ 가 된다.

★☆☆

06 공기 중에 $10^{-3}[\mu\mathrm{C}]$과 $2 \times 10^{-3}[\mu\mathrm{C}]$의 두 점전하가 $1[\mathrm{m}]$거리에 놓였을 때 이들이 갖는 전계 에너지는 몇 $[\mathrm{J}]$인가?

① 18×10^{-3} ② 18×10^{-9}

③ 36×10^{-3} ④ 36×10^{-9}

해설
- $Q_1 = 10^{-3}[\mu\mathrm{C}] = 10^{-3} \times 10^{-6} = 10^{-9}[\mathrm{C}]$, $Q_2 = 2 \times 10^{-3}[\mu\mathrm{C}] = 2 \times 10^{-3} \times 10^{-6} = 2 \times 10^{-9}[\mathrm{C}]$
- $V_1 = \dfrac{1}{4\pi\varepsilon_0} \dfrac{Q_2}{r} = 9 \times 10^9 \dfrac{2 \times 10^{-9}}{1} = 18[\mathrm{V}]$, $V_2 = \dfrac{1}{4\pi\varepsilon_0} \dfrac{Q_1}{r} = 9 \times 10^9 \dfrac{10^{-9}}{1} = 9[\mathrm{V}]$
- $W = \dfrac{1}{2}(Q_1 V_1 + Q_2 V_2) = \dfrac{1}{2}(10^{-9} \times 18 + 2 \times 10^{-9} \times 9) = 18 \times 10^{-9}[\mathrm{J}]$

정답 | **04** ②   **05** ①   **06** ②

05 SECTION 전계가 경계면에 대하여 작용하는 힘(맥스웰의 응력)

1. 전계가 경계면에 대하여 수직으로 진행(유전체 내부에서의 전속밀도 D는 일정)

(1) $\varepsilon_1 > \varepsilon_2$

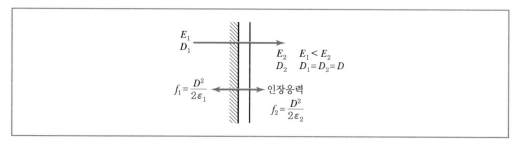

① 전계와 같은 방향으로 유전율이 큰 쪽에서 작은 쪽으로 힘이 진행한다.

② $f = f_2 - f_1 = \dfrac{D^2}{2\varepsilon_2} - \dfrac{D^2}{2\varepsilon_1} = \dfrac{1}{2}\left(\dfrac{1}{\varepsilon_2} - \dfrac{1}{\varepsilon_1}\right)D^2$

(2) $\varepsilon_1 < \varepsilon_2$

① 전계와 같은 방향으로 유전율이 큰 쪽에서 작은 쪽으로 힘이 진행한다.

② $f = f_1 - f_2 = \dfrac{1}{2}\left(\dfrac{1}{\varepsilon_1} - \dfrac{1}{\varepsilon_2}\right)D^2 \left[\dfrac{\text{N}}{\text{m}^2}\right]$

2. 전계가 경계면에 대하여 수평하게 진행(유전체 내부에서의 전계 E는 일정)

(1) $\varepsilon_1 > \varepsilon_2$

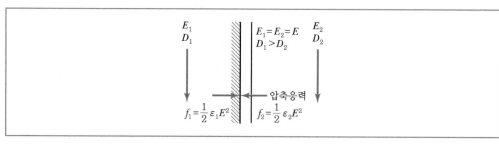

① 전계와 같은 방향으로 유전율이 큰 쪽에서 작은 쪽으로 힘이 진행한다.

② $f = f_1 - f_2 = \dfrac{1}{2}\varepsilon_1 E^2 - \dfrac{1}{2}\varepsilon_2 E^2 = \dfrac{1}{2}\left(\varepsilon_1 - \varepsilon_2\right)E^2 \left[\dfrac{\text{N}}{\text{m}^2}\right]$

(2) $\varepsilon_1 < \varepsilon_2$

① 전계와 같은 방향으로 유전율이 큰 쪽에서 작은 쪽으로 힘이 진행한다.

② $f = f_2 - f_1 = \dfrac{1}{2}\varepsilon_2 E^2 - \dfrac{1}{2}\varepsilon_1 E^2 = \dfrac{1}{2}\left(\varepsilon_2 - \varepsilon_1\right)E^2 \left[\dfrac{\text{N}}{\text{m}^2}\right]$

과년도 기출 및 예상문제

★☆☆
01 유전체에 작용하는 힘과 관련된 사항으로 전계 중의 두 유전체가 경계면에서 받는 변형력을 무엇이라 하는가?

① 쿨롱의 힘
② 맥스웰의 응력
③ 톰슨의 응력
④ 볼타의 힘

해설 유전율이 큰 유전체가 작은 유전체 쪽으로 끌려 들어가는 힘(인장응력)을 받는다.

★☆☆
02 유전율 $\varepsilon_1 > \varepsilon_2$인 두 유전체 경계면에 전속이 수직일 때 경계면상의 작용력은?

① ε_2의 유전체에서 ε_1의 유전체 방향
② ε_1의 유전체에서 ε_2의 유전체 방향
③ 전속밀도의 방향
④ 전속밀도의 반대 방향

해설 $\varepsilon_1 > \varepsilon_2$일 때 전계와 같은 방향으로 유전율이 큰 쪽에서 작은 쪽으로 힘이 진행한다.

★☆☆
03 평행판 사이에 유전율이 ε_1, ε_2되는 $(\varepsilon_1 > \varepsilon_2)$유전체를 경계면이 판에 평행하게 그림과 같이 그림의 극성으로 극판 사이에 전압을 걸었을 때 두 유전체 사이에 작용하는 힘은?

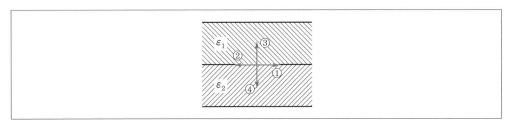

① ①의 방향
② ②의 방향
③ ③의 방향
④ ④의 방향

해설 $\varepsilon_1 > \varepsilon_2$일 때 전계와 같은 방향으로 유전율이 큰 쪽에서 작은 쪽으로 힘이 진행한다.

정답 | 01 ② 02 ② 03 ④

★★★

04
반지름 2[m]인 구도체에 전하 10×10^{-4}[C]이 주어질 때 구도체 표면에 작용하는 정전응력은 약 몇 $[\mathrm{N/m^2}]$인가?

① 22.4

② 26.6

③ 30.8

④ 32.2

해설 • 구도체 표면의 전계의 세기 : $E = \dfrac{Q}{4\pi\varepsilon_0\, a^2}$

• 구도체 표면에 작용하는 정전응력 : $f = \dfrac{1}{2}\varepsilon_0 E^2 = \dfrac{1}{2}\varepsilon_0 \left(\dfrac{Q}{4\pi\varepsilon_0\, a^2}\right)^2 = \dfrac{Q^2}{32\pi^2\varepsilon_0\, a^4}$

$$= \dfrac{(10\times 10^{-4})^2}{32\pi^2 \times \varepsilon_0 \times 2^4} = 22.4[\mathrm{N/m^2}]$$

★☆☆

05
무한히 넓은 2개의 평행판 도체의 간격이 $d\,[\mathrm{m}]$이며 그 전위차는 $V\,[\mathrm{V}]$이다. 도체판의 단위 면적에 작용하는 힘 $[\mathrm{N/m^2}]$은? (단, 유전율은 ε_0이다.)

① $\varepsilon_0 \dfrac{V}{d}$

② $\varepsilon_0 \left(\dfrac{V}{d}\right)^2$

③ $\dfrac{1}{2}\varepsilon_0 \dfrac{V}{d}$

④ $\dfrac{1}{2}\varepsilon_0 \left(\dfrac{V}{d}\right)^2$

해설 **도체판에 작용하는 힘**

• $f = \dfrac{1}{2}ED = \dfrac{1}{2}\mathrm{E}\varepsilon_0\mathrm{E} = \dfrac{1}{2}\varepsilon_0 \mathrm{E}^2$

• $V = Ed$에서 $E = \dfrac{V}{d}$

• $f = \dfrac{1}{2}\varepsilon_0 E^2 = \dfrac{1}{2}\varepsilon_0 \left(\dfrac{V}{d}\right)^2$

★★★

06
유전율 ε_1, ε_2인 두 유전체의 경계면에서 전계가 경계면에 수직일 때 경계면에 단위면적당 작용하는 힘은 몇 $[\mathrm{N/m^2}]$인가? (단, $\varepsilon_1 > \varepsilon_2$, $D_1 = D_2 = D$이다.)

① $\dfrac{1}{2}\left(\dfrac{1}{\varepsilon_2} - \dfrac{1}{\varepsilon_1}\right)D^2$

② $\dfrac{1}{2}\left(\dfrac{1}{\varepsilon_1} - \dfrac{1}{\varepsilon_2}\right)E^2$

③ $\dfrac{1}{2}\left(\dfrac{1}{\varepsilon_1} - \dfrac{1}{\varepsilon_2}\right)D^2$

④ $\dfrac{1}{2}\left(\dfrac{1}{\varepsilon_2} - \dfrac{1}{\varepsilon_1}\right)E^2$

해설 **경계면에 작용하는 힘**

• $f = \dfrac{1}{2}DE = \dfrac{1}{2}\varepsilon_0 E^2 \equiv \dfrac{1}{2}\dfrac{D^2}{\varepsilon_0}$

• $f = f_2 - f_1 = \dfrac{D^2}{2\varepsilon_2} - \dfrac{D^2}{2\varepsilon_1} = \dfrac{1}{2}\left(\dfrac{1}{\varepsilon_2} - \dfrac{1}{\varepsilon_1}\right)D^2$

정답 | **04** ① **05** ④ **06** ①

복합유전체

1. 직렬(면적 S가 같다)

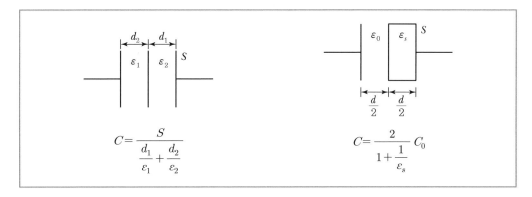

$$C = \dfrac{S}{\dfrac{d_1}{\varepsilon_1} + \dfrac{d_2}{\varepsilon_2}}$$

$$C = \dfrac{2}{1 + \dfrac{1}{\varepsilon_s}} C_0$$

2. 병렬(간격 d가 같다.)

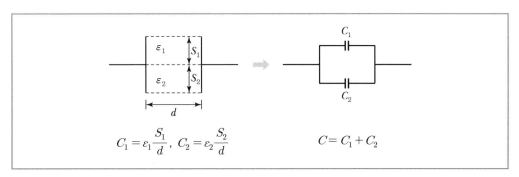

$$C_1 = \varepsilon_1 \dfrac{S_1}{d}, \ C_2 = \varepsilon_2 \dfrac{S_2}{d}$$

$$C = C_1 + C_2$$

⚡ 과년도 기출 및 예상문제

★★☆

01 면적 $S[\mathrm{m}^2]$, 간격 $d[\mathrm{m}]$인 평행판 콘덴서에 그림과 같이 두께 d_1, $d_2[\mathrm{m}]$이며, 유전율 ε_1, $\varepsilon_2[\mathrm{F/m}]$인 두 유전체를 극판 간에 평행으로 채웠을 때 정전용량은 얼마인가?

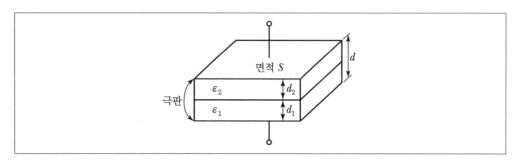

① $\dfrac{S}{\dfrac{d_1}{\varepsilon_1}+\dfrac{d_2}{\varepsilon_2}}$

② $\dfrac{S}{\dfrac{d_1}{\varepsilon_2}+\dfrac{d_2}{\varepsilon_1}}$

③ $\dfrac{\varepsilon_1 S}{d_1}+\dfrac{\varepsilon_2 S}{d_2}$

④ $\dfrac{\varepsilon_1 \varepsilon_2 S}{d}$

해설 **직렬접속**

$$C=\dfrac{S}{\dfrac{d_1}{\varepsilon_1}+\dfrac{d_2}{\varepsilon_2}}$$

★★★

02 극 단면적 $A[\mathrm{m}^2]$, 간격 $d[\mathrm{m}]$, 정전용량 $30[\mu\mathrm{F}]$인 공기 콘덴서가 있다. 이 공기 콘덴서에서 그림과 같이 절반 간격에 비유전율 5인 유전체를 채우면 정전용량은 몇 $[\mu\mathrm{F}]$이 되겠는가?

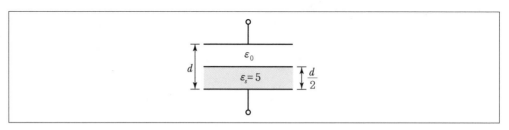

① 3

② 50

③ 350

④ 400

해설 직렬 $C=\dfrac{2}{1+\dfrac{1}{\varepsilon_s}}C_0=\dfrac{2}{1+\dfrac{1}{5}}\times 30=50$

정답	01 ① 02 ②

★☆☆

03 정전용량이 $C_o[\text{F}]$인 평행판 공기 콘덴서가 있다. 이 극판에 평행으로 판 간격 $d[\text{m}]$의 $\frac{1}{2}$ 두께되는 유리판을 삽입하면 이때의 정전용량 $[\text{F}]$는? (단, 유리판의 유전율은 $\varepsilon[\text{F/m}]$이라 한다.)

① $\dfrac{C_o}{1+\dfrac{1}{\varepsilon}}$

② $\dfrac{2C_o}{1+\dfrac{1}{\varepsilon}}$

③ $\dfrac{C_o}{1+\dfrac{\varepsilon}{\varepsilon_0}}$

④ $\dfrac{2C_o}{1+\dfrac{\varepsilon_0}{\varepsilon}}$

> **해설** **직렬접속**
>
> $$C = \frac{2}{1+\dfrac{1}{\varepsilon_s}}\, C_0 = \frac{2}{1+\dfrac{\varepsilon_0}{\varepsilon_s \varepsilon_0}} \times C_0 = \frac{2C_0}{1+\dfrac{\varepsilon_0}{\varepsilon}}$$

★☆☆

04 그림과 같이 정전용량이 $C_0[\text{F}]$가 되는 평행판 공기콘덴서에 판 면적의 $\frac{1}{2}$ 되는 공간에 비유전율이 ε_s인 유전체를 채웠을 때 정전용량은 몇 $[\text{F}]$인가?

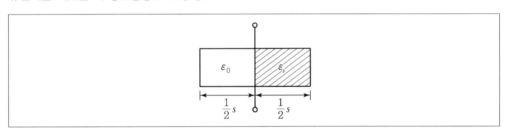

① $\dfrac{1}{2}\left(1+\varepsilon_s\right)C_0$

② $\left(1+\varepsilon_s\right)C_0$

③ $\dfrac{2}{3}\left(1+\varepsilon_s\right)C_0$

④ C_0

> **해설** **병렬접속**
>
> $$C_1 = \varepsilon_0 \frac{\frac{1}{2}S}{d} = \frac{1}{2}C_0, \ \ C_2 = \varepsilon_0 \varepsilon_s \frac{\frac{1}{2}S}{d} = \frac{1}{2}\varepsilon_s C_0$$
>
> 병렬접속이므로 $C = C_1 + C_2 = \frac{1}{2}C_0 + \frac{1}{2}\varepsilon_s C_0 = \frac{1}{2}\left(1+\varepsilon_s\right)C_0$

정답	03 ④ 04 ①

05 그림과 같은 정전용량이 $C_o[\mathrm{F}]$ 되는 평행판 공기 콘덴서의 판 면적의 $\frac{2}{3}$ 되는 공간에 비유전율 ε_s 인 유전체를 채우면 정전용량 $[\mathrm{F}]$ 은?

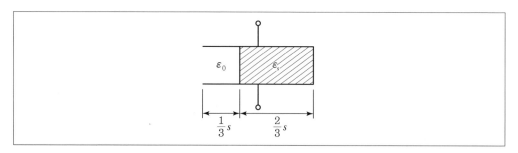

① $\dfrac{2\varepsilon_s}{3}C_o$

② $\dfrac{3}{1+2\varepsilon_s}C_o$

③ $\dfrac{1+\varepsilon_s}{3}C_o$

④ $\dfrac{1+2\varepsilon_s}{3}C_o$

해설 **병렬접속**

$$C_1 = \varepsilon_0 \frac{\frac{1}{3}S}{d} = \frac{1}{3}\varepsilon_0 \frac{S}{d} = \frac{1}{3}C_0,\ \ C_2 = \varepsilon_0\varepsilon_s \frac{\frac{2}{3}S}{d} = \frac{2}{3}\varepsilon_s\varepsilon_0 \frac{S}{d} = \frac{2}{3}\varepsilon_s C_0$$

$$C = C_1 + C_2 = \frac{1}{3}C_0 + \frac{2}{3}\varepsilon_s C_0 = \frac{1}{3}C_0 + \frac{2}{3}\varepsilon_s C_0 = \frac{1}{3}(1+2\varepsilon_s)C_0 = \frac{1+2\varepsilon_s}{3}C_0$$

정답 | 05 ④

07 콘덴서 파괴전압

SECTION

1. 정전용량 $C[\text{F}]$만 주어진 경우

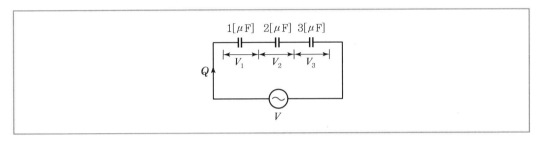

① 콘덴서에 걸리는 전압

$$V_1 : V_2 : V_3 = \frac{1}{C_1} : \frac{1}{C_2} : \frac{1}{C_3} = \frac{1}{1} : \frac{1}{2} : \frac{1}{3} = \frac{6}{6} : \frac{3}{6} : \frac{2}{6} = 6 : 3 : 2$$

② C값이 작을수록 전압이 많이 걸린다(가장 먼저 파괴된다.).

2. Q(전하량)을 구할 수 있는 경우

① Q(전하량)이 작을수록 가장 먼저 파괴된다.
② $Q = CV[\text{C}]$로 구한다.

⚡ 과년도 기출 및 예상문제

★☆☆
01 2[μF], 3[μF], 4[μF]의 콘덴서를 직렬로 연결하고 양단에 가한 전압을 서서히 상승시킬 때 다음 중 옳은 것은? (단, 유전체의 재질 및 두께는 같다.)

① 2[μF]의 콘덴서가 제일 먼저 파괴된다.
② 3[μF]의 콘덴서가 제일 먼저 파괴된다.
③ 4[μF]의 콘덴서가 제일 먼저 파괴된다.
④ 세 개의 콘덴서가 동시에 파괴된다.

해설 **전압분담**

$$V_1 : V_2 : V_3 = \frac{1}{C_1} : \frac{1}{C_2} : \frac{1}{C_3} = \frac{1}{2} : \frac{1}{3} : \frac{1}{4} = \frac{6}{12} : \frac{4}{12} : \frac{3}{12} = 6 : 4 : 3$$

★☆☆
02 두 개의 콘덴서를 직렬접속하고 직류전압을 인가 시 설명으로 옳지 않은 것은?

① 정전용량이 작은 콘덴서에 전압이 많이 걸린다.
② 합성 정전용량은 각 콘덴서의 정전용량의 합과 같다.
③ 합성 정전용량은 각 콘덴서의 정전용량보다 작아진다.
④ 각 콘덴서의 두 전극에 정전유도에 의하여 정·부의 동일한 전하가 나타나고 전하량은 일정하다.

해설 직렬은 작아지고, 병렬은 커진다.

★★☆
03 내압 1,000[V] 정전용량 1[μF], 내압 750[V], 정전용량 2[μF], 내압 500[V] 정전용량 5[μF]인 콘덴서 3개를 직렬로 접속하고 인가전압을 서서히 높이면 최초로 파괴되는 콘덴서는? (단, 콘덴서의 재질이나 형태는 동일하다.)

① 1[μF]   ② 2[μF]
③ 5[μF]   ④ 동시에 파괴된다.

해설 Q값이 작은 콘덴서가 가장 먼저 터진다.
- $Q_1 = 1,000 \times 1 \times 10^{-6} = 1 \times 10^{-3}$[C]
- $Q_2 = 750 \times 2 \times 10^{-6} = 1.5 \times 10^{-3}$[C]
- $Q_3 = 500 \times 5 \times 10^{-6} = 2.5 \times 10^{-3}$[C]

정답 | 01 ①   02 ②   03 ①

★☆☆

04 내압 1,000[V] 용량이 3[μF], 내압 500[V] 용량이 5[μF], 내압 250[V] 용량이 6[μF]인 3개의 콘덴서를 직렬로 접속하고 양단에 전압을 서서히 증가시키면 최초로 파괴되는 콘덴서는? (단, 콘덴서의 재질이나 형태는 동일하다.)

① 3[μF]

② 5[μF]

③ 6[μF]

④ 동시에 파괴된다.

해설 Q값이 작은 콘덴서가 가장 먼저 터진다.
- $Q_1 = 1,000 \times 3 \times 10^{-6} = 3 \times 10^{-3}$[C]
- $Q_2 = 500 \times 5 \times 10^{-6} = 2.5 \times 10^{-3}$[C]
- $Q_3 = 250 \times 6 \times 10^{-6} = 1.5 \times 10^{-3}$[C]

★★★

05 W_1, W_2의 에너지를 갖는 두 콘덴서를 병렬로 연결한 경우 총 에너지 W 와의 관계로 옳은 것은? (단, $W_1 \neq W_2$이다.)

① $W_1 + W_2 = W$

② $W_1 + W_2 > W$

③ $W_1 + W_2 < W$

④ $W_1 - W_2 = W$

해설 전위가 다르게 충전된 콘덴서를 병렬로 접속 시
- 전위차가 같아지도록 높은 전위 콘덴서의 전하가 낮은 전위 콘덴서 쪽으로 이동하며 이에 따른 전하의 이동 (전류)으로 도선에서 전력 소모가 발생한다.
- 그러므로 $W_1 + W_2 > W$

정답 | 04 ③ 05 ②

CHAPTER 05 전계의 특수해법

01 SECTION 무한평면 도체와 접지 도체구

1. 무한평면 도체

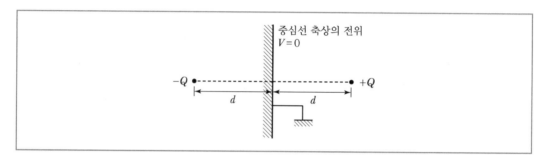

① 무한평면도체의 전위 : 0[V]

② 영상전하 : $-Q$[C] 이고, 반대방향으로 등거리

③ $F = \dfrac{Q(-Q)}{4\pi\varepsilon_0 r^2} = \dfrac{-Q^2}{4\pi\varepsilon_0 (2d)^2} = -\dfrac{Q^2}{16\pi\varepsilon_0 d^2} = -2.25 \times 10^9 \dfrac{Q^2}{d^2}$ [N]

   • $(-)$: 흡인력

④ 일[J] $= \displaystyle\int_d^\infty F \cdot dr = F \cdot d = \dfrac{Q^2}{16\pi\varepsilon_0 d} = 2.25 \times 10^9 \times \dfrac{Q^2}{d}$ [J]

2. 접지도체구

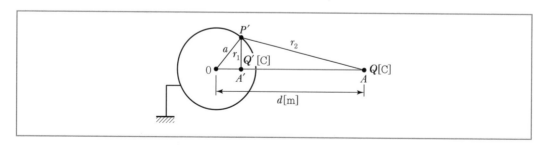

① 영상전하 : $Q' = -\dfrac{a}{d}Q$

② $\overline{OA'} = \dfrac{a^2}{d}$

③ 흡인력 : $F = \dfrac{Q\,Q'}{4\pi\varepsilon_0 r^2} = \dfrac{Q\,Q'}{4\pi\varepsilon_0\left(d - \dfrac{a^2}{d}\right)^2}$

⚡ 과년도 기출 및 예상문제

★☆☆
01 다음 중 실용상 영(0) 전위의 기준으로 가장 적합한 것은?

① 자유공간　　　　　　　　　② 무한 원점
③ 철제 부분　　　　　　　　　④ 대지

> **해설** 대지는 무한평면도체이므로 0 전위로 본다.

★★★
02 무한히 넓은 접지 평면 도체로부터 수직 거리 $a[\text{m}]$인 곳에 점전하 $Q[\text{C}]$이 있을 때 이 평면 도체와 전하 Q와 작용하는 힘 F[N]는 다음 중 어느 것인가?

① $\dfrac{1}{16\pi\varepsilon_0}\cdot\dfrac{Q^2}{a^2}$이며, 흡인력이다.

② $\dfrac{1}{4\pi\varepsilon_0}\cdot\dfrac{Q^2}{a^2}$이며, 흡인력이다.

③ $\dfrac{1}{2\pi\varepsilon_0}\cdot\dfrac{Q^2}{a^2}$이며, 반발력이다.

④ $\dfrac{1}{16\pi\varepsilon_0}\cdot\dfrac{Q^2}{a^2}$이며, 반발력이다.

> **해설** **무한히 넓은 접지 평면도체(무한 평면도체)**
> $$F=\frac{1}{4\pi\varepsilon_0}\frac{Q_1 Q_2}{r^2}=\frac{1}{4\pi\varepsilon_0}\frac{Q\times(-Q)}{(2a)^2}=\frac{1}{4\pi\varepsilon_0}\cdot\frac{-Q^2}{4a^2}=-\frac{1}{16\pi\varepsilon_0}\frac{Q^2}{a^2}$$

★★★
03 평면도체 표면에서 $d[\text{m}]$의 거리에 점전하 $Q[\text{C}]$가 있을 때 이 전하를 무한원까지 운반하는 데 요하는 일은 몇 [J]인가?

① $\dfrac{Q^2}{4\pi\varepsilon_0 d}$　　　　　　　　　　　② $\dfrac{Q^2}{8\pi\varepsilon_0 d}$

③ $\dfrac{Q^2}{16\pi\varepsilon_0 d}$　　　　　　　　　　④ $\dfrac{Q^2}{32\pi\varepsilon_0 d}$

> **해설** $W[\text{J}]=$힘$(F)\times$거리(d)
> $$=\frac{Q^2}{16\pi\varepsilon_0 d^2}\times d=\frac{Q^2}{16\pi\varepsilon_0 d}=\frac{1}{16\pi\varepsilon_0}\frac{Q^2}{d}=2.25\times10^9\frac{Q^2}{d}$$

정답	01 ④　02 ①　03 ③

★☆☆
04 점전하가 접지된 유한한 도체구가 존재할 때 점전하에 의한 접지 구도체의 영상전하에 관한 설명 중 틀린 것은?

① 영상전하는 구도체 내부에 존재한다.
② 영상전하는 점전하와 크기는 같고 부호는 반대이다.
③ 영상전하는 점전하와 도체 중심축을 이은 직선상에 존재한다.
④ 영상전하가 놓인 위치는 도체 중심과 점전하와의 거리와 도체 반지름에 의해 결정된다.

해설 **접지 구도체**

$$Q' = -\frac{a}{d}Q$$

★☆☆
05 접지된 구도체와 점전하 간에 작용하는 힘은?

① 항상 흡인력이다.   ② 항상 반발력이다.
③ 조건적 흡인력이다.   ④ 조건적 반발력이다.

해설 **접지 구도체**

$F = \dfrac{Q\,Q'}{4\pi\varepsilon_0 r^2}$ 에서 $Q' = -\dfrac{a}{d}Q$ 이므로 항상 흡인력이다.

★☆☆
06 반지름 a인 접지 도체구의 중심에서 $r\,(>a)$되는 곳에 점전하 Q가 있다. 도체구에 유기되는 영상전하 및 그 위치(중심에서의 거리)는 각각 얼마인가?

① $+\dfrac{a}{r}Q$이며 $\dfrac{a^2}{r}$이다.   ② $-\dfrac{a}{r}Q$이며 $\dfrac{a^2}{r}$이다.

③ $+\dfrac{r}{a}Q$이며 $\dfrac{a^2}{r}$이다.   ④ $-\dfrac{r}{a}Q$이며 $\dfrac{r^2}{a}$이다.

해설 **접지 도체구**

• 영상전하 : $Q' = -\dfrac{a}{d}Q[\mathrm{C}] = -\dfrac{a}{r}Q[\mathrm{C}]$

• 위치 : $\overline{OA} = \dfrac{a^2}{d} = \dfrac{a^2}{r}$

★☆☆

07 접지되어 있는 반지름 $0.2[\mathrm{m}]$인 도체구의 중심으로부터 거리가 $0.4[\mathrm{m}]$만큼 떨어진 점 P에 점전하 $6\times10^{-3}[\mathrm{C}]$이 있다. 영상전하는 몇 $[\mathrm{C}]$인가?

① -2×10^{-3} ② -3×10^{-3}

③ -4×10^{-3} ④ -6×10^{-3}

해설 접지 도체구의 영상전하

$$Q'=-\frac{a}{d}\,Q=-\frac{0.2}{0.4}\times6\times10^{-3}=-3\times10^{-3}[\mathrm{C}]$$

★☆☆

08 반지름이 $10[\mathrm{cm}]$인 접지 구도체의 중심으로부터 $1[\mathrm{m}]$만큼 떨어진 거리에 한 개의 전자를 놓았다. 접지 구도체에 유도된 충전 전하량은 몇 $[\mathrm{C}]$인가?

① -1.6×10^{-20} ② -1.6×10^{-21}

③ 1.6×10^{-20} ④ 1.6×10^{-21}

해설 • 전자 한 개의 전하량 : $e=-1.602\times10^{-19}[\mathrm{C}]$

      • 접지구도체에 유도된 전하량 : $Q=-\frac{a}{d}\,Q=-\frac{a}{d}\,e=-\frac{0.1}{1}\times(-1.602\times10^{-19})=1.602\times10^{-20}[\mathrm{C}]$

★☆☆

09 그림과 같이 무한 도체판에 반지름 $a[\mathrm{m}]$인 반구가 돌출되어 있다. 점 P에서 $Q[\mathrm{C}]$의 전하가 놓여 있을 때 $Q[\mathrm{C}]$의 전하에 의하여 생기는 영상전하의 수는?

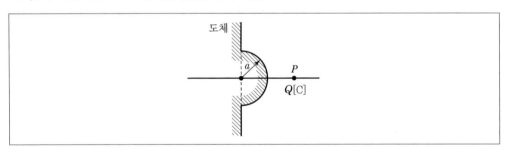

① 1   ② 2

③ 3   ④ 4

해설 무한평면도체와 접지 도체구의 영상전하가 합쳐진 것이다.

정답 | **07** ②   **08** ③   **09** ③

★☆☆

10 그림과 같이 접지된 반지름 $a[\text{m}]$의 도체구 중심 O에서 $d[\text{m}]$만큼 떨어진 점 A에 $Q[\text{C}]$의 점전하가 존재할 때 A'점에 Q'의 영상전하(image charge)를 생각하면 구도체와 점전하에 작용하는 힘$[\text{N}]$은?

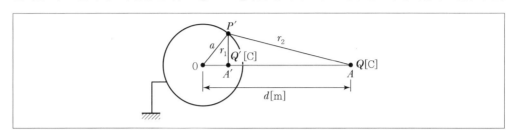

① $F = \dfrac{QQ'}{4\pi\varepsilon_0\left(\dfrac{d^2-a^2}{d}\right)}$

② $F = \dfrac{QQ'}{4\pi\varepsilon_0\left(\dfrac{d}{d^2-a^2}\right)}$

③ $F = \dfrac{QQ'}{4\pi\varepsilon_0\left(\dfrac{d^2+a^2}{d}\right)^2}$

④ $F = \dfrac{QQ'}{4\pi\varepsilon_0\left(\dfrac{d^2-a^2}{d}\right)^2}$

해설 **접지 도체구**

$$F = \frac{1}{4\pi\varepsilon_0}\frac{Q_1 Q_2}{r^2} = \frac{Q_1 Q_2}{4\pi\varepsilon_0\, r^2} = \frac{Q\,Q'}{4\pi\varepsilon_0\left(d - \dfrac{a^2}{d}\right)^2} = \frac{Q\,Q'}{4\pi\varepsilon_0\left(\dfrac{d^2-a^2}{d}\right)^2}$$

02 SECTION 선전하(ρ)가 지면으로부터 받는 힘

1. 무한평면과 선전하

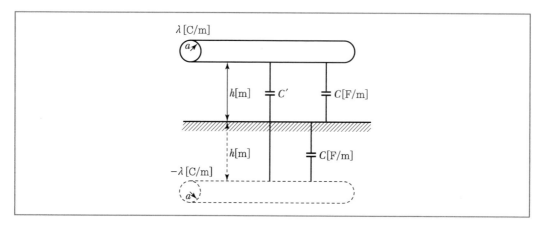

① 전선과 대지 사이에 작용하는 힘 : $f = QE = -\lambda E = -\lambda \dfrac{\lambda}{2\pi\varepsilon_0(2h)} = -\dfrac{\lambda^2}{4\pi\varepsilon_0 h}\left[\dfrac{N}{m}\right] \propto \dfrac{1}{h}$

② 평행도선 사이의 단위 길이당 정전용량 : $C' = \dfrac{\pi\varepsilon_0}{\ln\dfrac{2h}{a}}\left[\dfrac{F}{m}\right]$

③ 대지와 선전하 $\lambda[\text{C/m}]$ 사이의 정전용량

　㉠ 직렬연결이므로 $\dfrac{1}{C'} = \dfrac{1}{C} + \dfrac{1}{C} = \dfrac{2}{C}$

　　$C' = \dfrac{C}{2}$ ∴ $C = 2C'$

　㉡ $C = 2C' = 2 \times \dfrac{\pi\varepsilon_0}{\ln\dfrac{2h}{a}}[\text{F}] = \dfrac{2\pi\varepsilon_0}{\ln\dfrac{2h}{a}}[\text{F}]$

과년도 기출 및 예상문제

★☆☆

01 무한대 평면 도체와 $r\,[\mathrm{m}]$ 떨어져 평행한 무한장 직선도체에 $\rho\,[\mathrm{C/m}]$ 의 전하분포가 주어졌을 때 직선도체와 단위 길이당 받는 힘은? (단, 공간의 유전율은 ε_0이다.)

① $\dfrac{\rho^2}{\varepsilon_0 r}\,[\mathrm{N/m}]$

② $\dfrac{\rho^2}{\pi\varepsilon_0 r}\,[\mathrm{N/m}]$

③ $\dfrac{\rho^2}{2\pi\varepsilon_0 r}\,[\mathrm{N/m}]$

④ $\dfrac{\rho^2}{4\pi\varepsilon_0 r}\,[\mathrm{N/m}]$

해설 **무한장 직선도체의 힘(지면으로부터 받는 힘)**

$$f = -\rho E = -\rho \frac{\rho}{4\pi\varepsilon_0 r} = -\frac{\rho^2}{4\pi\varepsilon_0 r}$$

★★★

02 대지면의 높이 $h\,[\mathrm{m}]$ 로 평행 가설된 매우 긴 선전하 밀도 $\lambda\,[\mathrm{C/m}]$ 가 지면으로부터 받는 힘$[\mathrm{N/m}]$은?

① h 에 비례한다.

② h 에 반비례한다.

③ h^2 에 비례한다.

④ h^2 에 반비례한다.

해설 **무한장 직선도체의 힘(지면으로부터 받는 힘)**

$$f = -\rho E = -\rho \frac{\rho}{2\pi\varepsilon_0 (2h)} = -\frac{\rho^2}{4\pi\varepsilon_0 h} \propto \frac{1}{h}$$

★☆☆

03 무한평면도체에서 h[m]의 높이에 반지름 a[m]$(a \ll h)$의 도선을 도체에 평행하게 가설하였을 때 도체에 대한 도선의 정전용량은 몇 $[\mathrm{F/m}]$인가?

① $\dfrac{\pi\varepsilon_0}{\ln\dfrac{h}{a}}$

② $\dfrac{2\pi\varepsilon_0}{\ln\dfrac{2h}{a}}$

③ $\dfrac{\pi\varepsilon_0}{\ln\dfrac{2h}{a}}$

④ $\dfrac{2\pi\varepsilon_0}{\ln\dfrac{h}{a}}$

해설 **대지와 선전하 $\lambda\,[\mathrm{C/m}]$ 사이의 정전용량**

- 직렬연결이므로 $\dfrac{1}{C} = \dfrac{1}{C'} + \dfrac{1}{C'} = \dfrac{2}{C'}$ $C' = \dfrac{C}{2}$ $\therefore C = 2C'$

- $C = 2C' = 2 \times \dfrac{\pi\varepsilon_0}{\ln\dfrac{2h}{a}}\,[\mathrm{F}] = \dfrac{2\pi\varepsilon_0}{\ln\dfrac{2h}{a}}\,[\mathrm{F}]$

정답 | **01** ④ **02** ② **03** ②

CHAPTER 06 전류

01 SECTION 전류의 종류

1. 전도전류

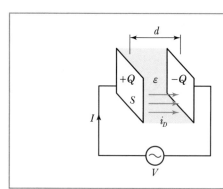

$$i(전류) = I(전도전류) + i_D(변위전류)$$

(1) 저항 R

$$R = \rho \frac{\ell}{S} = \frac{1}{k} \frac{\ell}{S}$$

- ρ : 고유저항(저항률)
- k : 도전율(전도율)
- ℓ : 도체의 길이[m]
- S : 도체의 단면적[m²])

(2) 전도전류

금속과 같이 자유전자에 의해서 흐르는 전류(I)

$$I = \frac{V}{R} = \frac{V}{\rho \dfrac{\ell}{S}} = \frac{V}{\dfrac{1}{k} \dfrac{\ell}{S}}$$

(3) Ohm 법칙의 미분형

① 전류밀도 : $i = \dfrac{I}{S} = \dfrac{\dfrac{V}{R}}{S} = \dfrac{V}{RS} = \dfrac{Ed}{\rho \dfrac{\ell}{S} \times S} = \dfrac{E}{\rho} \dfrac{d}{\ell} = \dfrac{E}{\rho} = kE$

② 전계 : $E = - \, grad \; V = -\nabla V = -\left(i \dfrac{\partial}{\partial x} + j \dfrac{\partial}{\partial y} + k \dfrac{\partial}{\partial z} \right) V = -i \dfrac{\partial V}{\partial x} - j \dfrac{\partial V}{\partial y} - k \dfrac{\partial V}{\partial z}$

(4) 전기량(전하량)

$$Q = I \times t = n[\text{개}] \times e[\text{C}] = n\left[\dfrac{\text{개}}{\text{m}^3}\right] \times e \times V[\text{m}^3] \, (\text{체적} : V = S\ell)$$

- n : 전자수[개]
- e : 전자 한 개의 전하량 ($e = -1.602 \times 10^{-19}[\text{C}]$)

2. t_1에서 t_2로 온도 상승 시 저항(온도가 상승하면 저항은 상승한다.)

$$R_2 = R_1[1 + \alpha_1(t_2 - t_1)][\Omega] \, (\alpha_1 : t_1\text{에서의 온도계수})$$

3. 변위전류

① 콘덴서의 전극 사이의 유전체에서 전속밀도의 시간적 변화에 의한 전류를 말한다.
② 맥스웰은 자계가 도체 내의 전류뿐만 아니라 전극 간의 유전체 또는 자유 공간에서 전속밀도의 시간적 변화에 발생한다고 가정하였다.

$$i_D = \dfrac{\partial D}{\partial t} = \dfrac{\partial}{\partial t} \varepsilon E = \dfrac{\partial}{\partial t} \varepsilon \dfrac{V}{d}$$

과년도 기출 및 예상문제

★★☆

01 전기 저항에 대한 설명으로 틀린 것은?

① 저항의 단위는 옴[Ω]을 사용한다.
② 저항률(ρ)의 역수를 전도율이라 한다.
③ 금속선의 저항 R은 길이 ℓ에 반비례한다.
④ 전류가 흐르고 있는 금속선에 있어서 임의 두 점 간의 전위차는 전류에 비례한다.

해설 $R = \rho\dfrac{\ell}{S} = \dfrac{1}{k}\dfrac{\ell}{S}$ 이므로 저항은 면적에 반비례하며, 길이에 비례한다.

★★☆

02 도체의 고유저항에 대한 설명 중 틀린 것은?

① 저항에 반비례한다.　　　　　　② 길이에 반비례한다.
③ 도전율에 반비례한다.　　　　　④ 단면적에 비례한다.

해설 $R = \rho\dfrac{\ell}{S}$ 에서 $\rho = \dfrac{RS}{\ell} = \dfrac{1}{k}$ 이므로, 고유저항은 도전율의 역수로 저항과 면적에 비례하며, 길이에 반비례한다.

★☆☆

03 다음 금속 중에서 저항률이 가장 작은 금속은?

① 은　　　　　　　　　　　　　　② 철
③ 알루미늄　　　　　　　　　　　④ 백금

해설 **고유저항(저항률)**

금속	은	금	알루미늄	철	백금
고유저항(저항률)	1.62	2.44	2.83	10	10.5

※ 온도계수는 저항률이 클수록 작다.

정답 | 01 ③　02 ①　03 ①

04 고유저항 $\rho[\Omega \cdot m]$, 한 변의 길이가 $r[m]$인 정육면체의 저항[Ω]은?

① $\dfrac{\rho}{\pi r}$

② $\dfrac{\pi r^2}{\sqrt{\rho}}$

③ $\dfrac{\rho}{r}$

④ $\sqrt{\dfrac{2\pi r^2}{\rho}}$

해설 $R = \rho \dfrac{\ell}{S}$[Ω]에서 정육면체 한 변의 길이가 r[m]이므로 $S = r^2$, $\ell = r$을 대입하면

$$\therefore\ R = \rho \dfrac{\ell}{S} = \rho \dfrac{r}{r^2} = \dfrac{\rho}{r}\,[\Omega]$$

05 전선을 균일하게 2배의 길이로 당겨 늘였을 때 전선의 체적이 불변이라면 저항은 몇 배가 되는가?

① 2

② 4

③ 6

④ 8

해설 • $R = \rho \dfrac{\ell}{S}$

• $R' = \rho \dfrac{2\ell}{\frac{1}{2}S} = 4\rho \dfrac{\ell}{S} = 4R$

06 다음 중 오옴의 법칙을 미분 형태로 옳게 표시한 것은? (단, i는 전류밀도, ρ는 고유저항(저항률), E는 전계의 세기이다.)

① $i = \dfrac{1}{\rho}E$

② $i = \rho E$

③ $i = \mathrm{div}E$

④ $i = \nabla E$

해설 $i = \dfrac{1}{\rho}E = kE$

07 10[A]의 전류가 5분간 도선에 흘렀을 때 도선 단면을 지나는 전기량은 몇 [C]인가?

① 50

② 300

③ 500

④ 3,000

해설 $Q = It$[C]에서 $Q = It = 10 \times 5 \times 60 = 3,000$[C]이 된다.

정답 | 04 ③ 05 ② 06 ① 07 ④

★★★

08 $1[\mu A]$의 전류가 흐르고 있을 때, 1초 동안 통과하는 전자수는 약 몇 개인가? (단, 전자 1개의 전하는 $1.602 \times 10^{-19}[C]$이다.)

① 6.24×10^{10}

② 6.24×10^{11}

③ 6.24×10^{12}

④ 6.24×10^{13}

해설 $Q = It = n \times 1.602 \times 10^{-19}[C]$에서 $1 \times 10^{-6} \times 1 = n \times 1.602 \times 10^{-19}$

$$\therefore n = \frac{Q}{q} = \frac{1 \times 10^{-6}}{1.602 \times 10^{-19}} = 6.24 \times 10^{12}[개]$$

★★☆

09 길이가 1[cm], 지름이 5[mm]인 동선에 1[A]의 전류를 흘렸을 때 전자가 동선에 흐르는 데 걸린 평균 시간은 약 몇 [초]인가? (단, 동선에서의 전자 밀도는 $1 \times 10^{28}[개/m^3]$라고 한다.)

① 3초

② 31초

③ 314초

④ 3,147초

해설 • $Q = I \times t = n[개] \times e[C] = n\left[\dfrac{개}{m^3}\right] \times e \times S\ell[m^3]$ (체적 : $V = S\ell$)

  $-n$: 전자수[개]

  $-e$: 전자 한 개의 전하량 $(e = -1.602 \times 10^{-19}[C])$

• $I \times t = n\left[\dfrac{개}{m^3}\right] \times e \times S\ell[m^3]$

  $1 \times t = 1 \times 10^{28} \times 1.602 \times 10^{-19} \times \pi \times (2.5 \times 10^{-3})^2 \times 0.01$

  $\therefore t = 314.55[초]$

★★☆

10 $20[℃]$에서 저항 온도계수가 0.004인 동선의 저항은 $100[\Omega]$이었다. 이 동선의 온도가 $80[℃]$일 때의 저항은?

① $24[\Omega]$

② $48[\Omega]$

③ $72[\Omega]$

④ $124[\Omega]$

해설 • $R_2 = R_1[1 + \alpha_1(t_2 - t_1)][\Omega]$ $(\alpha_1 : t_1$에서의 온도계수$)$

• $R_2 = 100[1 + 0.004(80 - 20)] = 124[\Omega]$

★★★
11 변위전류와 가장 관계가 깊은 것은?

① 반도체　　　　　　　　　　　　② 유전체
③ 자성체　　　　　　　　　　　　④ 도체

해설 변위전류밀도($i_D = \dfrac{\partial D}{\partial t} = \varepsilon \dfrac{\partial E}{\partial t}[\mathrm{A/m^2}]$) : 유전체 내의 전속밀도의 시간적 변화를 말한다.

★☆☆
12 변위전류밀도와 관계없는 것은?

① 전계의 세기　　　　　　　　　② 유전율
③ 자계의 세기　　　　　　　　　④ 전속밀도

해설 **변위전류밀도**

$$i_D = \frac{\partial D}{\partial t} = \varepsilon \frac{\partial E}{\partial t}[\mathrm{A/m^2}]$$

★★☆
13 유전체에서 변위전류를 발생하는 것은?

① 분극 전하 밀도의 시간적 변화
② 전속밀도의 시간적 변화
③ 자속밀도의 시간적 변화
④ 분극 전하 밀도의 공간적 변화

해설 변위전류밀도($i_D = \dfrac{\partial D}{\partial t} = \varepsilon \dfrac{\partial E}{\partial t}[\mathrm{A/m^2}]$)는 유전체 내의 전속밀도의 시간적 변화를 말한다.

★☆☆
14 변위전류의 개념 도입은 다음 중 누구의 기여에 의한 것인가?

① 패러데이(Faraday)　　　　　　② 렌쯔(Lenz)
③ 맥스웰(Maxwell)　　　　　　　④ 로렌츠(Lorentz)

해설 • 콘덴서에 충전하는 과정에서 전극에 유입하는 전류는 있지만, 전극 사이를 흐르는 전류는 전도전류만으로 해석이 불가능하다.
• 콘덴서의 전극 사이에 흐르는 전류를 설명하기 위해 맥스웰(Maxwell)은 변위전류의 개념을 도입하였다.

정답 | 11 ② 12 ③ 13 ② 14 ③

15 다음 그림은 콘덴서 내의 변위전류에 대한 설명이다. 이 콘덴서의 전극면적을 $S[\text{m}^2]$, 전극에 저축된 전하를 $q[\text{C}]$, 전극의 표면전하 밀도를 $\sigma[\text{C}/\text{m}^2]$, 전극 사이의 전속밀도를 $D[\text{C}/\text{m}^2]$라 하면 변위전류 $i_d[\text{A}/\text{m}^2]$의 값은?

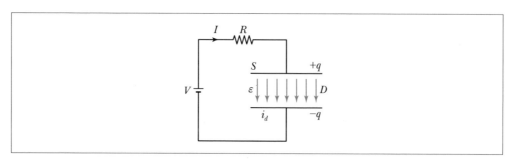

① $i_d = \dfrac{\partial D}{\partial t}[\text{A}/\text{m}^2]$

② $i_d = \dfrac{\partial \sigma}{\partial t}[\text{A}/\text{m}^2]$

③ $i_d = S\dfrac{\partial D}{\partial t}[\text{A}/\text{m}^2]$

④ $i_d = \dfrac{1}{S}\dfrac{\partial D}{\partial t}[\text{A}/\text{m}^2]$

해설 전속밀도의 시간적 변화를 변위전류라 한다.

$$i_d = \frac{\partial D}{\partial t} = \frac{\partial}{\partial t}\,\varepsilon E = \frac{\partial}{\partial t}\,\varepsilon \frac{V}{d}\,[\text{A}/\text{m}^2]$$

★★☆

16 간격 $d[\text{m}]$인 두 개의 평행판 전극 사이에 유전율 ε의 유전체가 있을 때 전극 사이에 전압 $V_m \sin \omega t$를 가하면 변위전류밀도$[\text{A}/\text{m}^2]$는?

① $\dfrac{\varepsilon}{d}V_m \cos \omega t$

② $\dfrac{\varepsilon}{d}\omega V_m \cos \omega t$

③ $\dfrac{\varepsilon}{d}\omega V_m \sin \omega t$

④ $-\dfrac{\varepsilon}{d}V_m \cos \omega t$

해설 • $i_D = \dfrac{\partial D}{\partial t} = \dfrac{\partial}{\partial t}\,\varepsilon E = \dfrac{\partial}{\partial t}\,\varepsilon \dfrac{V}{d}\,[\text{A}/\text{m}^2]$에서

• $i_D = \dfrac{\partial}{\partial t}\,\varepsilon \dfrac{V}{d} = \dfrac{\partial}{\partial t}\,\dfrac{\varepsilon}{d}V_m \sin \omega t = \dfrac{\varepsilon}{d}V_m \dfrac{\partial}{\partial t}\sin \omega t = \dfrac{\varepsilon}{d}\omega V_m \cos \omega t\,[\text{A}/\text{m}^2]$

정답 | 15 ① 16 ②

★☆☆

17 간격 d[m]인 2개의 평행판 전극 사이에 유전율 ε의 유전체가 있다. 전극 사이에 전압 $V_m\cos\omega t\,[\mathrm{V}]$를 가했을 때 변위전류밀도는 몇 $[\mathrm{A/m^2}]$인가?

① $\dfrac{\varepsilon}{d}V_m\cos\omega t$ ② $\dfrac{\varepsilon}{d}V_m\sin\omega t$

③ $-\dfrac{\varepsilon}{d}\omega V_m\cos\omega t$ ④ $-\dfrac{\varepsilon}{d}\omega V_m\sin\omega t$

해설 • $i_D=\dfrac{\partial D}{\partial t}=\dfrac{\partial}{\partial t}\varepsilon E=\dfrac{\partial}{\partial t}\varepsilon\dfrac{V}{d}\,[\mathrm{A/m^2}]$에서

     • $i_D=\dfrac{\partial}{\partial t}\varepsilon\dfrac{V}{d}=\dfrac{\partial}{\partial t}\dfrac{\varepsilon}{d}V_m\cos\omega t=\dfrac{\varepsilon}{d}V_m\dfrac{\partial}{\partial t}\cos\omega t=\dfrac{\varepsilon}{d}\omega V_m(-\sin\omega t)=-\dfrac{\varepsilon}{d}\omega V_m\sin\omega t\,[\mathrm{A/m^2}]$

★☆☆

18 전력용 유입 커패시터가 있다. 유(기름)의 유전율 $\varepsilon=2$이고 인가된 전계 $E=200\sin wt\,a_x\,[\mathrm{V/m}]$일 때 커패시터 내부에서 변위전류밀도는 몇 $[\mathrm{A/m^2}]$인가?

① $400\omega\cos\omega t\,a_x$ ② $400\omega\sin\omega t\,a_x$

③ $200\omega\cos\omega t\,a_x$ ④ $200\omega\sin\omega t\,a_x$

해설 $i_D=\dfrac{\partial D}{\partial t}=\dfrac{\partial}{\partial t}\varepsilon E=\dfrac{\partial}{\partial t}\varepsilon\dfrac{V}{d}=\dfrac{\partial}{\partial t}\varepsilon E=\varepsilon\dfrac{\partial}{\partial t}E=\varepsilon\dfrac{\partial}{\partial t}\left(200\sin wt\,a_x\right)$

     $=\varepsilon\times200\dfrac{\partial}{\partial t}\sin wt\,a_x=400\,w\cos wt a_x\,[\mathrm{A/m^2}]$

★☆☆

19 유전체 내에 전계의 세기가 E, 분극의 세기가 P, 유전율이 ε_0인 유전체 내의 변위전류밀도$[\mathrm{A/m^2}]$는?

① $\varepsilon\dfrac{\partial E}{\partial t}+\dfrac{\partial P}{\partial t}$ ② $\varepsilon_0\dfrac{\partial E}{\partial t}+\dfrac{\partial P}{\partial t}$

③ $\left(\dfrac{\partial E}{\partial t}+\dfrac{\partial P}{\partial t}\right)$ ④ $\varepsilon\left(\dfrac{\partial E}{\partial t}+\dfrac{\partial P}{\partial t}\right)$

해설 변위전류 $i_\lambda=\dfrac{\partial D}{\partial t}=\dfrac{\partial}{\partial t}\left(\varepsilon_0 E+P\right)=\dfrac{\partial\varepsilon_0 E}{\partial t}+\dfrac{\partial P}{\partial t}=\varepsilon_0\dfrac{\partial E}{\partial t}+\dfrac{\partial P}{\partial t}$

★☆☆

20 그림에서 축전지를 ± Q로 대전한 후 스위치 k를 닫고 도선에 전류 i를 흘리는 순간의 축전지 두 판 사이의 변위전류는?

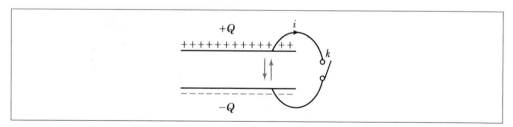

① + Q판에서 − Q판 쪽으로 흐른다.

② − Q판에서 + Q판 쪽으로 흐른다.

③ 왼쪽에서 오른쪽으로 흐른다.

④ 오른쪽에서 왼쪽으로 흐른다.

해설
- 스위치를 닫으면 축전지가 방전상태가 된다.
- 전도전류는 + Q에서 − Q로 흐르고 유전체의 변위전류는 − Q에서 + Q로 흐른다.
- 그러므로 전도전류와 같은 방향이 된다.

정답 │ 20 ②

SECTION 02 유전체 손실과 유전체 역률($\tan\delta$)

1. 유전체 손실

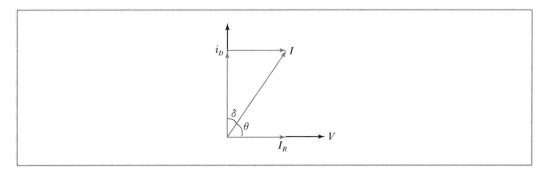

① 유전체손

$P = VI\cos\theta = VI\cos(90-\delta) = VI\sin\delta = VI\tan\delta\,(\delta : 유전손\,각=손실각)$

② 유전체손을 $\tan\delta$로 적용하는 이유

$$\sin\delta = \frac{I_R}{I} = \frac{I_R}{\sqrt{I_R^2 + i_D^2}} = \frac{\dfrac{V}{R}}{\sqrt{\left(\dfrac{V}{R}\right)^2 + (\omega CV)^2}} = \frac{1}{\sqrt{1+(\omega CR)^2}} \fallingdotseq \frac{1}{\omega CR}$$

$$\tan\delta = \frac{I_R}{i_D} = \frac{\dfrac{V}{R}}{\omega CV} = \frac{1}{\omega CR}$$

③ $\tan\delta$가 $\sin\delta$ 보다 간단하다(이때 $\tan\delta$를 유전체 역률이라 한다.).

2. 유전체 역률($\tan\delta$) 또는 유전손실 정접($\tan\delta$)

① $\tan\delta = \dfrac{I_R(누설전류)}{i_D(변위전류)} = \dfrac{\dfrac{V}{R}}{\omega CV} = \dfrac{1}{\omega CR} = \dfrac{1}{2\pi fCR}$

② $\tan\delta = \dfrac{I_R}{i_D} = \dfrac{k}{\omega\varepsilon} \left(\dfrac{I_R}{i_D} = \dfrac{1}{\omega CR} = \dfrac{1}{\omega \times \varepsilon \dfrac{S}{d} \times \rho \dfrac{\ell}{S}} = \dfrac{1}{\omega\varepsilon}\dfrac{1}{\rho} = \dfrac{k}{\omega\varepsilon} \right)$

※ $i_D = \dfrac{\partial D}{\partial t} = \dfrac{\partial}{\partial t}\varepsilon E = \dfrac{\partial}{\partial t}\varepsilon E_m\sin\omega t = \omega\varepsilon E_m\cos\omega t = \omega\varepsilon E_m\sin(\omega t + 90[°])$

$\quad = j\omega\varepsilon E_m\sin\omega t = j\omega\varepsilon E = j2\pi f\varepsilon E(\because E = E_m\sin\omega t)$

3. 도체와 유전체를 구분하는 임계 주파수(f_c)

① 임계 주파수 조건 : $I_R = i_D$ 이므로 $k = 2\pi f_c \varepsilon$ $\left(\dfrac{I_R}{i_D} = \dfrac{k}{\omega \varepsilon} \right)$

$\therefore f_c = \dfrac{k}{2\pi \varepsilon}$

② $\tan \delta = \dfrac{I_R}{i_D} = \dfrac{k}{2\pi f \varepsilon} = \dfrac{k}{2\pi \varepsilon} \cdot \dfrac{1}{f} = f_c \dfrac{1}{f} = \dfrac{f_c}{f}$ $\left(f_c = \dfrac{k}{2\pi \varepsilon} \right)$

⚡ 과년도 기출 및 예상문제

★☆☆

01 유전체 역률($\tan \delta$)과 무관한 것은?

① 주파수
② 정전용량
③ 인가전압
④ 누설저항

> **해설** 유전체 역률($\tan \delta$)
>
> $$\tan \delta = \frac{I_R}{i_D} = \frac{\frac{V}{R}}{\omega CV} = \frac{1}{\omega CR} = \frac{1}{2\pi f CR}$$

★★☆

02 유전체에 전도전류 i_d 와 변위전류 i_c 가 흘러, 양 전류의 같아지는 크기가 같아지는 주파수를 임계주파수 f_c, 임의의 주파수 f 에 있어서의 유전체 역률 $\tan \delta$ 는?

① $\dfrac{f_c}{2f}$
② $\dfrac{f}{2f_c}$
③ $\dfrac{f_c}{f}$
④ $\dfrac{f}{f_c}$

> **해설** 변압기나 케이블 등의 절연 열화 상태를 측정하기 위해 유전체 손실각 $\tan \delta$ 을 측정
>
> $$\tan \delta = \frac{I_R}{i_D} = \frac{k}{2\pi f \varepsilon} = \frac{k}{2\pi \varepsilon} \cdot \frac{1}{f} = f_c \frac{1}{f} = \frac{f_c}{f} \left(f_c = \frac{k}{2\pi \varepsilon} \right)$$

★☆☆

03 $\sigma = 1\,[\mho/\mathrm{m}]$, $\varepsilon_s = 6$, $\mu = \mu_0$ 인 유전체의 교류전압을 가할 때 변위전류와 전도전류의 크기가 같아지는 주파수[Hz]는?

① 3.0×10^9
② 4.2×10^9
③ 4.7×10^9
④ 5.1×10^9

> **해설** 도체와 유전체를 구분하는 임계 주파수(f_c)
>
> • 임계 주파수 조건 : $I_R = i_D$ 이므로 $k = 2\pi f_c \varepsilon \left(\dfrac{I_R}{i_D} = \dfrac{k}{\omega \varepsilon} \right)$
>
> $$\therefore f_c = \frac{k}{2\pi \varepsilon}$$
>
> • $f_c = \dfrac{k}{2\pi \varepsilon} = \dfrac{\sigma}{2\pi \varepsilon} = \dfrac{\sigma}{2\pi \varepsilon_0 \varepsilon_s} = \dfrac{1}{2\pi \times \varepsilon_0 \times 6} = 2{,}995{,}850{,}596 = 3 \times 10^9 \,[\mathrm{Hz}]$

정답 | 01 ③ 02 ③ 03 ①

★☆☆

04 공기 중에서 $2\,[\mathrm{V/m}]$의 전계를 $2\,[\mathrm{A/m^2}]$의 변위전류로 흐르게 하려면 주파수는 몇 $[\mathrm{MHz}]$이어야 하는가?

① 1,500

② 1,800

③ 15,000

④ 18,000

해설 • $i_D = \dfrac{\partial D}{\partial t} = \dfrac{\partial}{\partial t}\varepsilon E = \dfrac{\partial}{\partial t}\varepsilon E_m \sin\omega t = \omega\varepsilon E_m \cos\omega t = \omega\varepsilon E_m \sin(\omega t + 90\,[°])$

$\quad = j\omega\varepsilon E_m \sin\omega t = j\omega\varepsilon E = j2\pi f\varepsilon E$

• $i_D = 2\pi f\varepsilon E$

• $f = \dfrac{i_D}{2\pi\varepsilon E} = \dfrac{2}{2\pi\varepsilon_0 \times 2} = 1.7975\times10^{10}$

$\quad = 17,975\times10^6\,[\mathrm{Hz}] \fallingdotseq 18,000\times10^6\,[\mathrm{Hz}] = 18,000\,[\mathrm{MHz}]$

★☆☆

05 도전율 $\sigma = 4\,[\mathrm{S/m}]$, 비투자율 $\mu_s = 1$, 비유전율 $\varepsilon_s = 81$인 바닷물 중에서 최소한 유전손실 정접($\tan\delta$)이 100 이상이 되기 위한 주파수 범위$[\mathrm{MHz}]$는?

① $f \leq 2.23$

② $f \leq 4.45$

③ $f \leq 8.89$

④ $f \leq 17.78$

해설 • $\tan\delta = \dfrac{I_R}{i_D} = \dfrac{\sigma}{\omega\varepsilon} = \dfrac{\sigma}{2\pi f\varepsilon_0\,\varepsilon_s} = \dfrac{4}{2\pi f\varepsilon_0 \times 81}$

• $\dfrac{4}{2\pi f\varepsilon_0 \times 81} \geq 100 \quad \therefore f \leq \dfrac{4}{2\pi\varepsilon_0 \times 81 \times 100}$ 계산하면 $f \leq 8.87\times10^6\,[\mathrm{Hz}]$

정답 | 04 ④   05 ③

03 SECTION 전류의 연속성(KCL), 자속의 연속성

1. 전류의 연속성 (KCL)

① $\operatorname{div} i = \nabla \cdot i = 0$: 키르히호프 제1법칙

※ $\operatorname{div} i = -\dfrac{\partial}{\partial t}\rho_v$: 불연속성

2. 자속의 연속성

$\operatorname{div} B = \nabla \cdot B = 0$

과년도 기출 및 예상문제

★★★
01 공간 도체 중의 정상 전류밀도가 i, 전하밀도가 ρ일 때, 키르히호프의 전류법칙을 나타내는 것은?

① $i = \dfrac{\partial \rho}{\partial t}$

② $\text{div}\, i = 0$

③ $i = 0$

④ $\text{div}\, i = -\dfrac{\partial \rho}{\partial t}$

해설 **전류의 연속성**
$\text{div}\, i = 0$

★☆☆
02 자속의 연속성을 나타낸 식은?

① $\text{div}\, B = \rho$

② $\text{div}\, B = 0$

③ $B = \mu H$

④ $\text{div}\, B = \mu H$

해설 $\text{div}\, B = \nabla \cdot B = 0$

★☆☆
03 다음 중 정전기와 자기의 유사점 비교로 옳지 않은 것은?

① $\displaystyle\oint_C E \cdot d\ell = V$와 $\displaystyle\oint_C H \cdot d\ell = NI$

② $E = -grad\, V$와 $B = curl\, A$

③ $\text{div}\, D = \rho_{ev}$와 $\text{div}\, B = \rho_{mv}$

④ $\nabla^2 V = -\dfrac{\rho_v}{\varepsilon_0}$와 $\nabla^2 A = -\mu_0 i$

해설 $\text{div}\, B = 0$ 고립된 자극은 존재하지 않으므로 연속이 되고 자속의 발산은 없다.

정답 | 01 ② 02 ② 03 ③

04 SECTION 전기저항과 정전용량과의 관계식

1. 접지저항(전기저항)

(1) 관계식 : $RC = \rho\varepsilon$

$$RC = \rho\frac{\ell}{S} \times \varepsilon\frac{S}{d} = \rho\varepsilon$$

① 누설전류 : $I_g = \dfrac{V}{R}[\text{A}]$

② 도체계의 정전용량

ㄱ 고립도체구

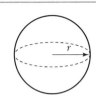

$$C = \frac{4\pi\varepsilon}{\dfrac{1}{r}} = 4\pi\varepsilon r\,[\text{F}]$$

ㄴ 동심구도체

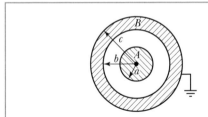

$$C = \frac{4\pi\varepsilon}{\dfrac{1}{a} - \dfrac{1}{b}}\,[\text{F}]$$

ㄷ 동심원통

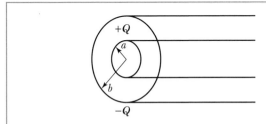

$$C = \frac{2\pi\varepsilon}{\ln\dfrac{b}{a}}\,[\text{F}]$$

ㄹ 대전도체

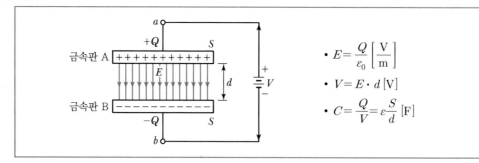

- $E = \dfrac{Q}{\varepsilon_0} \left[\dfrac{\text{V}}{\text{m}}\right]$

- $V = E \cdot d \, [\text{V}]$

- $C = \dfrac{Q}{V} = \varepsilon \dfrac{S}{d} \, [\text{F}]$

(2) 전력

$$P = VI = I^2 R = \dfrac{V^2}{R} \, [\text{W}]$$

(3) 전력량

$$W = P \cdot t = VI t = I^2 R t = \dfrac{V^2}{R} t \, [\text{J}] = 0.24 \dfrac{V^2}{R} t \, [\text{cal}]$$

> **🔍참고** 단위 변환
>
> - $1[\text{cal}] = 4.2[\text{J}]$
> - $1[\text{J}] = 0.24[\text{cal}]$
> - $1[\text{Wh}] = 860[\text{cal}]$

과년도 기출 및 예상문제

★☆☆
01 전기저항 R과 정전용량 C, 고유저항 ρ 및 유전율 ε 사이의 관계는?

① $RC = \rho\varepsilon$

② $\dfrac{R}{C} = \dfrac{\varepsilon}{\rho}$

③ $\dfrac{C}{R} = \rho\varepsilon$

④ $R = \rho C \varepsilon$

해설 $RC = \rho\dfrac{\ell}{S} \times \varepsilon\dfrac{S}{d} = \rho\varepsilon$

★★★
02 반지름 $a\,[\mathrm{m}]$의 반구형 도체물을 고유저항 $\rho\,[\Omega \cdot \mathrm{m}]$의 대지 표면에 부딪혔을 때 접지저항은 몇 $[\Omega]$인가?

① $\dfrac{1}{2\pi\rho a}$

② $\dfrac{\rho}{2\pi a}$

③ $2\pi\rho a$

④ $\dfrac{a}{2\pi\rho}$

해설 • 구 : $C = 4\pi\varepsilon a$, 반구 : $C_{\text{반구}} = 4\pi\varepsilon a \times \dfrac{1}{2} = 2\pi\varepsilon a$

• $R = \dfrac{\rho\varepsilon}{C} = \dfrac{\rho\varepsilon}{2\pi\varepsilon a} = \dfrac{\rho}{2\pi a}$

★☆☆
03 내경의 반지름이 2[cm], 외경의 반지름 3[cm]인 동심구 도체 간에 고유저항이 $1.884 \times 10^2[\Omega \cdot \mathrm{m}]$인 저항물질로 채워져 있는 경우 내외 구간의 합성 저항은 약 몇 $[\Omega]$ 정도 되겠는가?

① 25

② 50

③ 250

④ 500

해설 • 동심구 $C = \dfrac{4\pi\varepsilon}{\dfrac{1}{a} - \dfrac{1}{b}} = \dfrac{4\pi\varepsilon\,ab}{b-a}$

• $R = \dfrac{\rho\varepsilon}{C} = \dfrac{\rho\varepsilon}{\dfrac{4\pi\varepsilon ab}{b-a}} = \dfrac{\rho}{\dfrac{4\pi ab}{b-a}} = \dfrac{1.884 \times 10^2}{\dfrac{4\pi \times 0.02 \times 0.03}{0.03 - 0.02}} = 249.87$

정답   01 ①   02 ②   03 ③

★☆☆
04 유전율이 ε, 도전율이 σ, 반지름 r_1, $r_2(r_1 < r_2)$, 길이 l 인 동축케이블에서 저항(R)은 얼마인가?

① $\dfrac{2\pi r l}{\ln \dfrac{r_2}{r_1}}$

② $\dfrac{2\pi r l}{\dfrac{1}{r_1} - \dfrac{1}{r_2}}$

③ $\dfrac{1}{2\pi\sigma l}\ln\dfrac{r_2}{r_1}$

④ $\dfrac{1}{2\pi\sigma l}\ln\dfrac{r_1}{r_2}$

해설

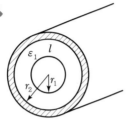

- $C = \dfrac{2\pi\varepsilon}{\ln\dfrac{r_2}{r_1}}\left[\dfrac{\text{F}}{\text{m}}\right] = \dfrac{2\pi\varepsilon}{\ln\dfrac{r_2}{r_1}}\times\ell\,[\text{F}]$

- $RC = \rho\varepsilon$ 에서 $R = \dfrac{\rho\varepsilon}{C}\,[\Omega]$, $\rho = \dfrac{1}{k} = \dfrac{1}{\sigma}$

$R = \dfrac{\rho\varepsilon}{C} = \dfrac{\rho\varepsilon}{\dfrac{2\pi\varepsilon\ell}{\ln\dfrac{r_2}{r_1}}} = \dfrac{\rho\ln\dfrac{r_2}{r_1}}{2\pi\ell} = \dfrac{\rho}{2\pi\ell}\ln\dfrac{r_2}{r_1} = \dfrac{\dfrac{1}{\sigma}}{2\pi\ell}\ln\dfrac{r_2}{r_1} = \dfrac{1}{2\pi\ell\sigma}\ln\dfrac{r_2}{r_1}$

★☆☆
05 간격 d의 평행 도체판 간에 비저항 ρ 인 물질을 채웠을 때 단위 면적당의 저항(R)은?

① ρd

② $\dfrac{\rho}{d}$

③ $\rho - d$

④ $\rho + d$

해설
- $RC = \rho\varepsilon$
- $R \times \varepsilon\dfrac{S}{d} = \rho\varepsilon$

★★★

06 액체 유전체를 포함한 콘덴서 용량이 $C[\text{F}]$ 인 것에 $V[\text{V}]$ 전압을 가했을 경우에 흐르는 누설전류는 몇 $[\text{A}]$인가? (단, 유전체의 유전율은 ε이며 고유저항은 $\rho[\Omega]$이라 한다.)

① $\dfrac{CV}{\rho\varepsilon}$

② $\dfrac{CV^2}{\rho\varepsilon}$

③ $\dfrac{\rho\varepsilon_s V}{C}$

④ $\dfrac{\rho\varepsilon_s}{C}$

해설 $RC=\rho\varepsilon$ 에서 $R=\dfrac{\rho\varepsilon}{C}[\Omega]$, $I=\dfrac{V}{R}=\dfrac{V}{\frac{\rho\varepsilon}{C}}=\dfrac{CV}{\rho\varepsilon}$

★☆☆

07 비유전율 $\varepsilon_s=2.2$, 고유저항 $\rho=10^{11}[\Omega\cdot\text{m}]$인 유전체를 넣은 콘덴서의 용량이 $20[\mu\text{F}]$이었다. 여기에 $500[\text{kV}]$의 전압을 가하였을 때의 누설전류는 약 몇 $[\text{A}]$인가?

① 4.2

② 5.1

③ 54.5

④ 61.0

해설 $RC=\rho\varepsilon$ 에서 $R=\dfrac{\rho\varepsilon}{C}[\Omega]$

$I=\dfrac{V}{R}=\dfrac{CV}{\rho\varepsilon}=\dfrac{CV}{\rho\varepsilon_0\varepsilon_s}=\dfrac{20\times10^{-6}\times500\times10^3}{10^{11}\times8.855\times10^{-12}\times2.2}=5.13[\text{A}]$

★★☆

08 유전율 $\varepsilon[\text{F/m}]$, 고유저항 $\rho[\Omega\cdot\text{m}]$인 유전체로 채운 정전용량 $C[\text{F}]$의 콘덴서에 전압 $V[\text{V}]$를 가할 때 유전체 중의 t[초] 동안에 발생하는 열량은 몇 $[\text{cal}]$인가?

① $4.2\times\dfrac{CV^2 t}{\rho\varepsilon}$

② $4.2\times\dfrac{CVt}{\rho\varepsilon}$

③ $0.24\times\dfrac{CV^2 t}{\rho\varepsilon}$

④ $0.24\times\dfrac{CVt}{\rho\varepsilon}$

해설 • $RC=\rho\varepsilon$ 에서 $R=\dfrac{\rho\varepsilon}{C}[\Omega]$

• $H=0.24I^2Rt=0.24\dfrac{V^2}{R}t=0.24\dfrac{V^2}{\frac{\rho\varepsilon}{C}}t=0.24\times\dfrac{CV^2 t}{\rho\varepsilon}$

정답 | 06 ① 07 ② 08 ③

05 SECTION 열전현상

1. 1가지 금속(톰슨효과)

동일한 금속도선 두 점에 온도차가 있을 때 전류를 흘리면 열의 발생 또는 흡수가 생기는 현상

2. 2가지 금속

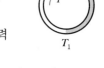

① 펠티어 효과 (Peltier effect) : 두 종류의 금속 폐회로에 전류를 흘리면 고온의 접합
   점에서는 열의 흡수, 저온의 접합점에서는 열을 발생하는 현상
② 제어벡 효과(seebeck effect) : 두 종류의 금속에 온도차가 생기면 폐회로에 기전력
   이 생겨 전류가 흐르게 되는 현상
③ Hall 효과 : 전류가 흐르고 있는 도체와 직각방향으로 자계를 가하면 도체 측면에는 정 · 부의 전하가
   생겨 두 면 간에 전위차가 발생하는 현상

⚡ 과년도 기출 및 예상문제

01 ★★★

균질의 철사에 온도 구배가 있을 때 여기에 전류가 흐르면 열이 발열 또는 흡열 현상이 발생하는데, 이 현상을 무엇이라 하는가?

① 톰슨 효과   ② 핀치 효과

③ 펠티에 효과   ④ 제어벡 효과

> **해설** 균질의 철사는 한 가지 금속이므로 톰슨 효과이다.

02 ★★☆

두 종류의 금속으로 된 회로에 전류를 통하면 각 접속점에서 열의 흡수 또는 발생이 일어나는 현상이 발생한다. 이 현상을 지칭하는 효과를 무엇이라 하는가?

① Pinch 효과   ② Seebeck 효과

③ Thomson 효과   ④ Peltier 효과

> **해설** **두 가지 금속**
> • 펠티어 효과 : 전기를 흘리면 → 열이 발생
> • 제어벡 효과 : 열이 발생 → 전기 생성

03 ★☆☆

다른 종류의 금속선으로 된 폐회로의 두 접합점의 온도를 달리하였을 때 전기가 발생하는 효과는?

① 톰슨 효과   ② 핀치 효과

③ 펠티에 효과   ④ 제어벡 효과

> **해설** **두 가지 금속**
> • 펠티어 효과 : 전기를 흘리면 → 열이 발생
> • 제어벡 효과 : 열이 발생 → 전기가 생성

04 ★★☆

전류가 흐르고 있는 도체와 직각방향으로 자계를 가하면 도체 측면에는 정·부의 전하가 생겨 두 면 간에 전위차가 발생하는 현상은?

① 핀치 효과   ② 톰슨 효과

③ 홀 효과   ④ 제어벡 효과

> **해설** 홀 효과 : 전류가 흐르고 있는 도체와 직각방향으로 자계를 가하면 도체 측면에는 정$(+)$, 부$(-)$의 전하가 생겨 두 면 간에 전위차가 발생하는 현상

정답	01 ① 02 ④ 03 ④ 04 ③

CHAPTER 07 정자계

01 쿨롱의 법칙
SECTION

1. 정자계

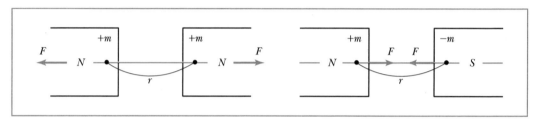

$$F = \frac{1}{4\pi\mu_0}\frac{m_1 m_2}{r^2} = 6.33 \times 10^4 \frac{m_1 m_2}{r^2}\ [\text{N}]$$

① $\dfrac{1}{4\pi\mu_0} = 6.33 \times 10^4$

② $\mu_0 = 4\pi \times 10^{-7}$

③ $\mu\,(\text{투자율}) = \mu_o \mu_s\,(\mu_s : \text{비투자율})$

④ 자속밀도 : $B = \mu H = \mu_0 \mu_s H \left[\dfrac{\text{Wb}}{\text{m}^2}\right]$, $N = \displaystyle\int_s H ds = \dfrac{m}{\mu_0}$: H를 구하는 식

　• N : 자기력선의 총수

2. 정전계

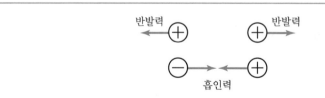

$$F = \frac{1}{4\pi\varepsilon_0}\frac{Q_1 Q_2}{r^2} = 9 \times 10^9 \frac{Q_1 Q_2}{r^2}\ [\text{N}]$$

① $\dfrac{1}{4\pi\varepsilon_0} = 9 \times 10^9$

② ε_o(진공 중의 유전율)$= 8.855 \times 10^{-12}$

③ ε(유전율)$= \varepsilon_o \varepsilon_s$ $(\varepsilon_s$: 비투자율)

④ 전속밀도(전기변위) : $D = \varepsilon E = \varepsilon_0 \varepsilon_s E$

⑤ $N = \displaystyle\int_s Eds = \dfrac{Q}{\varepsilon_0}$: E를 구하는 식

　• N : 전기력선의 총수

과년도 기출 및 예상문제

★☆☆

01 두 개의 자하 m_1, m_2 사이에 작용되는 쿨롱의 법칙으로서 자하 간의 자기력에 대한 설명으로 옳지 않은 것은?

① 두 자하가 동일 극성이면 반발력이 작용한다.
② 두 자하가 서로 다른 극성이면 흡인력이 작용한다.
③ 두 자하의 거리에 반비례한다.
④ 두 자하의 곱에 비례한다.

해설 $F = \dfrac{1}{4\pi\mu_0}\dfrac{m_1 m_2}{r^2} = 6.33 \times 10^4 \dfrac{m_1 m_2}{r^2}$ [N]

★☆☆

02 10^{-5}[Wb]와 1.2×10^{-5}[Wb]의 점자극을 공기 중에서 2[cm] 거리에 놓았을 때 극간에 작용하는 힘은 몇 [N]인가?

① 1.9×10^{-2}
② 1.9×10^{-3}
③ 3.8×10^{-2}
④ 3.8×10^{-3}

해설 $F = \dfrac{1}{4\pi\mu_0}\dfrac{m_1 m_2}{r^2} = 6.33 \times 10^4 \dfrac{10^{-5} \times 1.2 \times 10^{-5}}{0.02^2} = 0.01899 = 1.9 \times 10^{-2}$ [N]

★★★

03 반지름이 3[cm]인 원형 단면을 가지고 있는 환상 연철심에 감은 코일에 전류를 흘려서 철심 중의 자계의 세기가 400[AT/m] 되도록 여자할 때 철심 중의 자속밀도는 얼마인가? (단, 철심의 비투자율은 400이라고 한다.)

① 0.2
② 0.8
③ 1.6
④ 2

해설 $B = \mu H = \mu_0 \mu_s H = 4\pi \times 10^{-7} \times 400 \times 400 = 0.2 [\text{Wb/m}^2]$

★★☆

04 진공 중에서 4π[Wb]의 자하(**磁荷**)로부터 발산되는 총 자력선의 수는?

① 4π[개]
② 10^7[개]
③ $4\pi \times 10^7$[개]
④ $\dfrac{10^7}{4\pi}$[개]

해설 $N = \dfrac{m}{\mu_0} = \dfrac{4\pi}{4\pi \times 10^{-7}} = 10^7$

정답 | 01 ③ 02 ① 03 ① 04 ②

SECTION 02 여러 가지 자계의 세기

1. 자계의 세기

(1) 무한원주도체(암페어의 오른손 법칙)

① $H = \dfrac{I}{2\pi r}$, $H = \dfrac{NI}{2\pi r} \left[\dfrac{\text{AT}}{\text{m}} \right]$

② $B = \mu H$

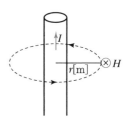

(2) 환상 솔레노이드의 내부자계(평등자계)

① 환상 솔레노이드의 내부 $H = \dfrac{NI}{2\pi r}$ [AT/m]

② 중심 0점 : $H = 0$, 외부자계 : $H = 0$

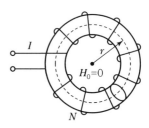

(3) 무한장 솔레노이드의 자계(평등자계)

① 무한장 솔레노이드의 내부 $H = \dfrac{NI}{\ell} = nI \left(n = \dfrac{N}{\ell} \right)$

   • n : 단위 길이당 권수

② 외부자계 : $H = 0$

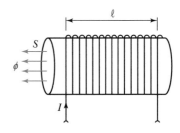

과년도 기출 및 예상문제

★★☆
01 전류에 의한 자계의 방향을 결정하는 법칙은?

① 렌츠의 법칙
② 플레밍의 오른손 법칙
③ 플레밍의 왼손법칙
④ 암페어의 오른손 법칙

해설 **암페어의 오른손 법칙**

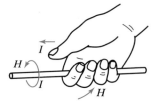 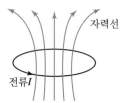

★★★
02 반지름 25[cm]의 원주형 도선에 π[A]의 전류가 흐를 때 도선의 중심축에서 50[cm]되는 점의 자계의 세기[AT/m]는? (단, 도선의 길이 l은 매우 길다.)

① 1
② π
③ $\dfrac{1}{2}\pi$
④ $\dfrac{1}{4}\pi$

해설 **무한장 직선**

$$H = \frac{I}{2\pi r} = \frac{\pi}{2\pi \times 0.5} = \frac{\pi}{\pi} = 1$$

★★★
03 무한장 직선도체에 전류 10[A]가 흐르고 있을 때 도체에서 2[m] 떨어진 점의 P의 자속밀도는 몇 [Wb/m²]인가?

① 10^{-5}
② 0.5×10^{-6}
③ 10^{-6}
④ 2×10^{-6}

해설 $B = \mu_0 \mu_s H = \mu_0 \mu_s \dfrac{I}{2\pi r} = \dfrac{\mu_0 I}{2\pi r} = \dfrac{\mu_0 \times 10}{2\pi \times 2} = 10^{-6}$

정답 | 01 ④ 02 ① 03 ③

★★☆
04 그림과 같이 평행한 무한장 직선 도선에 I, $4I$인 전류가 흐른다. 두 선 사이의 점 P의 자계 세기가 0이다. $\dfrac{a}{b}$는?

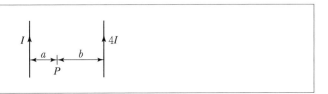

① $\dfrac{a}{b}=4$

② $\dfrac{a}{b}=2$

③ $\dfrac{a}{b}=\dfrac{1}{2}$

④ $\dfrac{a}{b}=\dfrac{1}{4}$

해설 • $H_1=\dfrac{I}{2\pi a}$, $H_2=\dfrac{4I}{2\pi b}$

   • $H_1=H_2$이므로 $\dfrac{I}{2\pi a}=\dfrac{4I}{2\pi b}$

   $\dfrac{1}{a}=\dfrac{4}{b}$ ∴ $\dfrac{a}{b}=\dfrac{1}{4}$

★☆☆
05 평균 반지름(r)이 20[cm], 단면적(S)이 6[cm²]인 환상철심에서 권선수(N)가 500회인 코일에 흐르는 전류(I)가 4[A]일 때 철심 내부에서의 자계의 세기(H)는 약 몇 [AT/m]인가?

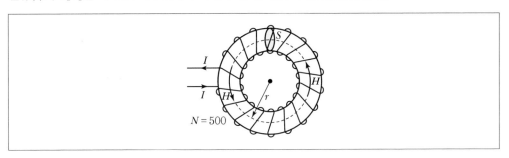

① 1,590

② 1,700

③ 1,870

④ 2,120

해설 $H=\dfrac{NI}{2\pi r}=\dfrac{500\times4}{2\pi\times0.2}=1{,}591.55\,[\text{AT/m}]$

★★★
06

1[cm]마다 권수가 50인 무한장 솔레노이드에 10[mA]의 전류를 유통 시킬 때 솔레노이트 내부의 자계의 세기[AT/m]는?

① 10

② 20

③ 40

④ 50

해설 $H = \dfrac{NI}{\ell} = \dfrac{50 \times 10 \times 10^{-3}}{0.01} = 50[\text{AT/m}]$

★★★
07

무한장 직선도체가 있다. 이 도체로부터 수직으로 0.1[m] 떨어진 점의 자계의 세기가 180[AT/m]이다. 이 도체를 따라 수직으로 0.3[m] 떨어진 점의 자계의 세기는 몇 [AT/m]인가?

① 20

② 60

③ 180

④ 540

해설 $H = \dfrac{I}{2\pi r} \propto \dfrac{1}{r}$ 이므로 $\dfrac{1}{0.1} : 180 = \dfrac{1}{0.3} : H$

$\dfrac{1}{0.1} \times H = 180 \times \dfrac{1}{0.3}$

$H = \dfrac{180}{3} = 60$

★★★
08

무한장 솔레노이드에 전류가 흐를 때 발생되는 자계에 관한 설명 중 옳은 것은?

① 내부 자계는 평등 자장이다.

② 외부와 내부 자계의 세기는 같다.

③ 외부 자계는 평등 자장이다.

④ 내부 자계의 세기는 0이다.

해설 **평등자계**
- 환상솔레노이드
- 무한장 솔레노이드

★★★
09

평등 자계를 얻는 방법으로 가장 알맞은 것은?

① 길이에 비하여 단면적이 충분히 큰 솔레노이드에 전류를 흘린다.

② 길이에 비하여 단면적이 충분히 큰 원통형 도선에 전류를 흘린다.

③ 단면적에 비하여 길이가 충분히 긴 원통형 도선에 전류를 흘린다.

④ 단면적에 비하여 길이가 충분히 긴 솔레노이드에 전류를 흘린다.

해설 무한장 솔레노이드는 단면적에 비하여 길이가 충분히 길어야 한다.

정답 | 06 ④ 07 ② 08 ① 09 ④

03 SECTION 비오−사바르법칙을 이용한 자계의 세기

1. 비오−사바르법칙

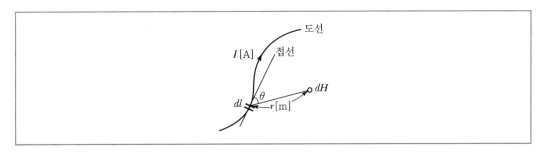

$$dH = \frac{Id\ell}{4\pi r^2}\sin\theta \left[\frac{\text{AT}}{\text{m}}\right]$$

2. 유한장 직선

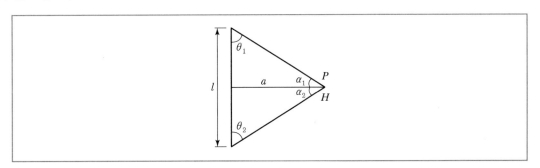

$$H = \frac{I}{4\pi a}\left(\cos\theta_1 + \cos\theta_2\right) = \frac{I}{4\pi a}\left(\sin\alpha_1 + \sin\alpha_2\right)\left[\frac{\text{AT}}{\text{m}}\right]$$

3. 자계의 세기

① 원형코일 중심의 자계

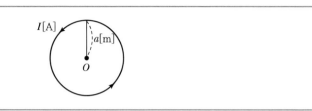

$$H= \frac{NI}{2a}, \ H= \frac{I}{2a}$$

② 정4각형의 중심자계

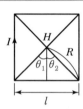

$$H= \frac{nI}{2\pi R} \tan \frac{\pi}{n} = \frac{2\sqrt{2}I}{\pi \ell}$$

③ 정6각형

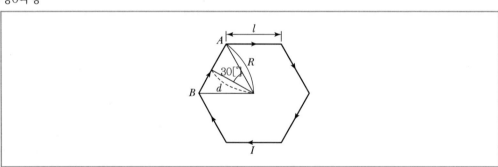

$$H= \frac{nI}{2\pi R} \tan \frac{\pi}{n} = \frac{\sqrt{3}I}{\pi \ell}$$

과년도 기출 및 예상문제

★★★
01 진공 중에 미소 선전류 $I \cdot dl[\text{A/m}]$에 기인된 $r[\text{m}]$ 떨어진 점 P에 생기는 자계 $dH[\text{A/m}]$를 나타내는 식은?

① $dH = \dfrac{I \times a_r}{4\pi\mu_0 r^2} dl$

② $dH = \dfrac{a_r \times I}{8\pi\mu_0 r^2} dl$

③ $dH = \dfrac{I \times a_r}{4\pi r^2} dl$

④ $dH = \dfrac{a_r \times I}{8\pi r^2} dl$

해설 비오-사바르 법칙(미소 자계을 구하는 식)

$$dH = \frac{I d\ell \sin\theta}{4\pi r^2} = \frac{I d\ell \times a_r}{4\pi r^2} = \frac{I \times a_r}{4\pi r^2} d\ell$$

★★☆
02 반지름 5[cm], 권회수 100의 원형코일에 10[A]의 전류를 통할 때 코일 중심의 자계의 크기는 몇 [AT/m]인가?

① 50

② 500

③ 1,000

④ 10,000

해설 $H_0 = \dfrac{NI}{2a}$에서 $H_0 = \dfrac{100 \times 10}{2 \times 5 \times 10^{-2}} = 10,000[\text{AT/m}]$

★☆☆
03 그림과 같이 반지름 10[cm]인 반원과 그 직선 도선에 전류 10[A]가 흐를 때 반원의 중심 0에서의 자계의 세기[AT/m]는?

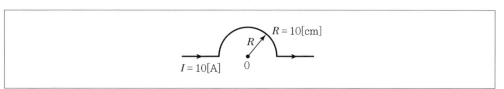

① 2.5, 방향 ⊙

② 2.5, 방향 ⊗

③ 25, 방향 ⊙

④ 25, 방향 ⊗

해설 • 원형코일 : $H_0 = \dfrac{I}{2R}$

• $H_{반원} = \dfrac{I}{2R} \times \dfrac{1}{2} = \dfrac{I}{4R} = \dfrac{10}{4 \times 0.1}$

정답 | 01 ③ 02 ④ 03 ④

04 ★☆☆ 그림과 같은 원형코일이 두 개가 있다. A의 권선수는 1회, 반지름 1[m], B의 권선수는 2회, 반지름은 2[m] 이다. A와 B의 코일중심을 겹쳐 두면 중심에서의 자속이 A만 있을 때의 2배가 된다. A와 B의 전류비 I_B/I_A는?

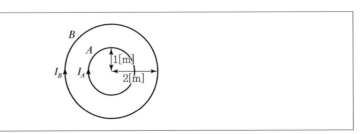

① $\dfrac{1}{2}$

② 1

③ 2

④ 4

해설 코일 중심의 자계는 $\dfrac{NI}{2a}$ [AT/m]

- A코일의 자계의 세기 $H_A = \dfrac{NI}{2a} = \dfrac{1 \times I_A}{2 \times 1} = \dfrac{I_A}{2}$, B코일의 자계의 세기 $H_B = \dfrac{NI}{2a} = \dfrac{2I_B}{2 \times 2} = \dfrac{I_B}{2}$

- $\dfrac{I_A}{2} + \dfrac{I_B}{2} = 2 \times \dfrac{I_A}{2}$

  계산하면 $I_A + I_B = 2I_A$

  $I_A = I_B$ ∴ $\dfrac{I_B}{I_A} = 1$

05 ★★☆ 그림과 같이 반경 a[m]인 코일에 전류 I[A]가 흐를 때 중심선상의 점 P에서 자계의 세기는 몇 [AT/m]인가?

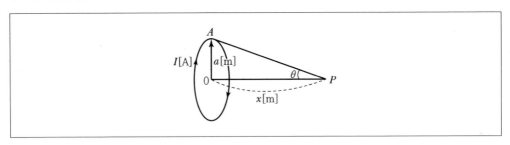

① $\dfrac{a^2 I}{2(a^2 + x^2)}$

② $\dfrac{a^2 I}{2(a^2 + x^2)^{1/2}}$

③ $\dfrac{a^2 I}{2(a^2 + x^2)^2}$

④ $\dfrac{a^2 I}{2(a^2 + x^2)^{3/2}}$

정답 | 04 ② 05 ④

해설 • 원형코일 중심의 자계는 $H = \dfrac{I}{2a}$ [AT/m]가 되는 것을 고른다.

• $x = 0$이면 원형코일 중심의 자계가 된다.

$$H_x = \frac{a^2 I}{2(a^2 + x^2)^{3/2}} = \frac{a^2 I}{2(a^2 + 0^2)^{\frac{3}{2}}} = \frac{a^2 I}{2(a^2)^{\frac{3}{2}}} = \frac{a^2 I}{2a^3} = \frac{I}{2a}$$

★☆☆

06 그림과 같은 유한장 직선 도체 AB에 전류 I가 흐를 때 임의의 점 P의 자계의 세기는? (단, a는 P와 AB 사이의 거리, θ_1, θ_2 : P에서 도체 AB에 내린 수직선과 AP, BP가 이루는 각이다.)

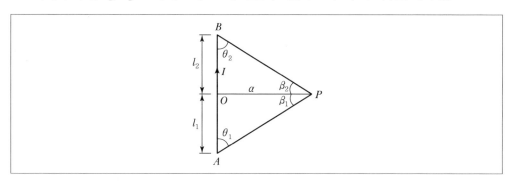

① $\dfrac{I}{4\pi a}\left(\sin \theta_1 + \sin \theta_2\right)$ 　　　　　② $\dfrac{I}{4\pi a}\left(\cos \theta_1 + \cos \theta_2\right)$

③ $\dfrac{I}{4\pi a}\left(\sin \theta_1 - \sin \theta_2\right)$ 　　　　　④ $\dfrac{I}{4\pi a}\left(\cos \theta_1 - \cos \theta_2\right)$

해설 **한 변 AB에서 임의의 점 P의 자계**

$$H_{AB} = \frac{I}{4\pi a}\left(\cos\theta_1 + \cos\theta_2\right) = \frac{I}{4\pi a}\left(\sin\beta_1 + \sin\beta_2\right)$$

★★★

07 8[m] 길이의 도선으로 만들어진 정방형 코일에 π[A]가 흐를 때 정방형의 중심점에서의 자계의 세기는 몇 [A/m]인가?

① $\dfrac{\sqrt{2}}{2}$ 　　　　　　　　② $\sqrt{2}$

③ $2\sqrt{2}$ 　　　　　　　　④ $4\sqrt{2}$

해설 한 변 AB에 대한 중심점의 자계는 $H_{AB} = \dfrac{I}{4\pi a}\left(\sin\beta_1 + \sin\beta_2\right)$이므로

• $a = \dfrac{\ell}{2}$, $\sin\beta_1 = \sin\beta_2 = \sin\beta = \sin 45[°] = \dfrac{\sqrt{2}}{2}$ (정사각형은 45[°])

• $H_{AB} = \dfrac{I}{4\pi a}\left(\sin\beta_1 + \sin\beta_2\right) = \dfrac{I}{4\pi \times \dfrac{\ell}{2}} \times 2\sin\beta = \dfrac{I}{4\pi \times \dfrac{\ell}{2}} \times 2\sin 45[°] = \dfrac{I}{4\pi \times \dfrac{\ell}{2}} \times 2 \times \dfrac{\sqrt{2}}{2} = \dfrac{\sqrt{2}\,I}{2\pi\ell}$

정답	06 ② 　 07 ②

$$\therefore\ H_0 = H_{AB} + H_{BC} + H_{CD} + H_{DA} = 4H_{AB} = \frac{2\sqrt{2}\,I}{\pi\ell} = \frac{2\sqrt{2}\times\pi}{\pi\times2} = \sqrt{2}\left[\frac{\text{A}}{\text{m}}\right]$$

($\because$ 전체 길이가 8[m]이므로 1변의 길이는 $\ell = \dfrac{8}{4} = 2$)

별해

$$H_0 = \frac{2\sqrt{2}\,I}{\pi\ell} = \frac{2\sqrt{2}\times\pi}{\pi\times2} = \sqrt{2}\left[\frac{\text{A}}{\text{m}}\right]$$

★☆☆
08 그림과 같이 한 변의 길이가 l[m]인 정6각형 회로에 전류 I[A]가 흐르고 있을 때 중심 자계의 세기는 몇 [A/m]인가?

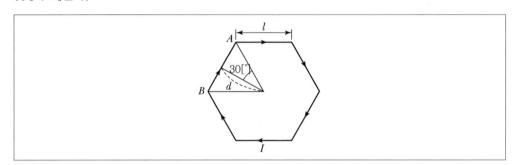

① $\dfrac{1}{2\sqrt{3}\,\pi\ell}\times I$ 　　　　　　　② $\dfrac{2\sqrt{2}}{\pi\ell}\times I$

③ $\dfrac{\sqrt{3}}{\pi\ell}\times I$ 　　　　　　　　④ $\dfrac{\sqrt{3}}{2\pi\ell}\times I$

해설 한 변 AB에 대한 중심점의 자계는 $H_{AB} = \dfrac{I}{4\pi a}(\cos\theta_1 + \cos\theta_2)$이므로

- $a = d = \ell\cos30[°] = \dfrac{\sqrt{3}\,\ell}{2}$, $\cos\theta_1 = \cos\theta_2 = \cos60[°] = \dfrac{1}{2}$

$$H_{AB} = \frac{I}{4\pi d}(\cos\theta_1 + \cos\theta_2) = \frac{I}{4\pi\times\dfrac{\sqrt{3}\,\ell}{2}}(\cos60[°] + \cos60[°]) = \frac{I}{2\pi\sqrt{3}\,\ell}\left(\frac{1}{2} + \frac{1}{2}\right) = \frac{I}{2\pi\sqrt{3}\,\ell}$$

- 정6각형에 의한 자계의 세기

$$H = 6H_{AB} = 6\times\frac{I}{2\pi\sqrt{3}\,\ell} = \frac{\sqrt{3}\,I}{\pi\ell}$$

정답 | 08 ③

04 SECTION 발전기의 원리와 전동기의 원리 : 플레밍의 법칙(Fleming's law)

1. 발전기의 원리(플레밍의 오른손 법칙) : 유기기전력을 구하는 식

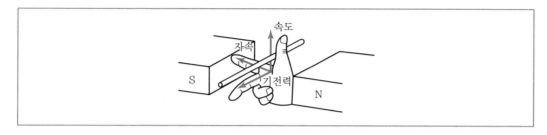

$$e = (v \times B)\ell = vB\ell\sin\theta$$

- e : 유기기전력
- v : 속도
- B : 자속밀도

2. 전동기의 원리(플레밍의 왼손법칙) : 도체에 작용하는 힘

(1) 도체에 작용하는 힘

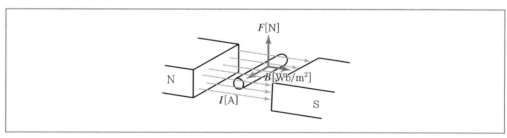

$$F = (I \times B)\ell = IB\ell\sin\theta$$

- F : 힘
- I : 전류
- B : 자속밀도

(2) 회전력(Torque : N · m)

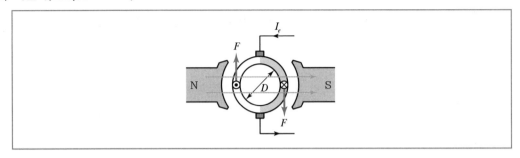

$$\tau = M \times H = MH\sin\theta = m\ell H\sin\theta$$

- M : 자기모멘트
- H : 자계
- m : 자극

과년도 기출 및 예상문제

★★★
01 0.2[Wb/m²]의 자계 중에 이것과 직각으로 길이 30[cm] 도선을 놓고, 이것을 자계와 직각으로 20[m/s]의 속도로 이동할 때 도선 양단의 기전력은 몇 [V]인가?

① 0.6　　　　　　　　　② 1.2
③ 3　　　　　　　　　　④ 6

해설 $e=(v\times B)\ell$에서 $e=vB\ell\sin\theta=20\times0.2\times0.3\times\sin90[°]=1.2[V]$

★★☆
02 자속밀도 10[Wb/m²]인 자계 내에 길이 4[cm]의 도체를 0.4초 동안 1[m]씩 균일하게 이동하였을 때 발생하는 기전력은 몇 [V]인가?

① 1　　　　　　　　　　② 2
③ 3　　　　　　　　　　④ 4

해설
- $v=\dfrac{1}{0.4}\left[\dfrac{m}{sec}\right]$
- $e=vB\ell\sin\theta=\dfrac{1}{0.4}\times10\times0.04=1$

★☆☆
03 자속밀도 B[Wb/m²] 내에서 전류 I[A]가 흐르는 도선이 받는 힘[N]을 바르게 표시한 것은?

① $F=Id\ell\times B$　　　　② $F=IB\cdot d\ell$
③ $F=IB/d\ell$　　　　　④ $F=d\ell/IB$

해설 $F=(I\times B)\ell[N]$

★★★
04 자속밀도가 30[Wb/m²]의 자계 내에 5[A]의 전류가 흐르고 있는 길이 1[m]인 직선 도체를 자계의 방향에 대하여 60도의 각도로 놓았을 때 이 도체에 작용하는 힘은 약 몇 [N]인가?

① 75　　　　　　　　　② 120
③ 130　　　　　　　　　④ 150

해설 $F=IB\ell\sin\theta=5\times30\times1\times\sin60[°]=130[N]$

정답 | 01 ② 02 ① 03 ① 04 ③

★★☆
05 막대자석의 회전력을 나타내는 식으로 옳은 것은? (단, 막대자석의 자기모멘트 $M[\text{Wb}\cdot\text{m}]$와 균등자계 $H[\text{A/m}]$와의 이루는 각 θ 는 $0[°] < \theta < 90[°]$라 한다.)

① $M\times H[\text{N}\cdot\text{m/rad}]$　　　　　　② $H\times M[\text{N}\cdot\text{m/rad}]$

③ $\mu_0 H\times M[\text{N}\cdot\text{m/rad}]$　　　　　④ $M\times\mu_0 H[\text{N}\cdot\text{m/rad}]$

해설 자계 중의 자석에 작용하는 토크 $\tau = M\times H = MH\sin\theta[\text{N}\cdot\text{m}]$

★★★
06 자극의 세기가 $8\times10^{-6}[\text{Wb}]$, 길이가 5[cm]인 막대자석을 $150[\text{AT/m}]$의 평등 자계 내에 자력선과 $30°$의 각도로 놓았다면 자석이 받는 회전력$[\text{N}\cdot\text{m}]$은?

① 1.2×10^{-2}　　　　　　　② 3×10^{-5}

③ 2.4×10^{-5}　　　　　　　④ 2×10^{-7}

해설 $\tau = mH\ell\sin\theta = 8\times10^{-6}\times150\times0.05\times\sin30[°] = 3\times10^{-5}[\text{N}\cdot\text{m}]$

★★★
07 자계 중에 이것과 직각으로 놓인 도선에 $I[\text{A}]$의 전류를 흘리니 $F[\text{N}]$의 힘이 작용하였다. 이 도선을 $v[\text{m/s}]$의 속도로 자계와 직각으로 운동시키면 기전력은 몇 $[\text{V}]$인가?

① $\dfrac{vI}{F}$　　　　　　　　　② $\dfrac{F^2v}{I}$

③ $\dfrac{Fv}{I}$　　　　　　　　　④ $\dfrac{Fv^2}{I}$

해설 • 도체가 받는 힘 $F = IB\ell[\text{N}]$에서 $B\ell = \dfrac{F}{I}$

• 기전력 : $e = vB\ell = v\dfrac{F}{I} = \dfrac{Fv}{I}[\text{V}]$

05 평행 도선 간 작용하는 힘

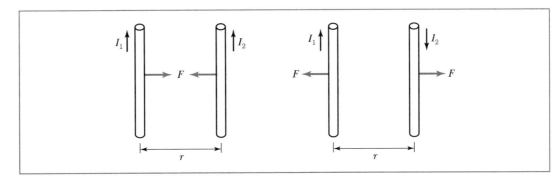

$$F = \frac{\mu_0 I_1 I_2}{2\pi r} = \frac{2 I_1 I_2}{r} \times 10^{-7} \left[\frac{\text{N}}{\text{m}} \right]$$

⚡ 과년도 기출 및 예상문제

★★★
01 평행도선에 같은 크기의 왕복 전류가 흐를 때 두 도선 사이에 작용하는 힘과 관계되는 것 중 옳은 것은?

① 간격의 제곱에 반비례한다.
② 간격의 제곱에 반비례하고 투자율에 반비례한다.
③ 전류의 제곱에 비례한다.
④ 주위 매질의 투자율에 반비례한다.

해설 • $F = \dfrac{\mu_0 I_1 I_2}{2\pi r} = \dfrac{2 I_1 I_2}{r} \times 10^{-7} \left[\dfrac{\text{N}}{\text{m}}\right]$

• 왕복전류는 전류가 같으므로 $F = \dfrac{\mu_0 I_1 I_2}{2\pi r} = \dfrac{\mu_0 I^2}{2\pi r} \left[\dfrac{\text{N}}{\text{m}}\right]$

★★★
02 2[cm]의 간격을 가진 선간전압 6,600[V]인 두 개의 평행도선에 2,000[A]의 전류가 흐를 때 도선 1[m]마다 작용하는 힘은 몇 [N/m]인가?

① 20   ② 30
③ 40   ④ 50

해설 $F = \dfrac{\mu_0 I_1 I_2}{2\pi r} = \dfrac{2 \times 10^{-7} \times I^2}{r} = \dfrac{2 \times 10^{-7} \times 2{,}000^2}{2 \times 10^{-2}} = 40[\text{N/m}]$

★★☆
03 그림과 같이 직류 전원에서 부하에 공급하는 전류는 50[A]이고, 전원 전압은 480[V]이다. 도선이 10[cm] 간격으로 평행하게 배선되어 있다면 1[m]당 두 도선 사이에 작용하는 힘은 몇 [N]이며, 어떻게 작용하는가?

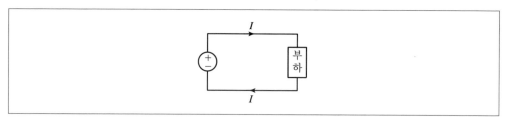

① 5×10^{-3}, 흡인력   ② 5×10^{-3}, 반발력
③ 5×10^{-2}, 흡인력   ④ 5×10^{-2}, 반발력

해설 • 평행하는 두 도선 사이에 작용하는 힘 $F = \dfrac{2 I_1 I_2}{r} \times 10^{-7}[\text{N}]$에서 $F = \dfrac{2 \times 50^2 \times 10^{-7}}{0.1} = 5 \times 10^{-3}[\text{N}]$

• 두 도체에 흐르는 전류 방향이 서로 반대 방향이므로 반발력이 작용

정답	01 ③ 02 ③ 03 ②

$\underset{\text{SECTION}}{06}$ 로렌쯔의 힘

1. 자계만 존재할 때

① 전자 q가 자계와 수직으로 입사하면 전자는 원의 궤적을 따라 운동한다.
② 전자 q가 자계와 평행으로 입사하면 전자는 직선 궤적을 따라 운동한다.
③ 전자도 질량을 가지고 있으므로 질량에 따른 원심력이 작용한다.
④ 이 힘과 크기는 같고 방향이 반대인 구심력이 작용하는데, 이 힘을 로렌쯔의 힘이라 한다.

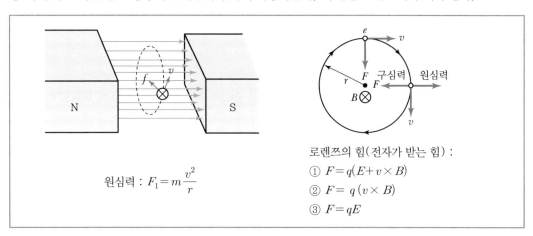

원심력 : $F_1 = m\dfrac{v^2}{r}$

로렌쯔의 힘(전자가 받는 힘) :
① $F = q(E + v \times B)$
② $F = q(v \times B)$
③ $F = qE$

2. 암기사항

① 수직으로 돌입한 전자의 궤적은 원운동을 한다.
② 전계와 자계가 동시에 존재할 때 전자가 받는 힘 : $F = q(E + v \times B)$
　 자계만 존재할 때 전자가 받는 힘 : $F = q(v \times B)$
　 전계만 존재할 때 전자가 받는 힘 : $F = qE$

③ F_2(자계만 존재할 때 전자가 받는 힘) $= F_1$(원심력) : $qvB = m\dfrac{v^2}{r}$

　㉠ 회전 반경 : $r = \dfrac{mv}{qB}$

　㉡ 각속도 : $\omega = \dfrac{v}{r} = \dfrac{v}{\dfrac{mv}{qB}} = \dfrac{qB}{m}$

　㉢ 주기 : $T = \dfrac{2\pi}{w} = \dfrac{2\pi}{\sqrt{\dfrac{mB}{I}}} = 2\pi\sqrt{\dfrac{I}{mB}}$　($I\omega^2 = mB$, I : 관성모멘트)

　　　　　$T = \dfrac{2\pi}{\omega} = \dfrac{2\pi}{\dfrac{qB}{m}} = \dfrac{2\pi m}{qB}$

⚡ 과년도 기출 및 예상문제

★★☆
01 진공 중에서 $q[\text{C}]$의 전하가 $H[\text{AT/m}]$의 자계 안에서 자계와 수직 방향으로 $v[\text{m/s}]$의 속도로 움직일 때 받는 힘$[\text{N}]$은? (단, 진공 중의 투자율은 μ_0 이다.)

① qvH ② $\mu_0 qH$

③ πqvH ④ $\mu_0 qvH$

해설 **로렌쯔의 힘(전자가 받는 힘)**

$$F = q(v \times B) = qvB = qv\mu_0 H = \mu_0 qvH$$

★☆☆
02 점전하 $0.5[\text{C}]$이 전계 $E = 3a_x + 5a_y + 8a_z [\text{V/m}]$ 중에서 속도 $4a_x + 2a_y + 3a_z$로 이동할 때 받는 힘은 몇 $[\text{N}]$인가?

① 4.95 ② 7.45

③ 9.95 ④ 13.47

해설 • 전계와 자계가 동시에 존재할 때 $F = q(E + v \times B)$

• 전계만 있으므로 $F = qE = 0.5\sqrt{3^2 + 5^2 + 8^2} = 4.95$

★★☆
03 균일한 자속밀도 B 중에 자기모멘트 m의 자석(관성모멘트 I)이 있다. 이 자석을 미소진동 시켰을 때의 주기는 얼마인가?

① $\dfrac{1}{2\pi}\sqrt{\dfrac{I}{mB}}$ ② $2\pi\sqrt{\dfrac{I}{mB}}$

③ $\dfrac{1}{2\pi}\sqrt{\dfrac{mB}{I}}$ ④ $2\pi\sqrt{\dfrac{mB}{I}}$

해설 $T(주기) = \dfrac{2\pi}{w} = \dfrac{2\pi}{\sqrt{\dfrac{mB}{I}}} = 2\pi\sqrt{\dfrac{I}{mB}}$ ($I\omega^2 = mB$, I : 관성모멘트)

정답 | 01 ④   02 ①   03 ②

04 평등자계와 직각방향으로 일정한 속도로 발사된 전자의 원운동에 관한 설명 중 옳은 것은?

① 구심력은 전자속도에 반비례한다.

② 원심력은 자계의 세기에 반비례한다.

③ 원운동을 하고 반지름은 자계의 세기에 비례한다.

④ 원운동을 하고 반지름은 전자의 회전속도에 비례한다.

해설 • 구심력 : $F_2 = qvB$

• 원심력 : $F_1 = \dfrac{mv^2}{r}$: 자계의 세기와 관계가 없다.

• 회전 반경 : $r = \dfrac{mv}{qB}$

정답 | 04 ④

CHAPTER 08 자성체

SECTION 01 자화의 세기

1. 자화의 세기

(1) 정자계

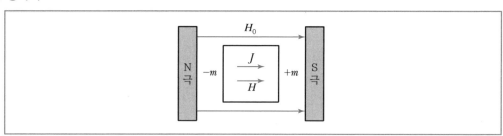

① $H = \dfrac{B-J}{\mu_0}$, $B = \mu_0 H + J$

② J(자화의 세기) $= B - \mu_0 H = \left(1 - \dfrac{1}{\mu_s}\right)B = \mu_0(\mu_s - 1)H = \chi H$

  ㉠ 자화률 : $\chi = \mu_0(\mu_s - 1)$

  ㉡ 비자화률 : $\overline{\chi} = \mu_s - 1$

③ $B = \mu H = \mu_0 \mu_s H$

(2) 정전계

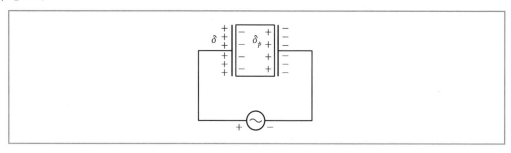

① $E = \dfrac{D-P}{\varepsilon_0}$, $D = \varepsilon_0 E + P$

② $P(분극의\ 세기) = D - \varepsilon_0 E = \left(1 - \dfrac{1}{\varepsilon_s}\right) D = \varepsilon_0(\varepsilon_s - 1)E = \chi E$

   ㉠ 분극률 : $\chi = \varepsilon_0(\varepsilon_s - 1)$

   ㉡ 비분극률 : $\overline{\chi} = \varepsilon_s - 1$

③ $D = \varepsilon E = \varepsilon_0 \varepsilon_s E$

2. 비투자율과 자화율

(1) 비투자율

① 강자성체 : $\mu_s \gg 1$, $\chi > 0$

   예 철(Fe), 니켈(Ni), 코발트(Co), 망간(Mn)

② 반(역)자성체 : $\mu_s < 1$, $\chi < 0$

   예 구리, 은, 납, 아연, 비스무트(Bi), 안티몬(Sb)

③ 진공=공기=수소 : $\mu_s = 1$

(2) 비유전율(ε_s)

① 티탄산바륨 : $\varepsilon_s = 1,000$

② 물 : $\varepsilon_s = 80$

③ 운모 : $\varepsilon_s = 6$

④ 종이 : $\varepsilon_s = 2.5$

⑤ 고무 : $\varepsilon_s = 2$

⑥ 진공=공기=수소 : $\varepsilon_s = 1$

참고　상자성체, 강자성체, 반(역)자성체

- 상자성체 : 자기영향을 받을 때만 자화되는 자성체
- 강자성체 : 상자성체 중 비투자율이 커서 자화가 강하게 되는 자성체
- 반(역)자성체 : 자기장의 영향을 받지 않는 물질

⚡ 과년도 기출 및 예상문제

★★★
01 물질의 자화 현상은?

① 전자의 이동　　　　　　　　　② 전자의 공전
③ 전자의 자전　　　　　　　　　④ 분자의 운동

> **해설** **자화 현상**
> • 물체가 자화되는 근원은 전자의 운동이다.
> • 원자를 구성하는 전자는 원자핵의 주위를 궤도 운동함과 동시에 전자 자신이 자전 운동하고 있다.
> • 전자 자신이 자전축을 기준으로 시계방향으로 회전하면 자기장의 방향은 전자의 자전축 위 방향이 된다.

★☆☆
02 일반적으로 자구(磁區)를 가지는 자성체는?

① 상자성체　　　　　　　　　　② 강자성체
③ 역자성체　　　　　　　　　　④ 비자성체

> **해설** **강자성체의 자구**
>
>
>
> 강자성체는 전자의 스핀에 의한 자기모멘트가 서로 접근하여 원자 전체의 모멘트가 동일 방향으로 정렬된 자구를 가지고 있다.

★★★
03 강자성체의 자속밀도 B 의 크기와 자화의 세기 J 의 크기 사이에는 어떤 관계는?

① J 는 B 보다 약간 크다.　　　② J 는 B 보다 대단히 크다.
③ J 는 B 보다 약간 작다.　　　④ J 는 B 보다 대단히 작다.

> **해설** **자화의 세기**
> $$J = B - \mu_0 H$$

★☆☆
04 자화의 세기 $P_m[\mathrm{C/m^2}]$ 을 자속밀도 $B[\mathrm{Wb/m^2}]$ 과 비투자율 μ_s 로 나타내면?

① $P_m = (1 - \mu_s)B$　　　　　② $P_m = \left(1 - \dfrac{1}{\mu_s}\right)B$

③ $P_m = (\mu_s - 1)B$　　　　　④ $P_m = \left(\dfrac{1}{\mu_s} - 1\right)B$

정답	01 ③　02 ②　03 ③　04 ②

해설 $B = \mu H$에서 $H = \dfrac{B}{\mu} = \dfrac{B}{\mu_0 \mu_s}$ 이므로 $P_m = B - \mu_0 H = B - \mu_0 \dfrac{B}{\mu_0 \mu_s} = \left(1 - \dfrac{1}{\mu_s}\right)B$

★★★
05 비투자율 350인 환상철심 중의 평균 자계의 세기가 $280\,[\mathrm{A/m}]$일 때 자화의 세기는 약 몇 $[\mathrm{Wb/m^2}]$인가?

① 0.12 　　　　　　　　　　② 0.15

③ 0.1 　　　　　　　　　　④ 0.21

해설 $J = B - \mu_0 H = \mu_0 \mu_s H - \mu H = \mu_0 (\mu_s - 1) H = 4\pi \times 10^{-7} \times (350 - 1) \times 280 = 0.12$

★★★
06 다음의 관계식 중 성립할 수 없는 것은? (단, μ는 투자율, χ는 자화율, μ_0는 진공의 투자율, J는 자화의 세기이다.)

① $\mu = \mu_0 + \chi$ 　　　　　　　② $B = \mu H$

③ $\mu_s = 1 + \dfrac{\chi}{\mu_0}$ 　　　　　　④ $J = \chi B$

해설 ① $\chi = \mu_0 (\mu_s - 1) = \mu - \mu_0$ $\therefore$ $\mu = \mu_0 + \chi$

③ $\chi = \mu_0 (\mu_s - 1) = \mu_0 \mu_s - \mu_0$, $\mu_0 \mu_s = \chi + \mu_0$ $\therefore$ $\mu_s = \dfrac{\chi}{\mu_0} + \dfrac{\mu_0}{\mu_0} = \dfrac{\chi}{\mu_0} + 1$

④ $B = \mu_0 H + J$, $J = B - \mu_0 H = \mu_0 \mu_s H - \mu_0 H = \mu_0 (\mu_s - 1) H = J = \chi H$

★★★
07 자화율(magnetic susceptibility) χ는 상자성체에서 일반적으로 어떤 값을 갖는가?

① $\chi = 0$ 　　　　　　　　② $\chi > 0$
③ $\chi < 0$ 　　　　　　　　④ $\chi = 1$

해설 • 상자성체 : 비투자율 $\mu_s > 1$, 자화율 $\chi > 0$
　　　 • 역자성체 : 비투자율 $\mu_s < 1$, 자화율 $\chi < 0$

★★☆
08 비투자율 μ_s는 역자성체에서는 다음 어느 값을 갖는가?

① $\mu_s = 1$ 　　　　　　　　② $\mu_s < 1$
③ $\mu_s > 1$ 　　　　　　　　④ $\mu_s = 0$

해설 • 상자성체 : 비투자율 $\mu_s > 1$, 자화율 $\chi > 0$
　　　 • 역자성체 : 비투자율 $\mu_s < 1$, 자화율 $\chi < 0$

정답 | **05** ① **06** ④ **07** ② **08** ②

★☆☆

09 투자율 μ 라하고 공기 중의 투자율 μ_0 와 비투자율 μ_s의 관계에서 $\mu_s = \dfrac{\mu}{\mu_0} = 1 + \dfrac{\chi}{\mu_0}$ 로 표현된다. 이에 대한 설명으로 알맞은 것은? (단, χ는 자화율이다.)

① $\chi > 0$ 인 경우 역자성체   ② $\chi < 0$ 인 경우 상자성체

③ $\mu_s > 1$ 인 경우 비자성체   ④ $\mu_s < 1$ 인 경우 역자성체

해설 • 상자성체 : 비투자율 $\mu_s > 1$, 자화율 $\chi > 0$
　　　 • 역자성체 : 비투자율 $\mu_s < 1$, 자화율 $\chi < 0$

★★☆

10 다음 중 투자율이 가장 큰 것은?

① 니켈   ② 코발트

③ 순철   ④ 규소강

해설 • 투자율이 큰 것은 강자성체이다.
　　　 • Fe, Ni, Co에서 Fe > Ni > Co 순으로 크다.

★★★

11 다음 중 반자성체에 속하는 물질은?

① Ni   ② Co

③ Ag   ④ Pt

해설 • 강자성체 : 철(Fe), 니켈(Ni), 코발트(Co), 망간(Mn)
　　　 • 반(역)자성체 : 구리, 은, 납, 아연, 비스무트(Bi), 안티몬(Sb)

★★☆

12 강자성체의 세 가지 특성이 아닌 것은?

① 와전류 특성   ② 히스테리시스 특성

③ 고투자율 특성   ④ 포화 특성

해설 **강자성체 특성**
　　• **자**구가 존재
　　• **고**투자율
　　• **히**스테리시스 특성
　　• **포**화특성

정답	09 ④　10 ③　11 ③　12 ①

★★★
13 길이 l[m], 단면적의 반지름 a[m]인 원통의 길이 방향으로 균일하게 자하되어 자화의 세기가 J[Wb/m^2]인 경우 원통 양단에서의 전자극의 세기 m[Wb]은?

① J

② $2\pi J$

③ $\pi a^2 J$

④ $\dfrac{J}{\pi a^2}$

해설 $J = \dfrac{m}{s}$[Wb/m^2]

$\therefore\ m = J \cdot s = J\pi a^2$[Wb]

★★★
14 내부 장치 또는 공간을 물질로 포위시켜 외부 자계의 영향을 차폐시키는 방식을 자기 차폐라 한다. 다음 중 자기차폐에 가장 좋은 것은?

① 강자성체 중에서 비투자율이 작은 물질
② 강자성체 중에서 비투자율이 큰 물질
③ 비투자율이 1보다 작은 역자성체
④ 비투자율과 관계없이 물질의 두께에만 관계되므로 되도록 두꺼운 물질

해설 **자기차폐**

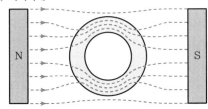

투자율이 큰 자성체의 중공구를 평등 자계 안에 놓으면 대부분의 자속은 자성체 내부로만 통과하므로 내부공간의 자계는 외부자계에 비하여 대단히 작다. 이러한 현상을 자기차폐라고 한다.

★★★
15 다음 중 감자율이 0인 것은?

① 가늘고 짧은 막대 자성체

② 굵고 짧은 막대 자성체

③ 가늘고 긴 막대 자성체

④ 환상 솔레노이드

정답 | 13 ③ 14 ② 15 ④

02 SECTION 자성체 경계면에서의 경계조건(굴절법칙)

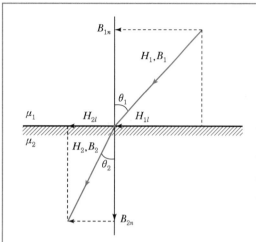

① $H_1 \sin\theta_1 = H_2 \sin\theta_2$: 자계는 접선 성분(평행성분)이 같다.

② $B_1 \cos\theta_1 = B_2 \cos\theta_2$: 자속밀도의 법선 성분(수직성분)이 같다.

③ $\dfrac{\tan\theta_2}{\tan\theta_1} = \dfrac{\mu_2}{\mu_1}$

④ $\mu_1 > \mu_2$, $\theta_1 > \theta_2$, $B_1 > B_2$, $H_1 < H_2$

⑤ 두 경계면에서의 자위는 서로 같다.

⑥ 자속선은 투자율이 큰 자성체 쪽으로 모이려는 성질이 있다.

⚡ 과년도 기출 및 예상문제

★★★
01 두 자성체 경계면에서 정자계가 만족하는 것은?

① 양측 경계면상의 두 점간의 자위차가 같다.
② 자속은 투자율이 작은 자성체에 모인다.
③ 자계의 법선성분이 같다.
④ 자속밀도의 접선성분이 같다.

> **해설** **자성체 경계면에서의 정자계 조건**
> - 자계의 접선 성분이 같다. $H_1 \sin \theta_1 = H_2 \sin \theta_2$
> - 자속밀도의 법선 성분이 같다. $B_1 \cos \theta_1 = B_2 \cos \theta_2$
> - 경계면상의 두 점간의 자위차는 같다.
> - 자속은 투자율이 높은 쪽으로 모이려는 성질이 있다.

★★☆
02 투자율이 다른 두 자성체가 평면으로 접하고 있는 경계면에서 전류밀도가 0일 때 성립하는 경계조건은?

① $\mu_2 \tan \theta_1 = \mu_1 \tan \theta_2$
② $\mu_1 \cos \theta_1 = \mu_2 \cos \theta_2$
③ $B_1 \sin \theta_1 = B_2 \cos \theta_2$
④ $\mu_1 \tan \theta_1 = \mu_2 \tan \theta_2$

> **해설**
> - $H_1 \sin \theta_1 = H_2 \sin \theta_2$
> - $B_1 \cos \theta_1 = B_2 \cos \theta_2$
> - $\dfrac{\tan \theta_2}{\tan \theta_1} = \dfrac{\mu_2}{\mu_1}$

정답	01 ① 02 ①

★☆☆
03 매질 1의 $\mu_{s1} = 500$, 매질 2의 $\mu_{s2} = 1,000$이다. 매질 2에서 경계면에 대하여 $45[°]$의 각도로 자계가 입사한 경우 매질 1에서 경계면과 자계의 각도에 가장 가까운 것은?

① $20[°]$

② $30[°]$

③ $60[°]$

④ $80[°]$

해설 ▶ $\dfrac{\tan\theta_2}{\tan\theta_1} = \dfrac{\mu_2}{\mu_1}$ 에서 $\dfrac{\tan 45}{\tan\theta_1} = \dfrac{1,000}{500}$, $\dfrac{1}{\tan\theta_1} = 2$ 이므로 $\tan\theta_1 = \dfrac{1}{2}$

$\theta_1 = \tan^{-1}\left(\dfrac{1}{2}\right) = 26.57[°]$

$\theta = 90 - \theta_1 = 90[°] - 26.57[°] = 63.43[°]$

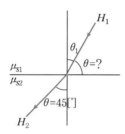

★★★
04 투자율이 다른 두 자성체의 경계면에서의 굴절각은?

① 투자율에 비례한다.

② 투자율에 반비례한다.

③ 자속에 비례한다.

④ 투자율과 관계없이 일정하다.

해설 ▶ • $\mu_1 > \mu_2$, $\theta_1 > \theta_2$, $B_1 > B_2$, $H_1 < H_2$

• $\mu_1 > \mu_2$이면 $\theta_1 > \theta_2$가 된다.

따라서 투자율이 클수록 굴절각은 크다.

정답 │ 03 ③　04 ①

03 SECTION 히스테리시스손과 와류손

1. 영구자석과 전자석

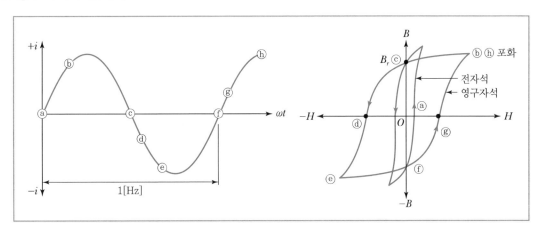

(1) 영구자석의 재료인 강철 특징

① B_r(잔류 자속밀도) 크다.

② H_c(보자력) 크다.

(2) 전자석의 재료인 연철 특징

① B_r(잔류 자속밀도) 크다.

② H_c(보자력) 작다.

2. 손실 = 무부하손(철손) + 부하손(동손)

철손 = P_h(히스테리시스손) + P_e(와류손)

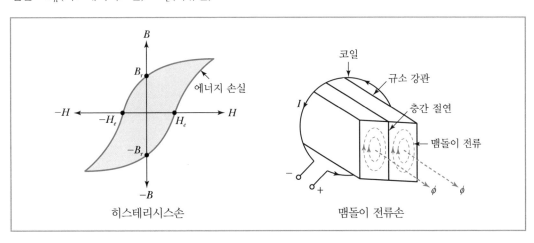

히스테리시스손   맴돌이 전류손

① 히스테리시스 곡선의 면적은 단위 체적당의 필요한 에너지

② 히스테리시스손 : $P_h = \eta f B_m^{1.6} [\text{W/m}^3]$

　대책 : 규소강판 사용

③ 와류손 : $P_e = \eta (t f k B_m)^2 [\text{W/m}^3] (t : 두께, \ k : 파형율)$

　대책 : 성층철심 사용

과년도 기출 및 예상문제

★☆☆
01 히스테리시스 곡선에서 횡축과 종축은 각각 무엇을 나타내는가?

① 자속밀도(횡축), 자계(종축)　　　② 기자력(횡축), 자속밀도(종축)
③ 기자력(횡축), 자속밀도(종축)　　④ 자속밀도(횡축), 기자력(종축)

해설 횡축 : 자계, 종축 : 자속밀도

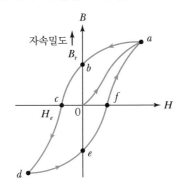

★☆☆
02 히스테리시스 곡선에서 횡축과 만나는 것은 다음 중 어느 것인가?

① 투자율　　　　　　　　　　　　② 잔류 자기
③ 자력선　　　　　　　　　　　　④ 보자력

해설 **히스테리시스 곡선**
• 횡축과 만나는 것 : 보자력
• 종축과 만나는 것 : 잔류자기

★☆☆

03 전자석의 재료(연철)로 적당한 것은?

① 잔류 자속밀도가 크고, 보자력이 작아야 한다.
② 잔류 자속밀도와 보자력이 모두 작아야 한다.
③ 잔류 자속밀도와 보자력이 모두 커야 한다.
④ 잔류 자속밀도가 작고, 보자력이 커야 한다.

해설
- 영구자석의 재료인 강철 : B_r(잔류 자속밀도) 큼, H_c(보자력) 큼
- 전자석의 재료인 연철 : B_r(잔류 자속밀도) 큼, H_c(보자력) 작음

★★★

04 영구자석 재료로서 적당한 것은?

① 잔류 자속밀도가 크고 보자력이 작아야 한다.
② 잔류 자속밀도가 작고 보자력이 커야 한다.
③ 잔류 자속밀도와 보자력이 모두 작아야 한다.
④ 잔류 자속밀도와 보자력이 모두 커야 한다.

해설
- 영구자석의 재료인 강철 : B_r(잔류 자속밀도) 큼, H_c(보자력) 큼
- 전자석의 재료인 연철 : B_r(잔류 자속밀도) 큼, H_c(보자력) 작음

★★☆

05 강자성체의 히스테리시스 루프의 면적은?

① 강자성체의 단위 체적당의 필요한 에너지이다.
② 강자성체의 단위 면적당의 필요한 에너지이다.
③ 강자성체의 단위 길이당의 필요한 에너지이다.
④ 강자성체의 전체 체적의 필요한 에너지이다.

해설
- H축과 B축으로 이루어진 면적은 단위 체적 당 에너지 밀도 손실에 해당된다.
- 히스테리시스 곡선의 면적이 작은 것이 좋다.

정답 | 03 ① 04 ④ 05 ①

★☆☆
06

그림과 같은 히스테리시스루프를 가진 철심이 평등자계에 의해 매초 60[Hz]로 자화할 경우 히스테리시스 손실은 몇 [W]인가? (단, 철심의 체적은 20[cm³], $B_r = 5[\text{Wb/m}^2]$, $H_c = 2[\text{AT/m}]$이다.)

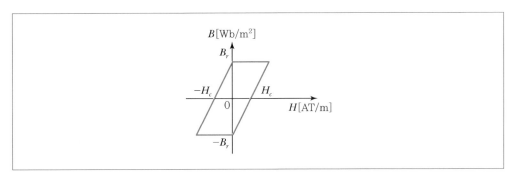

① 1.2×10^{-2}

② 2.4×10^{-2}

③ 3.6×10^{-2}

④ 4.8×10^{-2}

해설 히스테리시스 곡선의 면적＝체적 당 손실전력

$$P_h = 4B_r H_L \times 60 = 4 \times 5 \times 2 \times 60 \times 20 \times 10^{-6} = 0.048 = 4.8 \times 10^{-2}[\text{W}]$$

★☆☆
07

영구자석에 관한 설명으로 틀린 것은?

① 한번 자화된 다음에는 자기를 영구적으로 보존하는 자석이다.

② 보자력이 클수록 자계가 강한 영구자석이 된다.

③ 잔류 자속밀도가 클수록 자계가 강한 영구자석이 된다.

④ 자석재료로 폐회로를 만들면 강한 영구자석이 된다.

해설 **영구자석**

- 철, 니켈 등 강자성 금속이 자기장에 노출되면 자석이 된다.
  ※이러한 금속을 일정 온도로 가열하면 영구자석이 된다.
- 자기장에 없는 상태에서 가열하면 자성을 소거시킬 수 있다.
- 퀴리(Curie)온도 : 자화된 철의 온도를 높일 때, 자화가 서서히 감소하다가 급격히 강자성이 상자성으로 변하면서 강자성을 잃어버리는 온도(순철 : 약 790[℃])

08 와전류의 방향에 대한 설명으로 옳은 것은?

★★☆

① 일정치 않다.
② 자력선 방향과 동일하다.
③ 자계와 평행되는 면을 관통한다.
④ 자속에 수직되는 면을 회전한다.

해설 자속에 수직되는 면을 회전한다.

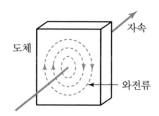

09 와전류대한 설명으로 틀린 것은? (단, f : 주파수, B_m : 최대자속밀도, t : 두께, ρ : 저항률이다.)

★☆☆

① t^2 에 비례한다.
② f^2 에 비례한다.
③ ρ^2 에 비례한다.
④ $B_m{}^2$ 에 비례한다.

해설 **와류손(와전류손)**

$$P_e = \eta \left(t f k B_m \right)^2 [\mathrm{W/m^3}]$$

10 와전류와 관련된 설명으로 틀린 것은?

★☆☆

① 단위체적당 와전류손의 단위는 $[\mathrm{W/m^3}]$이다.
② 와전류는 교번자속의 주파수와 최대자속밀도에 비례한다.
③ 와전류손은 히스테리시스손과 함께 철손이다.
④ 와전류손을 감소시키기 위하여 성층철심을 사용한다.

해설 **와류손(와전류손)**

• $P_e = \eta \left(t f k B_m \right)^2 [\mathrm{W/m^3}]$
• 와전류는 교번자속의 주파수와 최대자속밀도의 제곱에 비례한다.

정답 | 08 ④ 09 ③ 10 ②

자기회로와 전자유도

01 자기회로
SECTION

1. 자기회로의 Ohm의 법칙

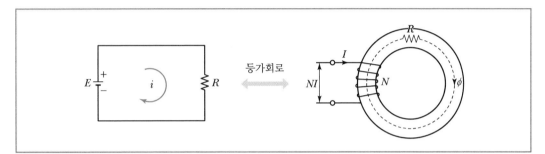

(1) 전기회로

$$I = \frac{V}{R}[\text{A}]$$

① $V(\text{기전력})[\text{V}]$

② $i(\text{전류밀도}) = \dfrac{I}{S} = kE$

③ $R(\text{전기저항}) = \dfrac{\ell}{kS}$

(2) 자기회로

$$\phi = \frac{NI}{R}[\text{Wb}]$$

① $F(\text{기자력}) = NI\,[\text{AT}]$

② $B(\text{자속밀도}) = \dfrac{\phi}{S} = \mu H$

③ $R(\text{자기저항}) = \dfrac{\ell}{\mu S}$

2. 자기회로와 전기회로의 대응 관계

전기회로	자기회로
전류 $I[\mathrm{A}]$	자속 $\phi[\mathrm{Wb}]$
전계 $E[\mathrm{V/m}]$	자계 $H[\mathrm{A/m}]$
기전력 $V[\mathrm{V}]$	기자력 $F[\mathrm{AT}]$
전류밀도 $i[\mathrm{A/m^2}]$	자속밀도 $B[\mathrm{Wb/m^2}]$
도전율 $k[\mathrm{\mho/m}]$	투자율 $\mu[\mathrm{H/m}]$
전기저항 $R[\Omega]$	자기저항 $R[\mathrm{AT/Wb}]$
콘덕턴스 $G=\dfrac{1}{R}[\mho]$	퍼미언스 $P=\dfrac{1}{R}\left[\dfrac{\mathrm{Wb}}{\mathrm{AT}}\right]$

🔋 과년도 기출 및 예상문제

★★★
01 철심에 도선을 250회 감고 1.2[A]의 전류를 흘렸더니 1.5×10^{-3}[Wb] 의 자속이 생겼다. 이때 자기저항은 몇 [AT/Wb] 인가?

① 2×10^5

② 3×10^5

③ 4×10^5

④ 5×10^5

해설 • $\phi = \dfrac{NI}{R}[Wb]$ 에서

• $R = \dfrac{NI}{\phi} = \dfrac{250 \times 1.2}{1.5 \times 10^{-3}} = 2 \times 10^5 \, [\text{AT/Wb}]$

★☆☆
02 자기회로에서 단면적, 길이, 투자율을 모두 $\dfrac{1}{2}$ 배로 하면 자기저항은 몇 배가 되는가?

① 0.5

② 2

③ 1

④ 8

해설 • $R = \dfrac{\ell}{\mu s}$ 에서

• $R' = \dfrac{\dfrac{1}{2}\ell}{\dfrac{1}{2}\mu \cdot \dfrac{1}{2}s} = 2 \cdot \dfrac{\ell}{\mu s} = 2R$

★★★
03 어떤 막대꼴 철심이 있다. 단면적이 $0.5[\text{m}^2]$, 길이가 0.8[m], 비투자율이 20이다. 이 철심이 자기저항 [AT/Wb]은?

① 6.37×10^4

② 4.45×10^4

③ 3.6×10^4

④ 9.7×10^4

해설 • $R_m = \dfrac{\ell}{\mu s}$ 에서

• $R_m = \dfrac{\ell}{\mu s} = \dfrac{\ell}{\mu_0 \mu_s \, s} = \dfrac{0.8}{4\pi \times 10^{-7} \times 20 \times 0.5} = 63661.9 = 6.37 \times 10^4$

정답 | **01** ① **02** ② **03** ①

★★★
04 자기회로와 전기회로의 대응 관계가 잘못된 것은?

① 투자율 – 도전율　　　　　② 자속밀도 – 전속밀도
③ 퍼미언스 – 콘덕턴스　　　 ④ 기자력 – 기전력

> **해설** **전기회로와 자기회로 대응관계**

전기회로	자기회로
전류밀도 $i[\text{A}/\text{m}^2]$	자속밀도 $B[\text{Wb}/\text{m}^2]$
도전율 $k[\mho/\text{m}]$	투자율 $\mu[\text{H}/\text{m}]$

★☆☆
05 자기회로와 전기회로의 대응으로 틀린 것은?

① 자속 ↔ 전류　　　　　　② 기자력 ↔ 기전력
③ 투자율 ↔ 유전율　　　　 ④ 자계의 세기 ↔ 전계의 세기

> **해설** **전기회로와 자기회로 대응관계**

전기회로	자기회로
전류밀도 $i[\text{A}/\text{m}^2]$	자속밀도 $B[\text{Wb}/\text{m}^2]$
도전율 $k[\mho/\text{m}]$	투자율 $\mu[\text{H}/\text{m}]$

★★★
06 단면적 $4[\text{cm}^2]$의 철심에 $6 \times 10^{-4}[\text{Wb}]$의 자속을 통하게 하려면 $2,800[\text{AT}/\text{m}]$의 자계가 필요하다. 이 철심의 비투자율은 약 얼마인가?

① 346　　　　　　　　　　② 375
③ 407　　　　　　　　　　④ 426

> **해설** $B(\text{자속밀도}) = \dfrac{\phi}{S} = \mu H$에서 $\dfrac{\phi}{S} = \mu_0 \mu_s H$
>
> $\therefore \mu_s = \dfrac{\phi}{\mu_0 H S} = \dfrac{6 \times 10^{-4}}{4\pi \times 10^{-7} \times 2800 \times 4 \times 10^{-4}} = 426.3$

★★★
07 다음 중 자기회로의 자기저항에 대한 설명으로 옳은 것은?

① 자기회로의 단면적에 비례한다.
② 투자율에 반비례한다.
③ 자기회로의 길이에 반비례한다.
④ 단면적에 반비례하고, 길이의 제곱에 비례한다.

정답	04 ② 　 05 ③ 　 06 ④ 　 07 ②

해설 • 자기저항 $R = \dfrac{\ell}{\mu S}$ 이므로 $R \propto \dfrac{1}{\mu}$ 이다.

　　　• 즉, 자기저항은 투자율에 반비례한다.

08 ★☆☆

자기회로에 대한 설명으로 틀린 것은?

① 전기회로의 정전용량에 해당되는 것은 없다.

② 자기저항에는 전기저항의 줄손실에 해당되는 손실이 있다.

③ 기자력과 자속은 변화가 비직선성을 갖고 있다.

④ 누설자속은 전기회로의 누설전류에 비하여 대체로 많다.

해설 전기회로에서는 줄열이 발생하여 줄손이 생기지만, 자기회로에서는 자속이 흐르므로 철손이 생긴다.

09 ★☆☆

그림과 같은 지름 0.01[m]의 원형 단면적을 가진 평균 반지름 0.1[m]의 환상 솔레노이드의 권수는 500회, 이 코일에 흐르는 전류는 2[A]라고 할 때 전체 자속은 몇 [Wb]인가? (단, 환상 철심의 비투자율은 1,000으로 하고 누설자속은 없는 것으로 한다.)

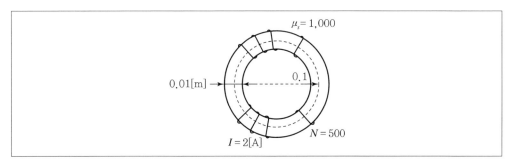

① 1.58×10^{-4}

② 5.0×10^{-3}

③ 2.74×10^{2}

④ 1

해설 $\phi = \dfrac{NI}{R}$[Wb], $R = \dfrac{\ell}{\mu S}$ 에서

$$\phi = \frac{NI}{R} = \frac{\mu_0 \mu_s SNI}{\ell} = \frac{\mu_0 \mu_s \times \pi a^2 \times NI}{2\pi r}$$

$$= \frac{4\pi \times 10^{-7} \times 1,000 \times \pi \times \left(\dfrac{0.01}{2}\right)^2 \times 500 \times 2}{2\pi \times 0.1} = 1.57 \times 10^{-4}\,[\text{Wb}]$$

정답 ｜ 08 ② 09 ①

★★★

10 비투자율 800, 원형단면적 10[cm²]인 평균자로의 길이 30[cm]인 환상철심에 코일을 600회 감아 1[A]의 전류를 흘릴 때 철심 내 자속은 약 몇 [Wb]인가?

① 1.15×10^{-1}

② 2.01×10^{-1}

③ 1.51×10^{-3}

④ 2.01×10^{-3}

해설 ▶ **환상솔레노이드의 내부자속**

$$\phi = BS = \mu HS = \mu_0 \mu_s \frac{NI}{2\pi r} S = \mu_0 \times 800 \times \frac{600 \times 1}{0.3} \times 10 \times 10^{-4} = 2.01 \times 10^{-3} \, [\text{Wb}]$$

정답 │ **10** ④

SECTION 02 공극이 있는 경우의 자기저항

1. 공극이 있는 경우

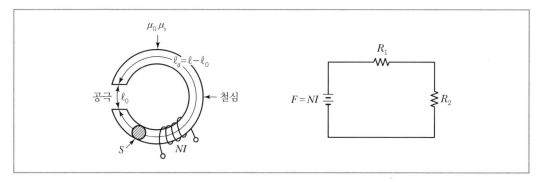

① 철심의 자기저항 : $R_1 = \dfrac{\ell - \ell_0}{\mu S} \fallingdotseq \dfrac{\ell}{\mu S}$, 공극의 자기저항 : $R_2 = \dfrac{\ell_0}{\mu_0 S}$

② 전체저항 : $R_m = R_1 + R_2 = \dfrac{\ell}{\mu S} + \dfrac{\ell_0}{\mu_0 S} = \dfrac{\ell}{\mu S} + \dfrac{\ell_0}{\mu_0 S}\dfrac{\mu_s \ell}{\mu_s \ell} = \dfrac{\ell}{\mu S} + \dfrac{\ell}{\mu S}\dfrac{\mu_s \ell_0}{\ell} = \dfrac{\ell}{\mu S} \times \left(1 + \dfrac{\ell_0}{\ell}\mu_s\right)$

③ 공극이 있으면 자기저항은 $\left(1 + \dfrac{\ell_0}{\ell}\mu_s\right)$ 만큼 커진다.

⚡ 과년도 기출 및 예상문제

★★☆
01 길이 1[m] 철심($\mu_r = 1,000$)의 자기회로에 1[mm]의 공극이 생겼을 때 전체의 자기저항은 약 몇 배로 증가되는가? (단, 각부의 단면적은 일정하다.)

① 1.5

② 2

③ 2.5

④ 3

해설 $1 + \dfrac{\mu \ell_g}{\mu_0 \ell}$ 만큼 증가하므로 증가분 $= 1 + \dfrac{\mu_0 \mu_s \ell_g}{\mu_0 \ell} = 1 + \dfrac{\mu_s \ell_g}{\ell} = 1 + \dfrac{1,000 \times 1 \times 10^{-3}}{1} = 2$

★★☆
02 코일로 감겨진 자기회로에서 철심의 투자율을 μ 라하고 회로의 길이를 ℓ 이라 할 때 그 회로의 일부에 미소 공극 ℓ_g를 만들면 회로의 자기저항은 처음의 몇 배가 되는가? (단, $\ell \gg \ell_g$이다.)

① $1 + \dfrac{\mu \ell}{\mu_0 \ell_g}$

② $1 + \dfrac{\mu_0 \ell_g}{\mu \ell}$

③ $1 + \dfrac{\mu_0 \ell}{\mu \ell_g}$

④ $1 + \dfrac{\mu \ell_g}{\mu_0 \ell}$

해설

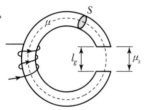

- 철심의 저항 $R_1 = \dfrac{\ell - \ell_0}{\mu S} \fallingdotseq \dfrac{\ell}{\mu S}$, 공극의 저항 $R_g = \dfrac{\ell_g}{\mu_0 s}$

- $R_m = R_1 + R_2 = \dfrac{\ell}{\mu S} + \dfrac{\ell_g}{\mu_0 S} = \dfrac{\ell}{\mu S} + \dfrac{\ell_g}{\mu_0 S} \dfrac{\mu_s \ell}{\mu_s \ell} = \dfrac{\ell}{\mu S} + \dfrac{\ell}{\mu S} \dfrac{\mu_s \ell_g}{\ell} = \dfrac{\ell}{\mu S} \times \left(1 + \dfrac{\ell_g}{\ell} \mu_s\right)$

- 증가분 : $1 + \dfrac{\ell_g}{\ell} \mu_s = 1 + \dfrac{\mu_s \ell_g}{\ell} \times \dfrac{\mu_0}{\mu_0} = 1 + \dfrac{\mu_0 \mu_s \ell_g}{\mu_0 \ell} = 1 + \dfrac{\mu \ell_g}{\mu_0 \ell}$

정답 | 01 ② 02 ④

★☆☆

03 아래의 그림과 같은 자기회로에서 A부분에만 코일을 감아서 전류를 인가할 때의 자기저항과 B부분에만 코일을 감아서 전류를 인가할 때의 자기저항[AT/Wb]을 각각 구하면 어떻게 되는가? (단, 자기저항 $R_1 = 1$, $R_2 = 0.5$, $R_3 = 0.5$[AT/Wb]이다.)

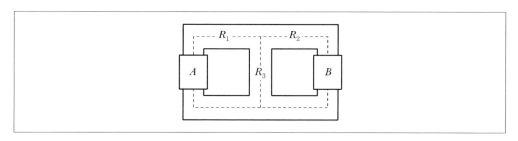

① $R_A = 1.25$, $R_B = 0.83$

② $R_A = 1.25$, $R_B = 1.25$

③ $R_A = 0.83$, $R_B = 0.83$

④ $R_A = 0.83$, $R_B = 1.25$

해설 • A부분에만 코일을 감아서 전류를 인가할 때의 자기저항

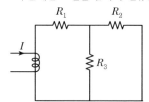

$$R_A = R_1 + \frac{R_2 \times R_3}{R_2 + R_3} = 1 + \frac{0.5 \times 0.5}{0.5 + 0.5} = 1.25 \text{[AT/Wb]}$$

• B부분에만 코일을 감아서 전류를 인가할 때의 자기저항

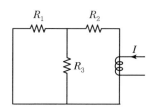

$$R_B = R_2 + \frac{R_3 \times R_1}{R_3 + R_1} = 0.5 + \frac{0.5 \times 1}{0.5 + 1} = 0.83 \text{[AT/Wb]}$$

정답 | 03 ①

03 SECTION 전자유도 현상

1. 전자유도 현상

$$e = -N\frac{d\phi}{dt} = -L\frac{dI}{dt} = -M\frac{dI}{dt} = \omega\phi_m N \sin\omega t$$

인덕턴스의 단위 : $[\mathrm{H}] = [\Omega \cdot \sec] = [\mathrm{Wb/A}]$

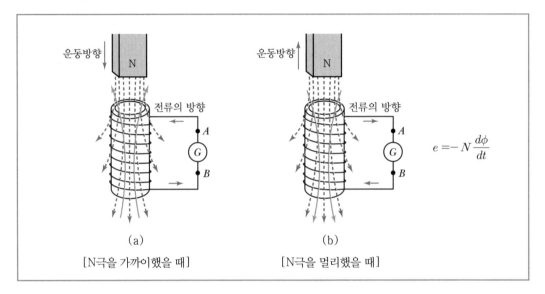

(a) [N극을 가까이했을 때] (b) [N극을 멀리했을 때]

2. 전자유도 현상을 설명한 법칙

① 렌츠의 법칙(Lenz's law) : 기전력의 방향
② 패러데이 법칙 : 기전력의 크기

3. 상호인덕턴스(Mutual inductance)

서로 다른 코일에 흐르는 전류의 변화에 의해 상대측 코일에 유도 기전력이 발생되는 현상

$$e_2 = -M\frac{dI_1}{dt}$$

⚡ 과년도 기출 및 예상문제

★★☆

01 권수 1회의 코일 5[Wb]의 자속이 쇄교하고 있을 때 10^{-1}[s] 사이에 이 자속이 0으로 변하였다면 이때 코일에 유도되는 기전력 [V]은?

① 500

② 100

③ 50

④ 10

[해설] 전자유도 현상

$$e = -N\frac{d\phi}{dt} = -1 \times \frac{0-5}{10^{-1}} = \frac{5}{\frac{1}{10}} = 50[V]$$

★☆☆

02 100회 감은 코일과 쇄교하는 자속이 1/10[s] 동안에 0.5[Wb]에서 0.3[Wb]로 감소했다. 이때 유기되는 기전력은 몇 [V]인가?

① 20

② 80

③ 200

④ 800

[해설] 전자유도 현상

$$e = -N\frac{d\phi}{dt} = -100 \times \frac{0.3-0.5}{\frac{1}{10}} = 200[V]$$

★★☆

03 자기 인덕턴스 0.5[H]의 코일에 $\frac{1}{200}$[s] 동안에 전류가 25[A]로부터 20[A]로 줄었다. 이 코일에 유기된 기전력의 크기 및 방향은?

① 50[V], 전류와 같은 방향

② 50[V], 전류와 반대 방향

③ 500[V], 전류와 같은 방향

④ 500[V], 전류와 반대 방향

[해설] 전자유도 현상

$$e = -L\frac{dI}{dt} = -0.5\frac{20-25}{\frac{1}{200}} = \frac{0.5 \times 5}{\frac{1}{200}} = 2.5 \times 200 = 500[V] \ (+값 : 전류와 같은 방향)$$

정답 | 01 ③   02 ③   03 ③

★★☆

04 그림 (a)의 인덕턴스에 전류가 그림 (b)와 같이 흐를 때 2초에서 6초 사이의 인덕턴스 전압 $V_L[\mathrm{V}]$ 은? (단, $L = 1[\mathrm{H}]$ 이다.)

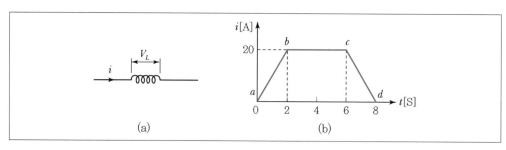

① 0

② 5

③ 10

④ -5

해설 **전자유도 현상**

$$e = -L\frac{di}{dt} = -1 \times \frac{20-20}{6-2} = 0$$

★★★

05 $[\Omega \cdot \sec]$ 와 같은 단위는?

① F

② F/m

③ H

④ H/m

해설 • 공식 : $e = L\dfrac{dI}{dt}$

• 단위 : $V = H\,\dfrac{A}{\sec} \;\to\; H = \dfrac{V}{A}\sec = \Omega \cdot \sec$

★☆☆

06 그림과 같은 환상철심에 A, B의 코일이 감겨있다. 전류 I가 $120[\mathrm{A/s}]$로 변화할 때, 코일 A에 $90[\mathrm{V}]$, 코일 B에 $40[\mathrm{V}]$의 기전력이 유도된 경우, 코일 A의 자기 인덕턴스 $L_1[H]$과 상호 인덕턴스 $M[\mathrm{H}]$의 값은 얼마인가?

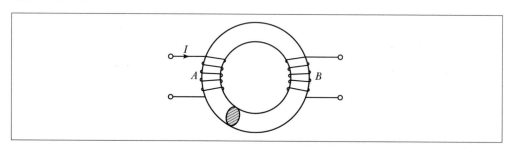

① $L_1 = 0.75$, $M = 0.33$

② $L_1 = 1.25$, $M = 0.7$

③ $L_1 = 1.75$, $M = 0.9$

④ $L_1 = 1.95$, $M = 1.1$

정답 | 04 ① 05 ③ 06 ①

해설 $\dfrac{dI_1}{dt}=120[\mathrm{A/s}]$ 일 때 $e_1=90[\mathrm{V}]$, $e_2=40[\mathrm{V}]$ 이므로

- 자기 인덕턴스 : $e_1=L_1\dfrac{dI_1}{dt}$ 이므로 $90=L_1\times120$, $L_1=\dfrac{90}{120}=0.75[\mathrm{H}]$

- 상호 인덕턴스 : $e_2=M\dfrac{dI_1}{dt}$ 이므로 $40=M\times120$, $M=\dfrac{40}{120}=0.33[\mathrm{H}]$

★★☆
07
송전선의 전류가 0.01초 사이에 $10[\mathrm{kA}]$ 변화될 때 이 송전선에 나란한 통신선에 유도되는 유도전압은 몇 $[\mathrm{V}]$인가? (단, 송전선과 통신선 간의 상호유도계수는 $0.3[\mathrm{mH}]$이다.)

① 30
② 3×10^2
③ 3×10^3
④ 3×10^4

해설 유도전압

$$e_2=-M\frac{dI_1}{dt}=-0.3\times10^{-3}\times\frac{10\times10^3}{0.01}=-300=-3\times10^2[\mathrm{V}]$$

★★☆
08
자속 $\phi[\mathrm{Wb}]$ 가 주파수 $f[\mathrm{Hz}]$로 정현파 모양의 변화를 할 때, 즉 $\phi=\phi_m\sin2\pi ft[\mathrm{Wb}]$ 일 때, 이 자속과 쇄교하는 회로에 발생하는 기전력은 몇 $[\mathrm{V}]$인가? (단, N은 코일의 권회수이다.)

① $2\pi fN\phi_m\sin2\pi ft$
② $2\pi fN\phi_m\cos2\pi ft$
③ $-2\pi fN\phi_m\sin2\pi ft$
④ $-2\pi fN\phi_m\cos2\pi ft$

해설 $e=-N\dfrac{d\phi}{dt}=-N\dfrac{d}{dt}\phi_m\sin2\pi ft=-N\phi_m\dfrac{d}{dt}\sin2\pi ft$
$\qquad\ \ =-N\phi_m(2\pi f)\cos2\pi ft=-2\pi fN\phi_m\cos2\pi ft$

★☆☆
09
자속밀도 $B[\mathrm{Wb/m^2}]$ 가 도체 중에서 $f[\mathrm{Hz}]$로 변화할 때 도체 중에 유기되는 기전력 e 는 무엇에 비례하는가?

① $e\propto\dfrac{B}{f}$
② $e\propto\dfrac{B^2}{f}$
③ $e\propto\dfrac{f}{B}$
④ $e\propto Bf$

해설 $e=\omega\phi_m N\sin\omega t=2\pi f\phi_m N\sin\omega t=2\pi fNB_m S\cos\omega t\propto fB_m\ (\phi_m=B_m S)$

정답 | 07 ② 08 ④ 09 ④

★★★
10 정현파 자속의 주파수를 2배로 높이면 유기 기전력은?

① 4배로 감소한다.   ② 4배로 증가한다.
③ 2배로 감소한다.   ④ 2배로 증가한다.

[해설] $e \propto f$ 이므로 주파수를 2배로 늘리면 기전력은 2배로 증가한다.

정답 | 10 ④

표피효과(skin effect)

SECTION 04

1. 표피효과

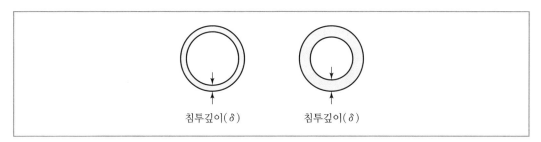

침투깊이(δ)   침투깊이(δ)

① 표피효과$= \sqrt{\pi f \mu k} = \dfrac{1}{\delta}$

② 표피두께(침투깊이) : $\delta = \dfrac{1}{표피효과} = \dfrac{1}{\sqrt{\pi f \mu k}} = \dfrac{1}{\sqrt{\pi f \mu \dfrac{1}{\rho}}}$

- μ : 투자율
- k : 도전율
- f : 주파수
- ρ : 고유저항

⚡ 과년도 기출 및 예상문제

★★★
01 도체에 교류가 흐르는 경우 표피효과에 대한 설명으로 가장 알맞은 것은?

① 도체 표면의 전류밀도가 커지고 중심이 될수록 전류밀도가 작아지는 현상
② 도체 표면의 전류밀도가 작아지고 중심이 될수록 전류밀도가 커지는 현상
③ 도체 표면의 전류밀도가 커지고 중심이 될수록 전류밀도가 더욱 커지는 현상
④ 도체 표면의 전류밀도가 작아지고 중심이 될수록 전류밀도가 더욱 작아지는 현상

해설 도체 표면의 전류밀도가 커지고 중심이 될수록 전류밀도가 작아지는 현상을 표피효과(표피현상)이라 한다.

★★★
02 도전율이 $5.8 \times 10^7 [\text{℧}/\text{m}]$, 비투자율이 1인 구리에 60[Hz]의 주파수를 갖는 전류가 흐를 때 표피두께는 몇 [mm]인가?

① 8.53 　　　　　　　　　　② 9.78
③ 11.28 　　　　　　　　　　④ 13.03

해설 **표피두께(침투깊이)**

$$\delta = \frac{1}{\sqrt{\pi f \mu k}} = \frac{1}{\sqrt{\pi \times 60 \times 4\pi \times 10^{-7} \times 5.8 \times 10^7}} = 0.008531[\text{m}] = 8.53 \times 10^{-3}[\text{m}] = 8.53[\text{mm}]$$

★☆☆
03 고유저항이 $1.7 \times 10^{-8} [\Omega \cdot \text{m}]$인 구리의 100[kHz] 주파수에 대한 표피의 두께는 약 몇 [mm]인가?

① 0.21 　　　　　　　　　　② 0.42
③ 2.1 　　　　　　　　　　 ④ 4.2

해설 $\delta = \dfrac{1}{\sqrt{\pi f \mu k}} = \dfrac{1}{\sqrt{\pi f \mu_0 \times \mu_s \times \dfrac{1}{\rho}}} = \dfrac{1}{\sqrt{\pi \times 100 \times 10^3 \times 4\pi \times 10^{-7} \times 1 \times \dfrac{1}{1.7 \times 10^{-8}}}}$

$= 2.075 \times 10^{-4}[\text{m}] = 2.075 \times 10^{-1} \times 10^{-3}[\text{m}] = 0.2075[\text{mm}]$

정답 | **01** ① **02** ① **03** ①

01 자기 인덕턴스(Self inductance)
SECTION

1. 자기 인덕턴스

① 인덕턴스는 코일의 자체 유도 능력을 나타내는 양을 말한다(그 회로로 쇄교하는 자속 수).

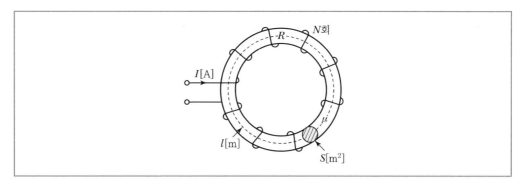

② 쇄교자속수 : $\psi = LI = N\varnothing$

③ 자기 인덕턴스 : $L = \dfrac{N\varnothing}{I} = \dfrac{N^2}{R} = \dfrac{\mu S N^2}{\ell}$ [H]

2. 상호인덕턴스

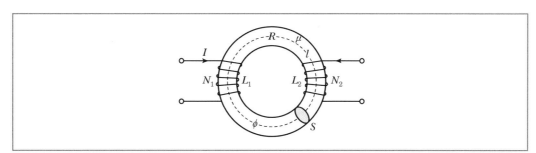

① $L_1 = \dfrac{N_1^2}{R}$, $L_2 = \dfrac{N_2^2}{R}$

② $M = \dfrac{N\varnothing}{I} = \dfrac{N_1 N_2}{R} = \dfrac{\mu S N_1 N_2}{\ell}$ [H]

과년도 기출 및 예상문제

★☆☆
01 권수 200회이고, 자기 인덕턴스 20[mH]의 코일에 2[A]의 전류를 흘리면, 자속수는 몇 [Wb]인가?

① 2×10^{-2} ② 4×10^{-2}
③ 2×10^{-4} ④ 4×10^{-4}

해설 $N\phi = LI$에서 $\phi = \dfrac{LI}{N} = \dfrac{20 \times 10^{-3} \times 2}{200} = 2 \times 10^{-4} [\text{wb}]$

★★☆
02 권수 200회이고, 자기 인덕턴스 20[mH]의 코일에 2[A]의 전류를 흘리면, 쇄교 자속수[Wb]는?

① 2×10^{-2} ② 4×10^{-2}
③ 2×10^{-4} ④ 4×10^{-4}

해설 **쇄교 자속수**
$\Psi = LI = 20 \times 10^{-3} \times 2 = 4 \times 10^{-2} = 0.04$

★★☆
03 어떤 환상 솔레노이드의 단면적이 S이고, 자로의 길이가 ℓ, 투자율이 μ라고 한다. 이 철심에 균등하게 코일을 N회 감고 전류를 흘렸을 때 자기 인덕턴스에 대한 설명으로 옳은 것은?

① 투자율 μ에 반비례한다.
② 권선수 N^2에 비례한다.
③ 자로의 길이 l에 비례한다.
④ 단면적 S에 반비례한다.

해설 $\phi = \dfrac{NI}{R_m}$, $R_m = \dfrac{\ell}{\mu s}$ 이므로 $L = \dfrac{N^2}{R_m} = \dfrac{N^2}{\frac{\ell}{\mu s}} = \dfrac{\mu S N^2}{\ell}$

★☆☆
04 코일의 자기 인덕턴스는 다음 어떤 매체 상수에 따라 변하는가?

① 도전율   ② 투자율
③ 유전율   ④ 절연저항

해설 **자기 인덕턴스**
$L = \dfrac{\mu s N^2}{\ell}$

정답 | 01 ③ 02 ② 03 ② 04 ②

★☆☆

05 N회 감긴 환상 코일의 단면적이 $S[\text{m}^2]$이고 평균 길이가 $\ell\,[\text{m}]$이다. 이 코일의 권수를 2배로 늘이고 인덕턴스를 일정하게 하려고 할 때, 다음 중 옳은 것은?

① 길이를 2배로 한다.

② 단면적을 $\dfrac{1}{4}$ 배로 한다.

③ 비투자율을 $\dfrac{1}{2}$ 배로 한다.

④ 전류의 세기를 4배로 한다.

해설 환상 코일의 자기 인덕턴스는 $L = \dfrac{\mu S N^2}{\ell}\,[\text{H}]$이므로 권수를 2로 하면 $L = \dfrac{\mu S (2N)^2}{\ell} = \dfrac{\mu S \, 4N^2}{\ell}\,[\text{H}]$이다.

따라서 l 은 4배, 단면적은 $\dfrac{1}{4}$ 배, 비투자율은 $\dfrac{1}{4}$ 배로 하면 된다.

★☆☆

06 평균 반지름이 $a\,[\text{m}]$, 단면적 $S[\text{m}^2]$인 원환 철심(투자율 μ)에 권선수 N인 코일을 감았을 때 자기 인덕턴스[H]는?

① $\mu N^2 S a$

② $\dfrac{\mu N^2 S}{\pi a^2}$

③ $\dfrac{\mu N^2 S}{2\pi a}$

④ $2\pi a \mu N^2 S$

해설 자기 인덕턴스

$$L = \dfrac{N^2}{R} = \dfrac{\mu S N^2}{\ell} = \dfrac{\mu S \, N^2}{2\pi a}$$

★★★

07 단면적 $S[\text{m}^2]$, 단위 길이에 대한 권수가 n_0[회/m]인 무한히 긴 솔레노이드의 단위 길이당 자기 인덕턴스 $[\text{H/m}]$를 구하면?

① $\mu S n_0$

② $\mu S n_0^2$

③ $\mu S^2 n_0^2$

④ $\mu S^2 n_0$

해설 • 단위 길이당 권수 : $(n_0) = \dfrac{N}{\ell}$

• $L = \dfrac{N^2 \mu S}{\ell} = \dfrac{N^2 \mu S}{\ell} \times \dfrac{\ell}{\ell} = \dfrac{N^2}{\ell^2} \times \mu S \times \ell = (n_0)^2 \times \mu S \times 1 = \mu S n_0^2$

★★★

08 반지름 a[m]이고 단위 길이에 대한 권수가 n인 무한장 솔레노이드의 단위 길이당 자기 인덕턴스는 몇 [H/m]인가?

① $\mu\pi a^2 n^2$ 　　　　　② $\mu\pi an$

③ $\dfrac{an}{2\mu\pi}$ 　　　　　④ $4\mu\pi a^2 n^2$

해설 ・ 단위 길이 당 권수 : $(n) = \dfrac{N}{\ell}$

・ $L = \dfrac{N^2 \mu S}{\ell} = \dfrac{N^2 \mu S}{\ell} \times \dfrac{\ell}{\ell} = \dfrac{N^2}{\ell^2} \times \mu S \times \ell = (n)^2 \times \mu S \times 1 = \mu S n^2 = \mu\pi a^2 n^2$

★☆☆

09 그림과 같은 1[m]당 권선수 n, 반지름 a[m]인 무한장 솔레노이드의 자기 인덕턴스[H/m]는 n과 a 사이에 어떠한 관계가 있는가?

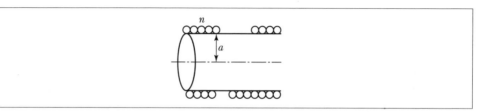

① a와는 상관없고, n^2에 비례한다.
② a와 n의 곱에 비례한다.
③ a^2과 n^2의 곱에 비례한다.
④ a에 반비례하고 n^2에 비례한다.

해설 $L = \mu_0 \pi a^2 n^2$이므로 a^2과 n^2의 곱에 비례한다.

★☆☆

10 단면적이 균일한 환상 철심에 권수 N_1인 A코일과 권수 N_2인 B코일이 있을 때 A코일의 자기 인덕턴스가 L_1[H]라면 두 코일의 상호 인덕턴스 M[H]는? (단, 누설자속은 0이다.)

① $\dfrac{L_1 N_1}{N_2}$ 　　　　　② $\dfrac{N_2}{L_1 N_1}$

③ $\dfrac{N_1}{L_1 N_2}$ 　　　　　④ $\dfrac{L_1 N_2}{N_1}$

해설 ・ $R = \dfrac{N_1^2}{L_1}$

・ $M = \dfrac{N_1 N_2}{R} = \dfrac{N_1 N_2}{\dfrac{N_1^2}{L_1}} = \dfrac{L_1 N_2}{N_1}$

★★★
11 환상 철심에 권수 N_A 인 A코일과 권수 N_B 인 B코일이 있을 때 A코일의 자기 인덕턴스가 L_A[H] 라면 두 코일 간의 상호 인덕턴스는 몇 [H/m]인가? (단, A코일과 B코일 간의 누설자속은 없는 것으로 한다.)

① $\dfrac{N_A L_A}{N_B}$

② $\dfrac{N_B L_A}{N_A}$

③ $\dfrac{N_A{}^2 L_A}{N_B}$

④ $\dfrac{N_B{}^2 L_B}{N_A}$

> **해설** • $R = \dfrac{N_A{}^2}{L_A}$
>
> • $M = \dfrac{N_A N_B}{R} = \dfrac{N_A N_B}{\dfrac{N_A{}^2}{L_A}} = \dfrac{N_B L_A}{N_A}$

★★☆
12 그림과 같이 $S = 10[\text{cm}^2]$, 자로의 길이 $\ell = 20\pi[\text{cm}]$, 비투자율 $\mu_s = 1,000$인 철심에 $N_1 = N_2 = 100$인 두 코일을 감았다. 두 코일 사이의 상호인덕턴스는 몇 [mH]인가?

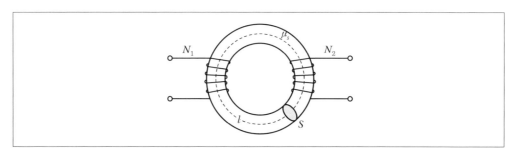

① 1

② 2

③ 10

④ 20

> **해설** • $M = \dfrac{N\varnothing}{I} = \dfrac{N_1 N_2}{R} = \dfrac{\mu S N_1 N_2}{\ell}$ 에서
>
> • $M = \dfrac{\mu S N_1 N_2}{\ell} = \dfrac{\mu_0 \times 1000 \times 10 \times 10^{-4} \times 100 \times 100}{20\pi \times 10^{-2}} = 0.02[\text{H}] = 20[\text{mH}]$

02 SECTION 인덕턴스의 접속

1. 직렬접속

(1) 가동접속

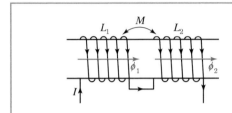

$$L = L_1 + L_2 + 2M$$

(2) 차동접속

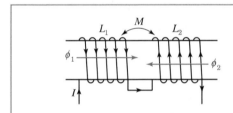

$$L = L_1 + L_2 - 2M$$

2. 결합계수

$$M = k\sqrt{L_1 L_2} \ \ (k : 결합계수, \ 0 \leq k \leq 1)$$

3. 도체 내부와 외부 인덕턴스

$$L = 내부 + 외부 = \frac{\mu}{8\pi} + \frac{\mu}{2\pi} \ln \frac{b}{a} \, [\mathrm{H/m}] \left(\ln \frac{b}{a} = 2.3025 \log \frac{b}{a} \right)$$

과년도 기출 및 예상문제

★☆☆
01 자기 인덕턴스 $L_1[\text{H}]$, $L_2[\text{H}]$ 이고, 상호 인덕턴스가 $M[\text{H}]$인 두 코일을 직렬로 연결하였을 경우 합성 인덕턴스는?

① $L_1 + L_2 \pm 2M$

② $\sqrt{L_1 + L_2} \pm 2M$

③ $L_1 + L_2 \pm 2\sqrt{M}$

④ $\sqrt{L_1 + L_2} \pm 2\sqrt{M}$

> **해설** $L_{\pm} = L_1 + L_2 \pm 2M \,[\text{H}]$
> 자속이 동일 방향이면 +, 반대 방향이면 −를 취한다.

★☆☆
02 자기 인덕턴스가 L_1, L_2인 두 개의 코일이 상호 인덕턴스가 M으로 그림과 같이 접속되어 있고 여기에 $I[\text{A}]$의 전류가 흐를 때의 합성 인덕턴스 $[\text{H}]$를 구하는 식은?

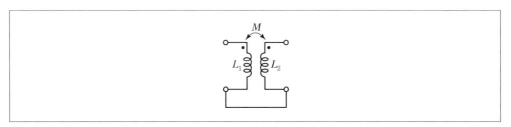

① $L_1 + L_2 - 2M$

② $(L_1 + L_2)M$

③ $L_1 + L_2 \pm M$

④ $(L_1 + L_2)M^2$

> **해설** **차동접속**
> $L_0 = L_1 + L_2 - 2M$

★★★
03 다음 중 자기 인덕턴스의 성질을 바르게 표현한 것은?

① 항상 부(負)이다.

② 항상 정(正)이다.

③ 항상 0이다.

④ 유도되는 기전력에 따라 정(正)도 되고 부(負)도 된다.

> **해설** 자기 인덕턴스는 L은 항상 정(+)이어야 하고, 상호 인덕턴스는 (+), (−)일 때가 있다.

정답 | 01 ① 02 ① 03 ②

★★★
04 자기 인덕턴스가 L_1, L_2이고 상호 인덕턴스가 M인 두 회로의 결합계수가 1이면 다음 중 옳은 것은?

① $L_1 L_2 = M$

② $L_1 L_2 < M^2$

③ $L_1 L_2 > M^2$

④ $L_1 L_2 = M^2$

해설 $M = k\sqrt{L_1 L_2}$ 에서
- $k = 1$ 이므로 $M = \sqrt{L_1 L_2}$
- 양변을 제곱하면
$M^2 = (\sqrt{L_1 L_2})^2$
$M^2 = L_1 L_2$

★☆☆
05 1차, 2차 코일의 자기 인덕턴스가 각각 49[mH], 100[mH], 결합계수 0.9일 때, 이 두 코일을 같은 방향으로 직렬로 접속하면 합성 인덕턴스[mH]는?

① 212

② 219

③ 275

④ 289

해설 **같은 방향이므로 가동접속**
$$L_0 = L_1 + L_2 + 2M = L_1 + L_2 + 2k\sqrt{L_1 L_2} = 49 + 100 + 2 \times 0.9\sqrt{49 \times 100} = 275 \,[\text{mH}]$$

★★☆
06 서로 결합하고 있는 두 코일 C_1과 C_2의 자기 인덕턴스가 각각 L_{c1}, L_{c2}라고 한다. 이 둘을 직렬로 연결하여 합성 인덕턴스 값을 얻은 후 두 코일간 상호인덕턴스의 크기($|M|$)를 얻고자 한다. 직렬로 연결할 때, 두 코일 간 자속이 서로 가해져서 보강되는 방향이 있고, 서로 상쇄되는 방향이 있다. 전자의 경우 얻는 합성 인덕턴스의 값이 L_1, 후자의 경우 얻는 합성 인덕턴스의 값이 L_2일 때, 다음 중 알맞은 것은?

① $L_1 < L_2$, $|M| = \dfrac{L_2 + L_1}{4}$

② $L_1 > L_2$, $|M| = \dfrac{L_1 + L_2}{4}$

③ $L_1 < L_2$, $|M| = \dfrac{L_2 - L_1}{4}$

④ $L_1 > L_2$, $|M| = \dfrac{L_1 - L_2}{4}$

해설
- 가동 : $L_1 = L_{c1} + L_{c2} + 2M$
- 차동 : $L_2 = L_{c1} + L_{c2} - 2M$

정답 | 04 ④ 05 ③ 06 ④

★★★

07 균일 분포 전류 $I[\mathrm{A}]$ 가 반지름 $a[\mathrm{m}]$ 인 비자성 원형 도체에 흐를 때 단위 길이 당 도체 내부 인덕턴스의 크기는? (단, 도체의 투자율을 μ_0 로 가정)

① $\dfrac{\mu_0}{2\pi}\,[\mathrm{H/m}]$

② $\dfrac{\mu_0}{4\pi}\,[\mathrm{H/m}]$

③ $\dfrac{\mu_0}{6\pi}\,[\mathrm{H/m}]$

④ $\dfrac{\mu_0}{8\pi}\,[\mathrm{H/m}]$

해설 $L=$내부$+$외부$=\dfrac{\mu_0}{8\pi}+\dfrac{\mu_0}{2\pi}\ln\dfrac{b}{a}\,[\mathrm{H/m}]$

★★★

08 내부도체 반지름이 $10[\mathrm{mm}]$, 외부도체의 내반지름이 $20[\mathrm{mm}]$인 동축케이블에서 내부도체 표면에 전류 I 가 흐르고, 얇은 외부도체에 반대 방향인 전류가 흐를 때 단위 길이당 외부 인덕턴스는 약 몇 $[\mathrm{H/m}]$ 인가?

① 0.27×10^{-7}

② 1.39×10^{-7}

③ 2.03×10^{-7}

④ 2.78×10^{-7}

해설 $L=$내부$+$외부$=\dfrac{\mu_0}{8\pi}+\dfrac{\mu_0}{2\pi}\ln\dfrac{b}{a}\,[\mathrm{H/m}]$ 에서

• 동축케이블의 인덕턴스는 표피효과로 외부만을 계산한다(전류와 무관).

• $L_{외부}=\dfrac{\mu_0}{2\pi}\ln\dfrac{b}{a}=\dfrac{\mu_0}{2\pi}\ln\dfrac{20\times10^{-3}}{10\times10^{-3}}=1.386\times10^{-7}\,[\mathrm{H/m}]$

★☆☆

09 그림과 같이 반지름 a[m]인 원형단면을 가지고 중심 간격이 d[m]인 평행왕복도선의 단위 길이당 자기 인덕턴스[H/m]는? (단, 도체는 공기 중에 있고 $d\gg a$로 한다.)

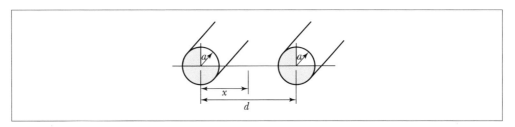

① $L=\dfrac{\mu_0}{\pi}ln\dfrac{a}{d}+\dfrac{\mu_0}{4\pi}\,[\mathrm{H/m}]$

② $L=\dfrac{\mu_0}{\pi}ln\dfrac{a}{d}+\dfrac{\mu_0}{2\pi}\,[\mathrm{H/m}]$

③ $L=\dfrac{\mu_0}{\pi}ln\dfrac{d}{a}+\dfrac{\mu_0}{4\pi}\,[\mathrm{H/m}]$

④ $L=\dfrac{\mu_0}{\pi}ln\dfrac{d}{a}+\dfrac{\mu_0}{2\pi}\,[\mathrm{H/m}]$

해설 $L=$내부$+$외부$=2\times\left(\dfrac{\mu_0}{8\pi}+\dfrac{\mu_0}{2\pi}\ln\dfrac{d}{a}\right)=\dfrac{\mu_0}{4\pi}+\dfrac{\mu_0}{\pi}\ln\dfrac{d}{a}\,[\mathrm{H/m}]$

정답	07 ④　08 ②　09 ③

10 임의의 단면을 가진 2개의 원주상의 무한히 긴 평행 도체가 있다. 지금 도체의 도전율을 무한대라고 하면 C, L, ε 및 μ 사이의 관계는? (단, C는 두 도체 간의 단위 길이 당 정전용량, L은 두 도체를 한 개의 왕복 회로로 한 경우의 단위 길이 당 자기 인덕턴스, ε은 두 도체 사이에 있는 매질의 유전율, μ는 두 도체 사이에 있는 매질의 투자율이다.)

① $C\varepsilon = L\mu$

② $\dfrac{C}{\varepsilon} = \dfrac{L}{\mu}$

③ $\dfrac{1}{LC} = \varepsilon\mu$

④ $LC = \varepsilon\mu$

해설 • $L = \dfrac{\mu}{\pi} \ln \dfrac{d}{a}$

$C = \dfrac{\pi\varepsilon}{\ln\dfrac{d}{a}}$

• 변변 끼리 곱하면 ∴ $LC = \dfrac{\mu}{\pi} \ln \dfrac{d}{a} \times \dfrac{\pi\varepsilon}{\ln\dfrac{d}{a}} = \mu\varepsilon$

정답 | 10 ④

03 에너지

1. 정전계

① $Q = CV$: $J = \dfrac{1}{2}QV = \dfrac{1}{2}CV^2 = \dfrac{1}{2}\dfrac{Q^2}{C}$ [J]

② $D = \varepsilon E$: $\dfrac{J}{m^3} = \dfrac{1}{2}DE = \dfrac{1}{2}\varepsilon E^2 = \dfrac{1}{2}\dfrac{D^2}{\varepsilon}$ $\left[\dfrac{J}{m^3}\right]$

2. 정자계

① $\psi = LI$: $J = \dfrac{1}{2}\psi I = \dfrac{1}{2}LI^2 = \dfrac{1}{2}\dfrac{\psi^2}{L}$ [J]

② $B = \mu H$: $\dfrac{J}{m^3} = \dfrac{1}{2}BH = \dfrac{1}{2}\mu H^2 = \dfrac{1}{2}\dfrac{B^2}{\mu}$ $\left[\dfrac{J}{m^3}\right]$

⚡ 과년도 기출 및 예상문제

★★★
01 100[mH]의 자기 인덕턴스를 가진 코일에 10[A]의 전류가 흐르고 있을 때 축적되는 에너지는 몇 [J]인가?

① 1

② 5

③ 50

④ 100

> **해설** $W[\text{J}] = \dfrac{1}{2}LI^2 = \dfrac{1}{2} \times 100 \times 10^{-3} \times 10^2 = 5[\text{J}]$

★★★
02 자계의 세기 $H[\text{AT/m}]$, 자속밀도 $B[\text{Wb/m}^2]$, 투자율 $\mu[\text{H/m}]$인 곳의 자계의 에너지 밀도 $[\text{J/m}^3]$는?

① BH

② $\dfrac{1}{2}HB^2$

③ $\dfrac{1}{2\mu}H^2$

④ $\dfrac{1}{2}BH$

> **해설** $W = \dfrac{1}{2}BH = \dfrac{1}{2}\mu H^2 = \dfrac{1}{2}\dfrac{B^2}{\mu}[\text{J/m}^3]$

★☆☆
03 자기 인덕턴스가 20[mH]인 코일에 전류를 흘려주었을 때 코일의 쇄교 자속수가 0.2[Wb]였다. 이때 코일에 축적되는 자기 에너지[J]는?

① 0.5

② 1

③ 2

④ 4

> **해설** $W[\text{J}] = \dfrac{1}{2}LI^2 = \dfrac{1}{2}\dfrac{0.2^2}{20 \times 10^{-3}} = 1$

정답 | 01 ② 02 ④ 03 ②

04 그림에서 $S = 10[\mathrm{cm}^2]$, $l = 100[\mathrm{cm}]$, $\mu_s = 100$, $\mathrm{N} = 1,000[회]$인 환상철심에 10[A]의 전류를 흘렸을 때 자계에 축적되는 에너지[J]를 구하면?

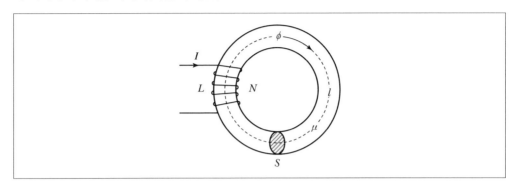

① $2\pi \times 10^{-3}$

② $2\pi \times 10^{-2}$

③ $2\pi \times 10^{-1}$

④ 2π

해설 $W[\mathrm{J}] = \dfrac{1}{2}LI^2 = \dfrac{1}{2}\dfrac{\mu S N^2}{\ell}I^2 = \dfrac{1}{2}\dfrac{\mu_0 \mu_s S N^2}{\ell}I^2$

$= \dfrac{1}{2}\dfrac{4\pi \times 10^{-7} \times 100 \times 10 \times 10^{-4} \times 1000^2}{100 \times 10^{-2}} \times 10^2 = 2\pi$

05 권선수가 N회인 코일에 전류 $I[\mathrm{A}]$를 흘릴 경우, 코일에 $\phi[\mathrm{Wb}]$의 자속이 지나간다면 이 코일에 저장된 자계 에너지는 어떻게 표현되는가?

① $\dfrac{1}{2}N\phi^2 I[\mathrm{J}]$

② $\dfrac{1}{2}N\phi I[\mathrm{J}]$

③ $\dfrac{1}{2}N^2\phi I[\mathrm{J}]$

④ $\dfrac{1}{2}N\phi I^2[\mathrm{J}]$

해설 $W[\mathrm{J}] = \dfrac{1}{2}LI^2$ 에서 $\Psi = LI = N\phi$를 대입하면

$W[\mathrm{J}] = \dfrac{1}{2}LI^2 = \dfrac{1}{2} \times LI \times I = \dfrac{1}{2} \times N\phi \times I = \dfrac{1}{2}N\phi I$

정답 | 04 ④ 05 ②

06 비투자율이 $2,500$인 철심의 자속밀도가 $5[\mathrm{Wb/m^2}]$이고 철심의 부피가 $4\times10^{-6}[\mathrm{m^3}]$일 때, 이 철심에 저장된 자기에너지는 몇 $[\mathrm{J}]$인가?

① $\dfrac{1}{\pi}\times10^{-2}\,[\mathrm{J}]$　　　　　　② $\dfrac{3}{\pi}\times10^{-2}\,[\mathrm{J}]$

③ $\dfrac{4}{\pi}\times10^{-2}\,[\mathrm{J}]$　　　　　　④ $\dfrac{5}{\pi}\times10^{-2}\,[\mathrm{J}]$

해설 ▸
- $W=\dfrac{1}{2}\dfrac{B^2}{\mu}\left[\dfrac{\mathrm{J}}{\mathrm{m^3}}\right]$ 에서

- $W'=\dfrac{1}{2}\dfrac{B^2}{\mu}\left[\dfrac{\mathrm{J}}{\mathrm{m^3}}\right]\times V[\mathrm{m^3}]=\dfrac{1}{2}\dfrac{B^2}{\mu}\times V[\mathrm{J}]$

$\therefore\ W'=\dfrac{1}{2}\dfrac{B^2}{\mu}\times V=\dfrac{1}{2}\dfrac{5^2}{\mu_0\times2,500}\times4\times10^{-6}=\dfrac{5}{\pi}\times10^{-2}=0.0159[\mathrm{J}]$

07 다음 중 정전계와 정자계의 대응관계가 성립되는 것은?

① $\operatorname{div}D=\rho_v\ \rightarrow\ \operatorname{div}B=\rho_r$

② $\nabla^2V=-\dfrac{\rho_v}{\varepsilon_0}\ \rightarrow\ \nabla^2A=-\dfrac{i}{\mu_0}$

③ $W=\dfrac{1}{2}CV^2\ \rightarrow\ W=\dfrac{1}{2}LI^2$

④ $F=9\times10^9\dfrac{Q_1Q_2}{R^2}a_R\ \rightarrow\ F=6.33\times10^{-4}\dfrac{m_1m_2}{R^2}a_R$

해설 ▸ **정전계와 정자계의 대응관계**
- $\operatorname{div}D=\rho_v\ \rightarrow\ \operatorname{div}B=0$

- $\nabla^2V=-\dfrac{\rho_v}{\varepsilon_0}\ \rightarrow\ \nabla^2A=-\mu_0i$

- 정전 에너지 $W=\dfrac{1}{2}CV^2\ \rightarrow\ $ 자계 에너지 $W=\dfrac{1}{2}LI^2$

- $F=9\times10^9\dfrac{Q_1Q_2}{R^2}a_R\ \rightarrow\ F=6.33\times10^4\dfrac{m_1m_2}{R^2}a_R$

※ $\operatorname{rot}A=B,\ \ \nabla^2A=-\mu i,\ \nabla^2V=-\dfrac{\rho_v}{\varepsilon_0}\,,\ \operatorname{div}D=\rho\,,\ \operatorname{div}B=0$

정답 | 06 ④　07 ③

CHAPTER

11 전자장

01 맥스웰의 방정식
SECTION

1. 맥스웰의 방정식

(1) $\mathrm{rot}\,E = -\dfrac{\partial B}{\partial t}\left(\nabla \times E = -\dfrac{\partial B}{\partial t}\right)$

① 페레데이의 법칙에서 유도된 식$\left(e = -N\dfrac{d}{dt}\phi\right)$

② 자석밀도의 시간적 변화에 따라 이 변화를 방해하는 방향으로 전계의 회전이 생긴다.

㉠ $e = \displaystyle\int_s \mathrm{rot}\,E\,dS$

㉡ $e = -N\dfrac{d}{dt}\phi = -\dfrac{\partial}{\partial t}\displaystyle\int_s B\,dS$

(2) $\mathrm{rot}\,H = i_c + \dfrac{\partial D}{\partial t}\left(\nabla \times E = i_c + \dfrac{\partial D}{\partial t}\right)$

① 암페어의 주회적분의 법칙에서 유도된 식$\left(\displaystyle\int_l H\,dl = I\right)$

② 전도전류와 변위전류는 회전자계를 발생시킨다.

(3) $\mathrm{div}\,D = \rho$

① 정전계의 가우스 법칙에서 유도된 식$\left(\displaystyle\int_s E\,dS = \dfrac{Q}{\varepsilon_0}\right)$

$$\int_s E\,dS = \int_V \mathrm{div}\,E\,dV = \dfrac{Q}{\varepsilon_0}$$

② 고립된 진전하에서 전기력선이 발산된다.

(4) $\mathrm{div}\,B = o(\nabla \cdot B = 0)$

① 정전계의 가우스 법칙(자속의 연속성)
② 고립된 자극은 존재하지 않는다. 즉, N극과 S극은 항상 같이 존재한다.

2. 자계의 벡터 포텐셜 $A[\mathrm{Wb/m}]$와 자속밀도 $B[\mathrm{Wb/m^2}]$의 관계

$$\mathrm{rot}\,A = B$$

⚡ 과년도 기출 및 예상문제

★★★

01 미분 방정식 형태로 나타낸 맥스웰의 전자계 기초 방정식은?

① $\operatorname{rot} E = -\dfrac{\partial B}{\partial t}$, $\operatorname{rot} H = i_c + \dfrac{\partial D}{\partial t}$, $\operatorname{div} D = 0$, $\operatorname{div} B = 0$

② $\operatorname{rot} E = -\dfrac{\partial B}{\partial t}$, $\operatorname{rot} H = i_c + \dfrac{\partial D}{\partial t}$, $\operatorname{div} D = \rho$, $\operatorname{div} B = H$

③ $\operatorname{rot} E = -\dfrac{\partial B}{\partial t}$, $\operatorname{rot} H = i_c + \dfrac{\partial D}{\partial t}$, $\operatorname{div} D = \rho$, $\operatorname{div} B = 0$

④ $\operatorname{rot} E = -\dfrac{\partial B}{\partial t}$, $\operatorname{rot} H = i_c$, $\operatorname{div} D = 0$, $\operatorname{div} B = 0$

해설 맥스웰 방정식

- $\operatorname{rot} E = -\dfrac{\partial B}{\partial t}$: 패러데이 법칙
- $\operatorname{rot} H = i_c + \dfrac{\partial D}{\partial t}$: 암페어의 주회적분 법칙
- $\operatorname{div} D = \rho$: 가우스의 법칙
- $\operatorname{div} B = 0$: 가우스의 법칙(고립된 자하는 없다.)

★☆☆

02 다음 중 전자계에 대한 맥스웰(Maxwell)의 기본 이론으로 옳지 않은 것은?

① 자속밀도의 시간적 변화에 따라 전계의 회전이 생긴다.
② 전도전류와 변위전류는 자계의 회전을 발생시킨다.
③ 전하에서 전속선이 발산된다.
④ 고립된 자극이 존재한다.

해설 맥스웰 방정식

- $\operatorname{rot} E = -\dfrac{\partial B}{\partial t}$: 패러데이 법칙
- $\operatorname{rot} H = i_c + \dfrac{\partial D}{\partial t}$: 암페어의 주회적분 법칙
- $\operatorname{div} D = \rho$: 가우스의 법칙
- $\operatorname{div} B = 0$: 가우스의 법칙(고립된 자하는 없다.)

★☆☆

03 일반적인 전자계에서 성립하는 기본방정식이 아닌 것은? (단, i 는 전류밀도, ρ는 공간전하밀도이다.)

① $\nabla \times H = i + \dfrac{\partial D}{\partial t}$

② $\nabla \times E = -\dfrac{\partial B}{\partial t}$

③ $\nabla \cdot D = \rho$

④ $\nabla \cdot B = \mu H$

해설 $\operatorname{div} B = 0$ 또는 $\nabla \cdot B = 0$

정답 | 01 ③ 02 ④ 03 ④

★★★
04 맥스웰 전자 방정식(Maxwell's equations) 중 패러데이(Faraday) 법칙에 의하여 유도된 방정식은?

① $\nabla \times E = -\dfrac{\partial B}{\partial t}$ 　　　　　② $\nabla \times H = i_c + \dfrac{\partial B}{\partial t}$

③ $\operatorname{div} D = \rho$ 　　　　　④ $\operatorname{div} B = 0$

해설 패러데이 법칙

$$\operatorname{rot} E = -\frac{\partial B}{\partial t} \left(\nabla \times E = -\frac{\partial B}{\partial t} \right)$$

공간 도체 내에서 자속이 시간적으로 변화면 전계의 회전이 생긴다.

★★☆
05 공간 도체 내의 한 점의 자속이 시간적으로 변화하는 경우에 성립하는 식은?

① $\nabla \times E = -\dfrac{\partial H}{\partial t}$ 　　　　　② $\nabla \times E = \dfrac{\partial H}{\partial t}$

③ $\nabla \times E = \dfrac{\partial B}{\partial t}$ 　　　　　④ $\nabla \times E = -\dfrac{\partial B}{\partial t}$

해설 패러데이 법칙

$$\operatorname{rot} E = -\frac{\partial B}{\partial t} \left(\nabla \times E = -\frac{\partial B}{\partial t} \right)$$

공간 도체 내에서 자속이 시간적으로 변화면 전계의 회전이 생긴다.

★★★
06 자계의 벡터 포텐셜을 $A[\mathrm{Wb/m}]$라 할 때 도체 주위에서 자계 $B[\mathrm{Wb/m^2}]$가 시간적으로 변화하면 도체에 발생하는 전계의 세기 $E[\mathrm{V/m}]$는?

① $E = -\dfrac{\partial A}{\partial t}$ 　　　　　② $\operatorname{rot} E - \dfrac{\partial A}{\partial t}$

③ $\operatorname{rot} E = \dfrac{\partial B}{\partial t}$ 　　　　　④ $E = \operatorname{rot} B$

해설
- $\operatorname{rot} E = -\dfrac{\partial B}{\partial t}$, $\operatorname{rot} A = B$에서

- $\operatorname{rot} E = -\dfrac{\partial}{\partial t} B = -\dfrac{\partial}{\partial t} \operatorname{rot} A$

$\therefore E = -\dfrac{\partial A}{\partial t}$

특성 임피던스(= 고유 임피던스 = 파동임피던스)

1. 특성 임피던스

① 선로를 전파하는 진행파에 대하여 선로상의 한 점에서의 전압과 전류의 비로 정의된다.
② 무한정 선로의 전압, 전류는 송전단에서 멀어질수록 그 진폭은 점차 감소하고 그 진폭비는 선상 어디서나 일정한데 그 비를 특성 임피던스라 한다.

2. 반사특성을 통해 알아보는 특성 임피던스(반사계수, 투과계수)

$$Z_w = \frac{V}{I} = \frac{E}{H} = \sqrt{\frac{L}{C}} = \sqrt{\frac{\mu}{\varepsilon}} \; [\Omega]$$

$$Z_w = \frac{E}{H} = \sqrt{\frac{\mu}{\varepsilon}} \; [\Omega]$$

과년도 기출 및 예상문제

★☆☆
01 자유 공간의 특성 임피던스는? (단, ε_0는 진공 중의 유전율, μ_0는 진공 중의 투자율이다.)

① $\sqrt{\dfrac{\varepsilon_0}{\mu_0}}$ 　　　　　　　　　② $\sqrt{\dfrac{\mu_0}{\varepsilon_0}}$

③ $\sqrt{\varepsilon_0 \mu_0}$ 　　　　　　　　　④ $\sqrt{\dfrac{1}{\varepsilon_0 \mu_0}}$

해설 $Z_0 = \sqrt{\dfrac{\mu}{\varepsilon}} = \sqrt{\dfrac{\mu_0 \mu_s}{\varepsilon_0 \varepsilon_s}} = \sqrt{\dfrac{\mu_0}{\varepsilon_0}} = 377 = 120[\pi]$

★★★
02 비유전율 $\varepsilon_s = 80$, 비투자율 $\mu_s = 1$인 전자파의 고유 임피던스(intrinsic impedance)는?

① $0.1[\Omega]$ 　　　　　　　　　② $80[\Omega]$

③ $8.9[\Omega]$ 　　　　　　　　　④ $42[\Omega]$

해설 $Z_\omega = \sqrt{\dfrac{\mu}{\varepsilon}} = \sqrt{\dfrac{\mu_0 \mu_s}{\varepsilon_0 s}} = \sqrt{\dfrac{\mu_0}{\varepsilon_0}} \sqrt{\dfrac{\mu_s}{\varepsilon_s}} = 377\sqrt{\dfrac{\mu_s}{\varepsilon_s}} = 377\sqrt{\dfrac{1}{80}} = 42.15[\Omega]$

★★★
03 전계 $E = \sqrt{2}\,E_e \sin w(t - x/c)\,[\mathrm{V/m}]$인 평면 전자파가 있을 때 자계의 실횻값$[\mathrm{A/m}]$은?

① $1.3 \times 10^{-3} E_e$ 　　　　　　　　② $2.7 \times 10^{-3} E_e$

③ $5.4 \times 10^{-3} E_e$ 　　　　　　　　④ $8.1 \times 10^{-3} E_e$

해설 **특성 임피던스에서 전계와 자계의 관계식**

$$\dfrac{E_e}{H_e} = \sqrt{\dfrac{\mu_0}{\varepsilon_0}} = 377$$

$$\therefore H_e = \dfrac{1}{377} E_e = 2.65 \times 10^{-3} E_e\,[\mathrm{A/m}]$$

정답 | **01** ② **02** ④ **03** ②

★★☆

04 최대 전계 $E_m = 6[\text{V/m}]$인 평면 전자파가 수중을 전파할 때 자계의 최대치는 약 몇 $[\text{AT/m}]$인가? (단, 물의 비유전율 $\varepsilon_s = 80$, 비투자율 $\mu_s = 1$이다.)

① 0.071

② 0.142

③ 0.284

④ 0.426

[해설] $\dfrac{E_m}{H_m} = \sqrt{\dfrac{\mu}{\varepsilon}} = \sqrt{\dfrac{\mu_0}{\varepsilon_0}} \cdot \sqrt{\dfrac{\mu_s}{\varepsilon_s}}$ 에서 $\dfrac{6}{H_m} = 377\sqrt{\dfrac{1}{80}} = \dfrac{377}{\sqrt{80}}$

$\therefore\ H_m = \dfrac{\sqrt{80} \times 6}{377} = 0.142[\text{AT/m}]$

03 전자파 속도와 파장

1. 속도와 파장

① 속도 : $v = \dfrac{\omega}{\beta}[\mathrm{m/sec}]$

② 파장 : $\lambda = \dfrac{2\pi}{\beta}$

③ 광속도 : $C = 3 \times 10^8 [\mathrm{m/sec}]$

2. 전파정수

$$\gamma = \sqrt{(R+j\omega L)(G+j\omega C)} = \alpha + j\beta$$

① 감쇄정수 : $\alpha = \sqrt{RG}$

② 위상정수 : $\beta = \omega\sqrt{\mu\varepsilon}$

⚡ 과년도 기출 및 예상문제

★☆☆

01 비유전율 3, 비투자율 3인 매질 내에서의 전자파의 전파속도는 자유공간에서의 빛의 속도의 몇 배인가?

① $\dfrac{1}{3}$

② $\dfrac{1}{4}$

③ $\dfrac{1}{9}$

④ $\dfrac{1}{16}$

해설 $v = \dfrac{1}{\sqrt{\varepsilon\mu}} = \dfrac{1}{\sqrt{\varepsilon_s\mu_s}} \dfrac{1}{\sqrt{\varepsilon_0\mu_0}} = \dfrac{1}{\sqrt{3\times3}} C_0 = \dfrac{1}{3} C_0$

★☆☆

02 라디오 방송의 평면파 주파수를 710[kHz]라 할 때 이 평면파가 콘크리트 벽 속을 지날 때 전파속도 [m/s]는? (단, $\varepsilon_s = 5$, $\mu_s = 1$이다.)

① $2.54 \times 10^8 [\mathrm{m/s}]$

② $4.38 \times 10^8 [\mathrm{m/s}]$

③ $1.34 \times 10^8 [\mathrm{m/s}]$

④ $4.86 \times 10^8 [\mathrm{m/s}]$

해설 $v = \dfrac{1}{\sqrt{\varepsilon\mu}} = \dfrac{1}{\sqrt{\varepsilon_0\mu_0}} \dfrac{1}{\sqrt{\varepsilon_s\mu_s}} = C \times \dfrac{1}{\sqrt{\varepsilon_s\mu_s}} = 3 \times 10^8 \times \dfrac{1}{\sqrt{5\times1}} = 1.34 \times 10^8 [\mathrm{m/s}]$

★★☆

03 유전율 ε, 투자율 μ 인 매질 중을 주파수 $f[\mathrm{Hz}]$의 전자파가 전파되어 나갈 때의 파장은 몇 [m]인가?

① $f\sqrt{\varepsilon\mu}$

② $\dfrac{1}{f\sqrt{\varepsilon\mu}}$

③ $\dfrac{f}{\sqrt{\varepsilon\mu}}$

④ $\dfrac{\sqrt{\varepsilon\mu}}{f}$

해설 $\lambda = \dfrac{2\pi}{\beta} = \dfrac{2\pi}{w\sqrt{LC}} = \dfrac{2\pi}{2\pi f\sqrt{LC}} = \dfrac{1}{f\sqrt{LC}}$

정답 | **01** ① **02** ③ **03** ②

★☆☆

04 평면파 전파가 $E = 30\cos(10^9 t + 20z)j\,[\mathrm{V/m}]$로 주어졌다면 이 전자파의 위상 속도는 몇 $[\mathrm{m/s}]$인가?

① 5×10^7

② $\dfrac{1}{3} \times 10^8$

③ 10^9

④ $\dfrac{2}{3}$

해설 $E = E_m\cos(\omega t + \beta z)j\,[\mathrm{V/m}]$에서

• $\omega = 10^9$, $\beta = 20$

• $v = \dfrac{\omega}{\beta} = \dfrac{10^9}{20} = 5 \times 10^7$

★★☆

05 전자계에서 전파속도와 관계없는 것은?

① 도전율

② 유전율

③ 비투자율

④ 주파수

해설
• 전파속도 : $v = \dfrac{1}{\sqrt{\mu\varepsilon}}$

• 파장 : $\lambda = \dfrac{2\pi}{\beta} = \dfrac{1}{f}\dfrac{1}{\sqrt{\varepsilon\mu}} = \dfrac{1}{f}v$

두 식에서 전파속도 v는 : 유전율(ε), 투자율(μ), 주파수(f), 파장(λ)에 관계됨

04 전자파
SECTION

1. 전자파의 특징

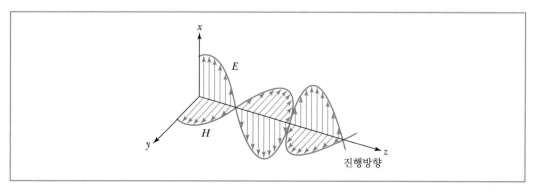

① 전자파는 전계와 자계가 동시에 존재한다(위상이 서로 같다.).
② E, H은 서로 수직이다.
③ 전자파의 진행방향은 $E \times H$ 방향이다.
③ 수평전파는 대지에 대해 전계가 수평면에 있는 전자파이다.
④ 수직전파는 대지에 대해 전계가 수직면에 있는 전자파이다.

2. Poynting Vector

① 정의 : 전자계의 에너지의 흐름을 나타내는 벡터로 단위 면적을 단위 시간에 통하는 에너지양을 나타내며, 빛의 강도에 비례한다.

② $P = E \times H \left[\dfrac{\mathrm{VA}}{\mathrm{m}^2} = \dfrac{\mathrm{W}}{\mathrm{m}^2} \right]$

③ 유효전력 $= EH \times$ 면적[W]

④ $Z_w = \dfrac{E}{H} = \sqrt{\dfrac{\mu}{\varepsilon}}$ (공기의 특성 임피던스 : $Z_0 = \dfrac{E}{H} = \sqrt{\dfrac{\mu_0}{\varepsilon_0}} = 377 = 120\pi\,[\Omega]$)

과년도 기출 및 예상문제

★☆☆
01 전자파에 대한 설명으로 옳은 것은?

① 전계만 존재한다.
② 자계만 존재한다.
③ 전계와 자계가 동시에 존재한다.
④ 전계와 자계가 동시에 존재하되 위상이 90[°] 다르다.

해설 전계와 자계는 동상이다.

★★★
02 자유 공간 내 전자파의 진행에서 전계와 자계의 시간적인 위상 관계는?

① 위상이 서로 같다.
② 전계가 자계보다 90[°] 빠르다.
③ 전계가 자계보다 90[°] 늦다.
④ 전계가 자계보다 45[°] 빠르다.

해설 전자파는 전계와 자계가 동시에 존재한다(위상이 서로 같다.).

★☆☆
03 전자파의 에너지 전달방향은?

① 전계 E의 방향이다.　　　　　　　② 전계 H의 방향이다.
③ $E \times H$의 방향이다.　　　　　　④ $\nabla \times E$의 방향이다.

해설 전자파의 진행방향은 $E \times H$ 방향이다.

★☆☆
04 수평전파에 대한 정의로 옳은 것은?

① 대지에 대해서 전계가 수직면에 있는 전자파
② 대지에 대해서 전계가 수평면에 있는 전자파
③ 대지에 대해서 자계가 수직면에 있는 전자파
④ 대지에 대해서 자계가 수평면에 있는 전자파

해설
　• 수평전파 : 대지에 대해 전계가 수평면에 있는 전자파
　• 수직전파 : 대지에 대해 전계가 수직면에 있는 전자파

정답	01 ③　02 ①　03 ③　04 ②

★★☆
05 수직전파에 대한 정의로 옳은 것은?

① 대지에 대해서 전계가 수직면에 있는 전자파
② 대지에 대해서 전계가 수평면에 있는 전자파
③ 대지에 대해서 자계가 수직면에 있는 전자파
④ 대지에 대해서 자계가 수평면에 있는 전자파

> **해설** • 수평전파 : 대지에 대해 전계가 수평면에 있는 전자파
> • 수직전파 : 대지에 대해 전계가 수직면에 있는 전자파

★★★
06 전계 $E[\text{V/m}]$, 자계 $H[\text{AT/m}]$ 의 전자계가 평면파를 이루고, 자유 공간으로 전파될 때 단위 시간에 단위 면적당 에너지 $[\text{W/m}^2]$는?

① $\dfrac{1}{2}EH$　　　　　　　　　　② $\dfrac{1}{2}EH^2$

③ EH^2　　　　　　　　　　　　④ EH

> **해설** $P = E \times H = EH\sin 90[°] = EH$

★★☆
07 자유 공간에 있어서 포인팅 벡터를 $S[\text{W/m}^2]$ 라 할 때 전장의 세기의 실횻값 $E_e[\text{V/m}]$를 구하면?

① $S\sqrt{\dfrac{\mu_0}{\varepsilon_0}}$　　　　　　　　　② $S\sqrt{\dfrac{\varepsilon_0}{\mu_0}}$

③ $\sqrt{S\sqrt{\dfrac{\mu_0}{\varepsilon_0}}}$　　　　　　　　④ $\sqrt{S\sqrt{\dfrac{\varepsilon_0}{\mu_0}}}$

> **해설** $S = E \times H[\dfrac{\text{W}}{\text{m}^2}]$, $Z_0 = \dfrac{E}{H} = \sqrt{\dfrac{\mu_0}{\varepsilon_0}} = 377[\Omega]$
>
> • $H = \dfrac{E}{\sqrt{\dfrac{\mu_0}{\varepsilon_0}}}$
>
> • $S = E \times H = E \times \dfrac{E}{\sqrt{\dfrac{\mu_0}{\varepsilon_0}}} = \dfrac{E^2}{\sqrt{\dfrac{\mu_0}{\varepsilon_0}}}$
>
> • $S\sqrt{\dfrac{\varepsilon_0}{\mu_0}} = E^2$　∴ $E = \sqrt{s\sqrt{\dfrac{\mu_0}{\varepsilon_0}}}$ $[\text{V/m}]$

정답	05 ① 06 ④ 07 ③

★★☆

08 자유 공간에서의 포인팅벡터를 $P[\mathrm{W/m^2}]$이라 할 때, 전계의 세기의 실횻값 $E_e[\mathrm{V/m}]$를 구하면?

① $377P$

② $\dfrac{P}{377}$

③ $\sqrt{377P}$

④ $\sqrt{\dfrac{P}{377}}$

해설 $P = E_e \times H_e \left[\dfrac{\mathrm{W}}{\mathrm{m^2}}\right]$, $Z_0 = \dfrac{E_e}{H_e} = \sqrt{\dfrac{\mu_0}{\varepsilon_0}} = 377[\Omega]$

- $H_e = \dfrac{E_e}{377}$

- $P = E_e \times H_e = E_e \times \dfrac{E_e}{377} = \dfrac{E_e^2}{377}$

- $P\,377 = E_e^2$

$\therefore E_e = \sqrt{377P}\ [\mathrm{V/m}]$

★★☆

09 자계 실횻값이 $1[\mathrm{mA/m}]$인 평면 전자파가 공기 중에서 이에 수직되는 수직 단면적 $10[\mathrm{m^2}]$를 통과하는 전력 $[\mathrm{W}]$은?

① 3.77×10^{-3}

② 3.77×10^{-4}

③ 3.77×10^{-5}

④ 3.77×10^{-6}

해설 전력 $= EH \times$면적$[\mathrm{W}]$, $Z_0 = \dfrac{E}{H} = \sqrt{\dfrac{\mu_0}{\varepsilon_0}} = 377[\Omega]$에서

- $E = 377\,H$

- 전력 $= EH \times$면적 $= 377H \times H \times 10 = 377 \times H^2 \times 10$

$= 377 \times (1 \times 10^{-3})^2 \times 10 = 3.77 \times 10^{-3}[\mathrm{W}]$

★☆☆

10 방송국 안테나 출력이 $W[\mathrm{W}]$이고, 이로부터 진공 중에 $r[\mathrm{m}]$ 떨어진 점에서의 자계의 세기의 실횻치 $H[\mathrm{A/m}]$는?

① $\dfrac{1}{r}\sqrt{\dfrac{W}{377\pi}}$

② $\dfrac{1}{2r}\sqrt{\dfrac{W}{377\pi}}$

③ $\dfrac{1}{2r}\sqrt{\dfrac{W}{188\pi}}$

④ $\dfrac{1}{r}\sqrt{\dfrac{W}{188\pi}}$

정답 | 08 ③ 09 ① 10 ②

해설 • 출력(전력)$= EH \times$면적$[\text{W}]$, 진공의 특성 임피던스 $Z_0 = \dfrac{E}{H} = \sqrt{\dfrac{\mu_0}{\varepsilon_0}} = 377[\Omega]$

• W(출력)$= \sqrt{\dfrac{\mu_0}{\varepsilon_0}} \, H \times H \times$면적$= 377 \, H^2 \times 4\pi r^2$(구의 면적)$[\text{W}]$

$$H^2 = \frac{W}{377}\frac{1}{4\pi r^2} = \frac{W}{377\pi}\left(\frac{1}{2r}\right)^2$$

$$\therefore \ H = \sqrt{\frac{W}{377\pi}\left(\frac{1}{2r}\right)^2} = \frac{1}{2r}\sqrt{\frac{W}{377\pi}}$$

★★★
11 변위전류에 의하여 전자파가 발생되었을 때, 전자파의 위상은?

① 변위전류보다 90[°] 빠르다.

② 변위전류보다 90[°] 늦다.

③ 변위전류보다 30[°] 빠르다.

④ 변위전류보다 30[°] 늦다.

해설 전자파의 전계를 $E = E_m \sin\omega t \ i_D = \dfrac{\partial D}{\partial t} = \dfrac{\partial \varepsilon E}{\partial t} = \varepsilon \dfrac{\partial}{\partial t} E_m \sin\omega t$

$\qquad\qquad = \omega\varepsilon E_m \cos\omega t = \omega\varepsilon E_m \sin(\omega t + 90[°])$

변위전류가 전자파보다 90[°] 빠르다.

02

전기기사 필기
과년도 기출문제

전기기사 핵심완성 시리즈 - 1. 전기자기학

CRAFTSMAN
ELECTRICITY

※ 2022년 2회 이후 CBT로 출제된 기출문제는 개정된 출제기준과
　해당 회차의 기출 키워드 등을 분석하여 복원하였습니다.

2020년 제1·2회 과년도 기출문제

01 면적이 매우 넓은 두 개의 도체 판을 d[m] 간격으로 수평하게 평행 배치하고, 이 평행 도체 판 사이에 놓인 전자가 정지하고 있기 위해서 그 도체 판 사이에 가하여야 할 전위차(V)는? (단, g는 중력 가속도 이고, m은 전자의 질량이며, e는 전자의 전하량이다.)

① $mged$

② $\dfrac{ed}{mg}$

③ $\dfrac{mgd}{e}$

④ $\dfrac{mge}{d}$

> **해설** 전압과 전계의 관계식 $V=Ed$, 전자가 받는 힘 $F=QE=mg$, 전기량 $Q=n\times e$에서
>
> $V=Ed=\dfrac{mg}{Q}\times d=\dfrac{mgd}{n\times e}=\dfrac{mgd}{e}$ (전자는 1개이므로 $n=1$)

02 자기회로에서 자기저항의 크기에 대한 설명으로 옳은 것은?

① 자기회로의 길이에 비례

② 자기회로의 단면적에 비례

③ 자성체의 비투자율에 비례

④ 자성체의 비투자율의 제곱에 비례

> **해설** 자기저항 $R=\dfrac{\ell}{\mu S}=\dfrac{\ell}{\mu_0 \mu_s S}$ 이므로 길이에 비례하고, 비투자율과 단면적에 반비례한다.

03 전위함수 $V=x^2+y^2$[V]일 때 점$(3, 4)$[m]에서의 등전위선의 반지름은 몇 [m]이며, 전기력선 방정식은 어떻게 되는가?

① 등전위선의 반지름 : 3, 전기력선 방정식 : $y=\dfrac{3}{4}x$

② 등전위선의 반지름 : 4, 전기력선 방정식 : $y=\dfrac{4}{3}x$

③ 등전위선의 반지름 : 5, 전기력선 방정식 : $x=\dfrac{4}{3}y$

④ 등전위선의 반지름 : 5, 전기력선 방정식 : $x=\dfrac{3}{4}y$

> **해설** 등전위선의 반지름은 원점인 원의 방정식이므로 $r^2=x^2+y^2$ $\therefore r=\sqrt{x^2+y^2}=\sqrt{3^2+4^2}=5$이며, 전력선 방정식은 $y=Ax$이므로 $4=A3$ 에서 $A=\dfrac{4}{3}$ $\therefore y=\dfrac{4}{3}x$ 또는 $x=\dfrac{3}{4}y$이다.

정답	01 ③ 02 ① 03 ④

04 10[mm]의 지름을 가진 동선에 50[A]의 전류가 흐르고 있을 때 단위시간 동안 동선의 단면을 통과하는 전자의 수는 약 몇 개인가?

① 7.85×10^{16}

② 20.45×10^{15}

③ 31.21×10^{19}

④ 50×10^{19}

해설 $Q = I \times t = n[\text{개}] \times e[\text{C}]$, $e = -1.602 \times 10^{-19}[\text{C}]$

$n = \dfrac{It}{e} = \dfrac{50 \times 1}{1.602 \times 10^{-19}} = 3.121 \times 10^{20} = 31.21 \times 10^{19}$

05 자기 인덕턴스와 상호 인덕턴스와의 관계에서 결합계수 k의 범위는?

① $0 \le k \le \dfrac{1}{2}$

② $0 \le k \le 1$

③ $1 \le k \le 2$

④ $1 \le k \le 10$

해설 상호인덕턴스 $M = k\sqrt{L_1 L_2}$ (k : 결합계수, $0 \le k \le 1$)

06 면적이 $S[\text{m}^2]$이고 극간의 거리가 $d[\text{m}]$인 평행판 콘덴서에 비유전율이 ε_r인 유전체를 채울 때 정전용량 [F]은? (단, ε_0는 진공의 유전율이다.)

① $\dfrac{2\varepsilon_0 \varepsilon_r S}{d}$

② $\dfrac{\varepsilon_0 \varepsilon_r S}{\pi d}$

③ $\dfrac{\varepsilon_0 \varepsilon_r S}{d}$

④ $\dfrac{2\pi \varepsilon_0 \varepsilon_r S}{d}$

해설 극간거리이므로 대전도체 $C = \varepsilon \dfrac{S}{d} = \varepsilon_0 \varepsilon_r \dfrac{S}{d} = \dfrac{\varepsilon_0 \varepsilon_r S}{d}$

07 반자성체의 비투자율(μ_r) 값의 범위는?

① $\mu_r = 1$

② $\mu_r < 1$

③ $\mu_r > 1$

④ $\mu_r = 0$

해설 • 상자성체 : 비투율 $\mu_r > 1$, 자화율은 $\chi > 0$
• 반자성체(역자성체) : 비투율 $\mu_r < 1$, 자화율은 $\chi < 0$

08 반지름 a[m]인 무한장 원통형 도체에 전류가 균일하게 흐를 때 도체 내부에서 자계의 세기[AT/m]는?

① 원통 중심축으로부터 거리에 비례한다.
② 원통 중심축으로부터 거리에 반비례한다.
③ 원통 중심축으로부터 거리의 제곱에 비례한다.
④ 원통 중심축으로부터 거리의 제곱에 반비례한다.

해설 ▶ **전류가 도체 내외에 균일하게 흐를 시(내부에도 전류가 존재함)**

- 도체 외부$(r > a)$: $H = \dfrac{I}{2\pi r}$

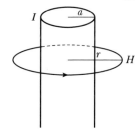

- 도체 내부$(r < a)$: $H_i = \dfrac{r I}{2\pi a^2}$ (원통 중심축으로부터 거리에 비례함)

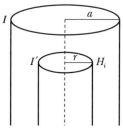

09 정전계 해석에 관한 설명으로 틀린 것은?

① 푸아송 방정식은 가우스 정리의 미분형으로 구할 수 있다.
② 도체 표면에서의 전계의 세기는 표면에 대해 법선 방향을 갖는다.
③ 라플라스 방정식은 전극이나 도체의 형태와 관계없이 체적전하밀도가 0인 모든 점에서 $\nabla^2 V = 0$을 만족한다.
④ 라플라스 방정식은 비선형 방정식이다.

해설 ▶ • 라플라스 방정식 $\nabla^2 V = 0$은 선형 방정식이다.
　　• 선형 방정식
　　　 − 라플라스 방정식
　　　 − 푸아송의 방정식

정답 | 08 ① 09 ④

10 비유전율 ε_r이 4인 유전체의 분극률은 진공의 유전율 ε_0의 몇 배인가?

① 1

② 3

③ 9

④ 12

해설 • P(분극의 세기)$= D - \varepsilon_0 E = D\left(1 - \dfrac{1}{\varepsilon_s}\right) = \varepsilon_0(\varepsilon_s - 1)E = \chi E$

• 분극률 : $\chi = \varepsilon_0(\varepsilon_s - 1) = \varepsilon_0(4 - 1) = 3\varepsilon_0$

11 공기 중에 있는 무한히 긴 직선 도선에 10[A]의 전류가 흐르고 있을 때 도선으로부터 2[m] 떨어진 점에서의 자속밀도는 몇 [Wb/m^2]인가?

① 10^{-5}

② 0.5×10^{-6}

③ 10^{-6}

④ 2×10^{-6}

해설 $B = \mu_0 H = \mu_0 \dfrac{I}{2\pi r} = \mu_0 \times \dfrac{10}{2\pi \times 2} = 1 \times 10^{-6}$

12 그림에서 $N = 1,000$[회], $l = 100$[cm], $S = 10$[cm^2]인 환상 철심의 자기 회로에 전류 $I = 10$[A]를 흘렸을 때 축적되는 자계 에너지는 몇 [J]인가? (단, 비투자율 $\mu_r = 100$이다.)

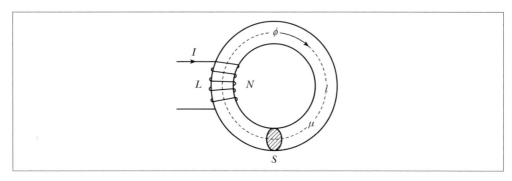

① $2\pi \times 10^{-3}$

② $2\pi \times 10^{-2}$

③ $2\pi \times 10^{-1}$

④ 2π

해설 $W[\text{J}] = \dfrac{1}{2}LI^2 = \dfrac{1}{2}\dfrac{\mu SN^2}{\ell}I^2 = \dfrac{1}{2}\dfrac{\mu_0 \mu_s SN^2}{\ell}I^2$

$= \dfrac{1}{2}\dfrac{4\pi \times 10^{-7} \times 100 \times 10 \times 10^{-4} \times 1000^2}{100 \times 10^{-2}} \times 10^2 = 2\pi$

13 자기유도계수 L의 계산 방법이 아닌 것은? (단, N : 권수, ϕ : 자속[Wb], I : 전류[A], A : 벡터 퍼텐셜[Wb/m], i : 전류밀도[A/m²], B : 자속밀도[Wb/m²], H : 자계의 세기[AT/m]이다.)

① $L = \dfrac{N\phi}{I}$

② $L = \dfrac{\displaystyle\int_v A \cdot i\, dv}{I^2}$

③ $L = \dfrac{\displaystyle\int_v BH\, dv}{I^2}$

④ $L = \dfrac{\displaystyle\int_v A\, i\, dv}{I}$

해설 • $\operatorname{rot} A = B$, 맥스웰의 방정식 $\operatorname{rot} H = i$

     − 자계에너지 $W' = \dfrac{1}{2} BH \left[\dfrac{\text{J}}{\text{m}^3}\right]$ 에서 $W = \dfrac{1}{2} BHv \,[\text{J}]$

     − 자계에너지 $W = \dfrac{1}{2} LI^2 \,[\text{J}]$

• 자계에너지 $W = \dfrac{1}{2} LI^2 \,[\text{J}]$ 에서 $L = \dfrac{2W}{I^2}$ ·································· ①식

     − 자계에너지 $W = \dfrac{1}{2} BHv \,[\text{J}]$ 에서 $W = \dfrac{1}{2} \displaystyle\int_v BH\, dv$ 에서

     − $W = \dfrac{1}{2} \displaystyle\int_v BH\, dv = \dfrac{1}{2} \int_v \operatorname{rot} A H\, dv = \dfrac{1}{2} \int_v A (\operatorname{rot} H)\, dv = \dfrac{1}{2} \int_v A\, i\, dv$ ····· ②식

• ②식을 ①식에 대입

     − $L = \dfrac{2W}{I^2} = \dfrac{2}{I^2} \dfrac{1}{2} \displaystyle\int_v BH\, dv = \dfrac{\displaystyle\int_v BH\, dv}{I^2}$

     − $L = \dfrac{2W}{I^2} = \dfrac{2}{I^2} \dfrac{1}{2} \displaystyle\int_v A\, i\, dv = \dfrac{\displaystyle\int_v A\, i\, dv}{I^2}$

14 20[℃]에서 저항의 온도계수가 0.002인 니크롬선의 저항이 100[Ω]이다. 온도가 60[℃]로 상승되면 저항은 몇 [Ω]이 되겠는가?

① 108

② 112

③ 115

④ 120

해설 • $R_2 = R_1 [1 + \alpha_1 (t_2 - t_1)][\Omega]$ (α_1 : t_1에서의 온도계수, t_2 상승된 온도)
     • $R_2 = 100[1 + 0.002(60 - 20)] = 108[\Omega]$

정답 | 13 ④ 14 ①

15 전계 및 자계의 세기가 각각 E[V/m], H[AT/m]일 때, 포인팅 벡터 P[W/m^2]의 표현으로 옳은 것은?

① $P = \dfrac{1}{2} E \times H$ ② $P = E \, \mathrm{rot} \, H$

③ $P = E \times H$ ④ $P = H \, \mathrm{rot} \, E$

해설 포인팅 벡터(전자계의 에너지의 흐름을 나타내는 벡터)

$$P = E \times H \left[\frac{\mathrm{VA}}{\mathrm{m}^2} = \frac{\mathrm{W}}{\mathrm{m}^2} \right]$$

16 평등자계 내에 전자가 수직으로 입사하였을 때 전자의 운동에 대한 설명으로 옳은 것은?

① 원심력은 전자속도에 반비례한다.
② 구심력은 자계의 세기에 반비례한다.
③ 원운동을 하고, 반지름은 자계의 세기에 비례한다.
④ 원운동을 하고, 반지름은 전자의 회전속도에 비례한다.

해설 • 원심력

$\quad - F_1 = \dfrac{mv^2}{r}$

$\quad$ − 원심력은 전자속도의 제곱에 비례한다.

• 구심력

$\quad - F_2 = qvB$

$\quad$ − 구심력은 자계의 세기에 비례한다.

• 회전반경

$\quad - r = \dfrac{mv}{qB}$

$\quad$ − 원운동을 하고, 반지름은 자계의 세기에 반비례한다.

• 회전반경

$\quad - r = \dfrac{mv}{qB}$

$\quad$ − 원운동을 하고, 반지름은 전자의 회전속도에 비례한다.

17 진공 중 3[m] 간격으로 두 개의 평행한 무한 평면 도체에 각각 $+4$[C/m^2], -4[C/m^2]의 전하를 주었을 때, 두 도체 간의 전위차는 약 몇 [V]인가?

① 1.5×10^{11} ② 1.5×10^{12}

③ 1.36×10^{11} ④ 1.36×10^{12}

해설 대전도체

• $V = Ed$, $E = \dfrac{Q}{\varepsilon_0}$

• $E = \dfrac{Q}{\varepsilon_0} = \dfrac{4}{8.85 \times 10^{-12}} = 4.52 \times 10^{11}$

$V = Ed = 4.52 \times 10^{11} \times 3 = 1.36 \times 10^{12}$ [V]

정답 | **15** ③   **16** ④   **17** ④

18 자속밀도 $B[\text{Wb/m}^2]$의 평등 자계 내에서 길이 $l[\text{m}]$인 도체 ab가 속도 $v[\text{m/s}]$로 그림과 같이 도선을 따라서 자계와 수직으로 이동할 때, 도체 ab에 의해 유기된 기전력의 크기 $e[\text{V}]$와 폐회로 $abcd$ 내 저항 R에 흐르는 전류의 방향은? (단, 폐회로 $abcd$ 내 도선 및 도체의 저항은 무시한다.)

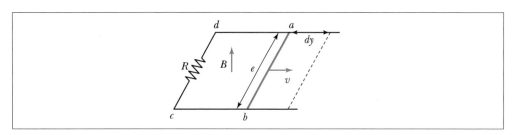

① $e = Blv$, 전류 방향 : $c \to d$

② $e = Blv$, 전류 방향 : $d \to c$

③ $e = Blv^2$, 전류 방향 : $c \to d$

④ $e = Blv^2$, 전류 방향 : $d \to c$

해설 **유기 기전력**

- $e = (v \times B)\ell = vB\ell\sin\theta$
- 플레밍의 오른손 법칙에 의해 전류는 $a \to b \to c \to d$ 방향으로 흐른다.

도체의 운동방향(v)

자계(B)

유기기전력의 방향(e)

19 그림과 같이 내부 도체구 A에 $+Q[\text{C}]$, 외부 도체구 B에 $-Q[\text{C}]$를 부여한 동심 도체구 사이의 정전용량 $C[\text{F}]$는?

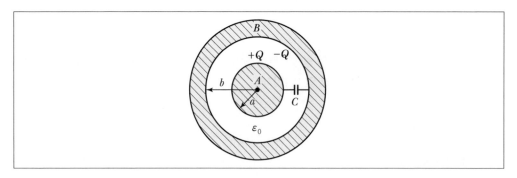

① $4\pi\varepsilon_0(b-a)$

② $\dfrac{4\pi\varepsilon_0 ab}{b-a}$

③ $\dfrac{ab}{4\pi\varepsilon_0(b-a)}$

④ $4\pi\varepsilon_0\left(\dfrac{1}{a} - \dfrac{1}{b}\right)$

정답	18 ① 19 ②

해설 **동심구**

$$C = \frac{4\pi\varepsilon_0}{\frac{1}{a} - \frac{1}{b}} = \frac{4\pi\varepsilon_0}{\frac{b-a}{ab}} = \frac{4\pi\varepsilon_0\, ab}{b-a}$$

20 유전율이 ε_1, $\varepsilon_2[\text{F/m}]$인 유전체 경계면에 단위 면적당 작용하는 힘의 크기는 몇 $[\text{N/m}^2]$인가? (단, 전계가 경계면에 수직인 경우이며, 두 유전체에서의 전속밀도는 $D_1 = D_2 = D[\text{C/m}^2]$이다.)

① $2\left(\dfrac{1}{\varepsilon_1} - \dfrac{1}{\varepsilon_2}\right)D^2$

② $2\left(\dfrac{1}{\varepsilon_1} + \dfrac{1}{\varepsilon_2}\right)D^2$

③ $\dfrac{1}{2}\left(\dfrac{1}{\varepsilon_1} + \dfrac{1}{\varepsilon_2}\right)D^2$

④ $\dfrac{1}{2}\left(\dfrac{1}{\varepsilon_2} - \dfrac{1}{\varepsilon_1}\right)D^2$

해설 **유전체 경계면에 단위 면적당 작용하는 힘**

- $f = \dfrac{1}{2}DE = \dfrac{1}{2}\varepsilon_0 E^2 = \dfrac{1}{2}\dfrac{D^2}{\varepsilon_0}\left[\dfrac{\text{N}}{\text{m}^2}\right]$

- $f = f_2 - f_1 = \dfrac{D^2}{2\varepsilon_2} - \dfrac{D^2}{2\varepsilon_1} = \dfrac{1}{2}\left(\dfrac{1}{\varepsilon_2} - \dfrac{1}{\varepsilon_1}\right)D^2$

정답 | **20 ④**

01 분극의 세기 P, 전계 E, 전속밀도 D의 관계를 나타낸 것으로 옳은 것은? (단, ε_0는 진공의 유전율이고, ε_r은 유전체의 비유전율이며, ε은 유전체와 유전율이다.)

① $P = \varepsilon_0(\varepsilon + 1)E$

② $E = \dfrac{D+P}{\varepsilon_0}$

③ $P = D - \varepsilon_0 E$

④ $\varepsilon_0 = D - E$

해설 분극의 세기

• $E = \dfrac{D-P}{\varepsilon_0}$

• $P = D - \varepsilon_0 E = D\left(1 - \dfrac{1}{\varepsilon_s}\right) = \varepsilon_0(\varepsilon_s - 1)E$

02 그림과 같은 직사각형의 평면 코일이 $B = \dfrac{0.05}{\sqrt{2}}(a_x + a_y)$ [Wb/m²]인 자계에 위치하고 있다. 이 코일에 흐르는 전류가 5[A]일 때 z축에 있는 코일에서의 토크는 약 몇 [N·m]인가?

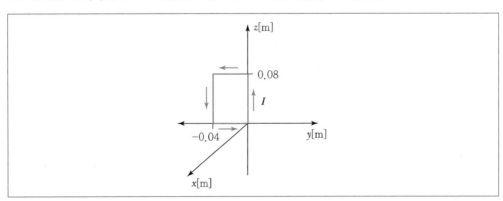

① $2.66 \times 10^{-4} a_x$

② $5.66 \times 10^{-4} a_x$

③ $2.66 \times 10^{-4} a_z$

④ $5.66 \times 10^{-4} a_z$

해설 z축에 있는 코일에서의 토크

• 토크 $\tau = $ 거리$(r) \times$힘(F) [N·m], $F = (I \times B)\ell$, $I = 5a_z$, $B = \dfrac{0.05}{\sqrt{2}}(a_x + a_y)$, $r = -0.04a_y$

• $I \times B = 5a_z \times \dfrac{0.05}{\sqrt{2}}(a_x + a_y) = 5 \times \dfrac{0.05}{\sqrt{2}}(a_z \times a_x + a_z \times a_y) = 5 \times \dfrac{0.05}{\sqrt{2}}(a_y - a_x)$

정답 | **01** ③ **02** ④

- z축상의 도체가 받는 힘

$$F = (I \times B)\ell = 5 \times \frac{0.05}{\sqrt{2}}(a_y - a_x) \times 0.08 = 0.01414(-a_x + a_y) = -0.01414a_x + 0.01414a_y$$

- 토크 $\tau = $ 거리$(r) \times$힘$(F) = (-0.04a_y) \times (-0.01414a_x + 0.01414a_y)$

τ를 행렬식으로 풀면

$$\begin{bmatrix} a_x & a_y & a_z \\ 0 & -0.04 & 0 \\ -0.01414 & 0.01414 & 0 \end{bmatrix} = -0.04(-0.01414a_z) = 5.656 \times 10^{-4} a_z$$

---

03 내부 장치 또는 공간을 물질로 포위시켜 외부자계의 영향을 차폐시키는 방식을 자기차폐라 한다. 다음 중 자기차폐에 가장 적합한 것은?

① 비투자율이 1보다 작은 역자성체
② 강자성체 중에서 비투자율이 큰 물질
③ 강자성체 중에서 비투자율이 작은 물질
④ 비투자율과 관계없이 물질의 두께에만 관계되므로 되도록이면 두꺼운 물질

해설 **자기차폐**

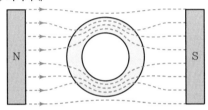

투자율이 큰 강자성체의 중공구를 평등 자계 안에 놓으면 대부분의 자속은 자성체 내부로만 통과하므로 내부 공간의 자계는 외부자계에 비하여 대단히 작다. 이러한 현상을 자기차폐라고 한다.

---

04 주파수가 100[MHz]일 때 구리의 표피 두께(Skin Depth)는 약 몇 [mm]인가? (단, 구리의 도전율은 $5.9 \times 10^7 [\mho/m]$이고, 비투자율은 0.99이다.)

① 3.3×10^{-2}
② 6.6×10^{-2}
③ 3.3×10^{-3}
④ 6.6×10^{-3}

해설 **표피두께(침투깊이)**

$$\delta = \frac{1}{\sqrt{\pi f \mu k}} = \frac{1}{\sqrt{\pi \times 100 \times 10^6 \times 4\pi \times 10^{-7} \times 0.99 \times 5.9 \times 10^7}}$$
$$= 6.585 \times 10^{-6}[m] = 6.585 \times 10^{-3}[mm]$$

정답 | 03 ② 04 ④

05 압전기 현상에서 전기 분극이 기계적 응력에 수직한 방향으로 발생하는 현상은?

① 종효과

② 횡효과

③ 역효과

④ 직접효과

> **해설** 압전 효과는 결정에 압력을 가하면 내부에 전기 분극이 일어나는 현상이다.
> • 종효과 : 응력과 분극이 동일 방향으로 발생할 경우
> • 횡효과 : 서로 수직 방향으로 발생하는 경우

06 구리의 고유저항은 20℃에서 $1.69 \times 10^{-8}[\Omega \cdot m]$이고 온도계수는 0.00393이다. 단면적이 $2[mm^2]$이고 100[m]인 구리선의 저항값은 40[℃]에서 약 몇 [Ω]인가?

① 0.91×10^{-3}

② 1.89×10^{-3}

③ 0.91

④ 1.89

> **해설** $R = \rho \dfrac{\ell}{S}[\Omega]$, $R_2 = R_1[1 + \alpha_1(t_2 - t_1)][\Omega]$ ($\alpha_1 : t_1$에서의 온도계수, t_2 상승된 온도)
> • $R_1 = \rho \dfrac{\ell}{S} = 1.69 \times 10^{-8} \times \dfrac{100}{2 \times 10^{-6}} = 0.845[\Omega]$
> • $R_2 = R_1[1 + \alpha_1(t_2 - t_1)] = 0.845[1 + 0.00393(40 - 20)] = 0.91[\Omega]$

07 전위경도 V와 전계 E의 관계식은?

① $E = \operatorname{grad} V$

② $E = \operatorname{div} V$

③ $E = -\operatorname{grad} V$

④ $E = -\operatorname{div} V$

> **해설** $E = -\operatorname{grad} V = -\nabla V = -\left(i\dfrac{\partial V}{\partial x} + j\dfrac{\partial V}{\partial y} + k\dfrac{\partial V}{\partial z}\right) = -i\dfrac{\partial V}{\partial x} - j\dfrac{\partial V}{\partial y} - k\dfrac{\partial V}{\partial z}$

08 정전계에서 도체에 정(+)의 전하를 주었을 때의 설명으로 틀린 것은?

① 도체 표면의 곡률 반지름이 작은 곳에 전하가 많이 분포한다.

② 도체 외측의 표면에만 전하가 분포한다.

③ 도체 표면에서 수직으로 전기력선이 출입한다.

④ 도체 내에 있는 공동면에도 전하가 골고루 분포한다.

> **해설** 도체 내부에는 전하가 존재하지 않아 전기력선이 존재하지 않는다(전기력선은 표면에서 나온다).

정답 | 05 ② 06 ③ 07 ③ 08 ④

09 평행 도선에 같은 크기의 왕복 전류가 흐를 때 두 도선 사이에 작용하는 힘에 대한 설명으로 옳은 것은?

① 흡인력이다.
② 전류의 제곱에 비례한다.
③ 주위 매질의 투자율에 반비례한다.
④ 두 도선 사이 간격의 제곱에 반비례한다.

해설 **두 도선 사이에 작용하는 힘**

왕복전류는 전류가 같으므로 $F=\dfrac{\mu_0 I_1 I_2}{2\pi r}=\dfrac{\mu_0 I^2}{2\pi r}\left[\dfrac{\mathrm{N}}{\mathrm{m}}\right]$

- 반발력이다.
- 투자율에 비례한다.
- 두 도선 사이 간격에 반비례한다.

10 비유전율 3, 비투자율 3인 매질에서 전자기파의 진행속도 $v[\mathrm{m/s}]$와 진공에서의 속도 $v_0[\mathrm{m/s}]$의 관계는?

① $v=\dfrac{1}{9}v_0$　　　　　　　② $v=\dfrac{1}{3}v_0$

③ $v=3v_0$　　　　　　　　　④ $v=9v_0$

해설 **전자기파의 진행속도**

$v=\dfrac{1}{\sqrt{\epsilon\mu}}=\dfrac{1}{\sqrt{\epsilon_s\mu_s}}\ \dfrac{1}{\sqrt{\epsilon_0\mu_0}}=\dfrac{1}{\sqrt{3\times3}}\ v_0=\dfrac{1}{3}\ v_0$

11 대지의 고유저항이 $\rho[\Omega\cdot\mathrm{m}]$일 때 반지름이 $a[\mathrm{m}]$인 그림과 같은 반구 접지극의 접지저항$[\Omega]$은?

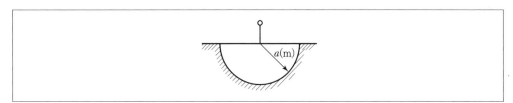

① $\dfrac{\rho}{4\pi a}$　　　　　　　　② $\dfrac{\rho}{2\pi a}$

③ $\dfrac{2\pi\rho}{a}$　　　　　　　　④ $2\pi\rho a$

해설 ・ 구 : $C=4\pi\varepsilon a$

・ $C_{반구}=4\pi\varepsilon a\times\dfrac{1}{2}=2\pi\varepsilon a$

$R=\dfrac{\rho\varepsilon}{C}=\dfrac{\rho\varepsilon}{2\pi\varepsilon a}=\dfrac{\rho}{2\pi a}$

정답 | **09** ② **10** ② **11** ②

12 공기 중에서 2[V/m]의 전계의 세기에 의한 변위전류밀도의 크기를 2[A/m^2]로 흐르게 하려면 전계의 주파수는 약 몇 [MHz]가 되어야 하는가?

① 9,000

② 18,000

③ 36,000

④ 72,000

해설 **변위전류**

• $i_D = \dfrac{\partial D}{\partial t} = \dfrac{\partial}{\partial t}\varepsilon E = \dfrac{\partial}{\partial t}\varepsilon E_m \sin\omega t = \omega\varepsilon E_m \cos\omega t = \omega\varepsilon E_m \sin(\omega t + 90[°]) = j\omega\varepsilon E_m \sin\omega t$

∴ $i_D = 2\pi f\varepsilon E$

• $f = \dfrac{i_D}{2\pi\varepsilon E} = \dfrac{2}{2\pi\varepsilon_0 \times 2} = 1.7975 \times 10^{10} = 17,975 \times 10^6 \fallingdotseq 18,000 \times 10^6[\text{Hz}] = 18,000[\text{MHz}]$

13 2장의 무한 평판 도체를 4[cm]의 간격으로 놓은 후 평판 도체 간에 일정한 전계를 인가하였더니 평판 도체 표면에 $2\mu[\text{C/m}^2]$의 전하밀도가 생겼다. 이때 평행 도체 표면에 작용하는 정전응력은 약 몇 [N/m^2]인가?

① 0.057

② 0.226

③ 0.57

④ 2.26

해설 **도체판에 작용하는 힘(정전응력)**

$$f = \frac{1}{2}DE = \frac{1}{2}\varepsilon_0 E^2 \equiv \frac{1}{2}\frac{D^2}{\varepsilon_0}$$

$D = 2 \times 10^{-6}\left[\dfrac{\text{C}}{\text{m}^2}\right]$, $d = 0.04[\text{m}]$이 주어졌으므로,

$$f = \frac{1}{2}\frac{D^2}{\varepsilon_0} = \frac{1}{2}\frac{(2 \times 10^{-6})^2}{\varepsilon_0} = 0.2258$$

14 자성체 내의 자계의 세기가 $H[\text{AT/m}]$이고 자속밀도가 $B[\text{Wb/m}^2]$일 때, 자계에너지밀도[J/m^3]는?

① HB

② $\dfrac{1}{2\mu}H^2$

③ $\dfrac{\mu}{2}B^2$

④ $\dfrac{1}{2\mu}B^2$

해설 **자계에너지밀도**

$$W = \frac{1}{2}BH = \frac{1}{2}\mu H^2 = \frac{1}{2}\frac{B^2}{\mu} \left[\frac{\text{J}}{\text{m}^3}\right]$$

정답 | 12 ② 13 ② 14 ④

15 임의의 방향으로 배열되었던 강자성체의 자구가 외부 자기장의 힘이 일정치 이상이 되는 순간에 급격히 회전하여 자기장의 방향으로 배열되고 자속밀도가 증가하는 현상을 무엇이라 하는가?

① 자기여효(Magnetic Aftereffect)
② 바크하우젠 효과(Barkthausen Effect)
③ 자기왜현상(Magneto-Striction Effect)
④ 핀치 효과(Pinch Effect)

해설 **바크하우젠 효과(Barkhausen Effect)**
자화력이 변할 때 나타나는 자화의 연속적이고 급격한 변화로 강자성체의 자기화가 외부자기장의 증가에 따라 연속적으로 이루어지지 않고 불연속적으로 자속이 변화하여 유도전압이 발생하기 때문에 생긴다. 그 원인은 강자성체를 구성하는 결정의 내부에 있는 불순물이나 격자결함 때문에 자기구역벽의 이동이 방해를 받고, 외부자기장이 강해짐에 따라 방해를 받고 있던 자기 구역벽의 이동이 한꺼번에 일어나기 때문이다.

16 반지름이 5[mm], 길이가 15[mm], 비투자율이 50인 자성체 막대에 코일을 감고 전류를 흘려서 자성체 내의 자속밀도를 50[Wb/m²]로 하였을 때 자성체 내에서의 자계의 세기는 몇 [A/m]인가?

① $\dfrac{10^7}{\pi}$

② $\dfrac{10^7}{2\pi}$

③ $\dfrac{10^7}{4\pi}$

④ $\dfrac{10^7}{8\pi}$

해설 $B = \mu H \left[\dfrac{Wb}{m^2}\right]$

$$H = \frac{B}{\mu} = \frac{B}{\mu_0 \mu_s} = \frac{50}{4\pi \times 10^{-7} \times 50} = \frac{10^7}{4\pi} \left[\frac{A}{m}\right]$$

17 반지름이 30[cm]인 원판 전극의 평행판 콘덴서가 있다. 전극의 간격이 0.1[cm]이며 전극 사이 유전체의 비유전율이 4.0이라 한다. 이 콘덴서의 정전용량은 약 몇 [μF]인가?

① 0.01
② 0.02
③ 0.03
④ 0.04

해설 **대전도체**
$$C = \varepsilon \frac{S}{d} = \varepsilon_0 \times 4 \times \frac{\pi \times 0.3^2}{0.1 \times 10^{-2}} = 1 \times 10^{-8} = 10^{-2} \times 10^{-6}[F] = 0.01[\mu F]$$

18 한 변의 길이가 l[m]인 정사각형 도체회로에 전류 I[A]를 흘릴 때 회로 중심점에서의 자계 세기는 몇 [AT/m]인가?

① $\dfrac{2I}{\pi \ell}$

② $\dfrac{I}{\sqrt{2}\,\pi \ell}$

③ $\dfrac{\sqrt{2}\,I}{\pi \ell}$

④ $\dfrac{2\sqrt{2}\,I}{\pi \ell}$

정답 | 15 ② 16 ③ 17 ① 18 ④

해설 한 변 AB에 대한 중심점의 자계는 $H_{AB} = \dfrac{I}{4\pi a}(\sin\beta_1 + \sin\beta_2)$이므로

- $a = \dfrac{\ell}{2}$, $\sin\beta_1 = \sin\beta_2 = \sin\beta = \sin45[°] = \dfrac{\sqrt{2}}{2}$ (정삼각형은 45[°])

- $H_{AB} = \dfrac{I}{4\pi a}(\sin\beta_1 + \sin\beta_2) = \dfrac{I}{4\pi \times \dfrac{\ell}{2}} \times 2\sin\beta = \dfrac{I}{4\pi \times \dfrac{\ell}{2}} \times 2\sin45[°]$

$$= \dfrac{I}{4\pi \times \dfrac{\ell}{2}} \times 2 \times \dfrac{\sqrt{2}}{2} = \dfrac{\sqrt{2}\,I}{2\pi\ell}$$

19 정전용량이 각각 $C_1 = 1[\mu F]$, $C_2 = 2[\mu F]$인 도체에 전하 $Q_1 = -5[\mu C]$, $Q_2 = 2[\mu C]$을 각각 주고 각 도체를 가는 철사로 연결하였을 때 C_1에서 C_2로 이동하는 전하 $Q[\mu C]$는?

① -4

② -3.5

③ -3

④ -1.5

해설 가는 철사로 연결은 병렬연결이다.

C_1, $-5[\mu C]$

C_2, $2[\mu C]$

$Q_1 = -5[\mu C]$와 $Q_2 = 2[\mu C]$에서 서로 상쇄되어 $-3[\mu C]$만 남는다. 그런데 $C_1 = 1[\mu F]$, $C_2 = 2[\mu F]$이므로 C_1에는 $-1[\mu C]$, C_2에는 $-2[\mu C]$ 만큼 저장된다.
따라서 C_1에서 C_2로 $-4[\mu C]$만큼 이동한 것이다.

20 정전용량이 $0.03[\mu F]$인 평행판 공기 콘덴서의 두 극판 사이에 절반 두께의 비유전율 10인 유리판을 극판과 평행하게 넣었다면 이 콘덴서의 정전용량은 약 몇 $[\mu F]$이 되는가?

① 1.83

② 18.3

③ 0.055

④ 0.55

해설 **직렬연결**

$$C = \dfrac{2}{1 + \dfrac{1}{\varepsilon_s}} C_0 = \dfrac{2}{1 + \dfrac{1}{10}} \times 0.03 = 0.0545[\mu F]$$

정답 | **19** ① **20** ③

01 환상 솔레노이드 철심 내부에서 자계의 세기[AT/m]는? (단, N은 코일 권선수, r은 환상 철심의 평균 반지름, I는 코일에 흐르는 전류이다.)

① NI

② $\dfrac{NI}{2\pi r}$

③ $\dfrac{NI}{2r}$

④ $\dfrac{NI}{4\pi r}$

해설 환상 솔레노이드 철심 내부 자계

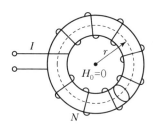

- 환상 솔레노이드의 내부 : $H = \dfrac{NI}{2\pi r}$ [AT/m]
- 중심점 : $H = 0$
- 외부자계 : $H = 0$

02 전류 I가 흐르는 무한 직선 도체가 있다. 이 도체로부터 수직으로 0.1[m] 떨어진 점에서 자계의 세기가 180[AT/m]이다. 도체로부터 수직으로 0.3[m] 떨어진 점에서 자계의 세기[AT/m]는?

① 20

② 60

③ 180

④ 540

해설 무한 직선 도체

$H = \dfrac{I}{2\pi r} \propto \dfrac{1}{r}$ 이므로,

$\dfrac{1}{0.1} : 180 = \dfrac{1}{0.3} : H$

$\dfrac{1}{0.1} \times H = 180 \times \dfrac{1}{0.3}$

$H = \dfrac{180}{3} = 60$

정답 | **01** ② **02** ②

03 길이가 l[m], 단면적의 반지름이 a[m]인 원통이 길이 방향으로 균일하게 자화되어 자화의 세기가 J[Wb/m²]인 경우, 원통 양단에서의 자극의 세기 m[Wb]은?

① alJ

② $2\pi alJ$

③ $\pi a^2 J$

④ $\dfrac{J}{\pi a^2}$

해설 **자극의 세기**

$$m = JS = J \times \pi a^2 = S = \pi a^2 J$$

04 임의의 형상의 도선에 전류 I[A]가 흐를 때, 거리 r[m]만큼 떨어진 점에서의 자계의 세기 H[AT/m]를 구하는 비오 – 사바르의 법칙에서, 자계의 세기 H[AT/m]와 거리 r[m]의 관계로 옳은 것은?

① r에 반비례

② r에 비례

③ r^2에 반비례

④ r^2에 비례

해설 **비오 – 사바르 법칙**

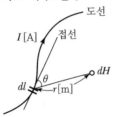

$$dH = \frac{Id\ell}{4\pi r^2}\sin\theta\left[\frac{\text{AT}}{\text{m}}\right]$$

05 진공 중에서 전자파의 전파속도 v_0[m/s]는?

① $C_0 = \dfrac{1}{\sqrt{\varepsilon_0 \mu_0}}$

② $C_0 = \sqrt{\varepsilon_0 \mu_0}$

③ $C_0 = \dfrac{1}{\sqrt{\varepsilon_0}}$

④ $C_0 = \dfrac{1}{\sqrt{\mu_0}}$

해설 **전자파의 전파속도**

$$v_0 = \frac{1}{\sqrt{\varepsilon\mu}} = \frac{1}{\sqrt{\varepsilon_0\mu_0}}\frac{1}{\sqrt{\varepsilon_s\mu_s}} = \frac{1}{\sqrt{\varepsilon_0\mu_0}}\frac{1}{\sqrt{1\times1}} = \frac{1}{\sqrt{\varepsilon_0\mu_0}}$$

06 영구자석 재료로 사용하기에 적합한 특성은?

① 잔류자기와 보자력이 모두 큰 것이 적합하다.
② 잔류자기는 크고 보자력은 작은 것이 적합하다.
③ 잔류자기는 작고 보자력은 큰 것이 적합하다.
④ 잔류자기와 보자력이 모두 작은 것이 적합하다.

> **해설** **영구자석과 전자석**
> * 영구자석의 재료인 강철
>   - B_r(잔류 자속밀도) : 크다.
>   - H_c(보자력) : 크다.
> * 전자석의 재료인 연철
>   - B_r : 크다.
>   - H_c : 작다.

07 변위전류와 관계가 가장 깊은 것은?

① 도체   ② 반도체
③ 자성체   ④ 유전체

> **해설** 변위전류$\left(i_D = \dfrac{\partial D}{\partial t} [\text{A/m}^2] \right)$는 유전체 내의 전속밀도의 시간적 변화로 유전체에 흐르는 전류이다.

08 자속밀도가 $10[\text{Wb/m}^2]$인 자계 내에 길이 $4[\text{cm}]$의 도체를 자계와 직각으로 놓고 이 도체를 $0.4[\text{s}]$ 동안 $1[\text{m}]$씩 균일하게 이동하였을 때 발생하는 기전력은 몇 $[\text{V}]$인가?

① 1   ② 2
③ 3   ④ 4

> **해설** **유기 기전력**
> * $v = \dfrac{1}{0.4} \left[\dfrac{\text{m}}{\text{sec}} \right]$
> * $e = vB\ell\sin\theta = \dfrac{1}{0.4} \times 10 \times 0.04 = 1$

09 내부 원통의 반지름이 a, 외부 원통의 반지름이 b인 동축 원통 콘덴서의 내외 원통 사이에 공기를 넣었을 때 정전용량이 C_1이었다. 내외 반지름을 모두 3배로 증가시키고 공기 대신 비유전율이 3인 유전체를 넣었을 경우의 정전용량 C_2는?

① $C_2 = \dfrac{C_1}{9}$

② $C_2 = \dfrac{C_1}{3}$

③ $C_2 = 3C_1$

④ $C_2 = 9C_1$

해설 단위길이당 정전용량 $C = \dfrac{2\pi\varepsilon}{\ln\dfrac{b}{a}}$ [F/m]에서

• 공기 : $C_1 = \dfrac{2\pi\varepsilon_0}{\ln\dfrac{b}{a}}$

• 유전체 : $C_2 = \dfrac{2\pi\varepsilon_0 \times 9}{\ln\dfrac{3b}{3a}} = 9 \times \dfrac{2\pi\varepsilon_0}{\ln\dfrac{b}{a}} = 9C_1$

10 다음 정전계에 관한 식 중에서 틀린 것은? (단, D는 전속밀도, V는 전위, ρ는 공간(체적)전하밀도, ε은 유전율이다.)

① 가우스의 정리 : $\operatorname{div} D = \rho$

② 푸아송의 방정식 : $\nabla^2 V = \dfrac{\rho}{\varepsilon}$

③ 라플라스의 방정식 : $\nabla^2 V = 0$

④ 발산의 정리 : $\oint_s D \cdot ds = \oint_v \operatorname{div} D dv$

해설 **푸아송의 방정식(체적 전하밀도 ρ_v을 구하는 식)**

$$\nabla^2 V = -\dfrac{\rho_v}{\varepsilon_0}$$

11 질량[m]이 10^{-10}[kg]이고, 전하량(Q)이 10^{-8}[C]인 전하가 전기장에 의해 가속되어 운동하고 있다. 가속도가 $a = 10^2 i + 10^2 j$[m/s^2]일 때 전기장의 세기 E[V/m]는?

① $E = 10^4 i + 10^5 j$

② $E = i + 10j$

③ $E = i + j$

④ $E = 10^{-6} i + 10^{-4} j$

해설 • F_2(전자가 받는 힘)$= F_1$(가속력)

$F_2 = QE$, $F_1 = ma$

• $QE = ma$

$E = \dfrac{ma}{Q} = \dfrac{10^{-10} \times (10^2 i + 10^2 j)}{10^{-8}} = \dfrac{10^{-8} \times (i+j)}{10^{-8}} = i + j$

정답 | 09 ③ 10 ② 11 ③

12 유전율이 ε_1, ε_2인 유전체 경계면에 수직으로 전계가 작용할 때 단위면적당 수직으로 작용하는 힘 $[\text{N/m}^2]$은? (단, E는 전계$[\text{V/m}]$이고, D는 전속밀도$[\text{C/m}^2]$이다.)

① $2\left(\dfrac{1}{\varepsilon_2} - \dfrac{1}{\varepsilon_1}\right)E^2$

② $2\left(\dfrac{1}{\varepsilon_2} - \dfrac{1}{\varepsilon_1}\right)D^2$

③ $\dfrac{1}{2}\left(\dfrac{1}{\varepsilon_2} - \dfrac{1}{\varepsilon_1}\right)E^2$

④ $\dfrac{1}{2}\left(\dfrac{1}{\varepsilon_2} - \dfrac{1}{\varepsilon_1}\right)D^2$

해설 유전체 경계면에 단위 면적당 작용하는 힘

- $f = \dfrac{1}{2}DE = \dfrac{1}{2}\varepsilon_0 E^2 = \dfrac{1}{2}\dfrac{D^2}{\varepsilon_0}\left[\dfrac{\text{N}}{\text{m}^2}\right]$

- $f = f_2 - f_1 = \dfrac{D^2}{2\varepsilon_2} - \dfrac{D^2}{2\varepsilon_1} = \dfrac{1}{2}\left(\dfrac{1}{\varepsilon_2} - \dfrac{1}{\varepsilon_1}\right)D^2$

13 진공 중에서 2[m] 떨어진 두 개의 무한 평행도선에 단위길이당 $10^{-7}[\text{N}]$의 반발력이 작용할 때 각 도선에 흐르는 전류의 크기와 방향은? (단, 각 도선에 흐르는 전류의 크기는 같다.)

① 각 도선에 2[A]가 반대 방향으로 흐른다.
② 각 도선에 2[A]가 같은 방향으로 흐른다.
③ 각 도선에 1[A]가 반대 방향으로 흐른다.
④ 각 도선에 1[A]가 같은 방향으로 흐른다.

해설 평행도선 간 작용하는 힘

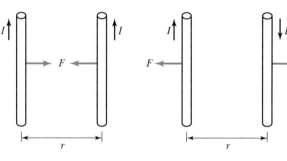

$F = \dfrac{\mu_0 I_1 I_2}{2\pi r} = = \dfrac{\mu_0 I^2}{2\pi r}\left[\dfrac{\text{N}}{\text{m}}\right]$

$10^{-7} = \dfrac{\mu_0 I^2}{2\pi \times 2}$

$I = \sqrt{\dfrac{10^{-7} \times 2\pi \times 2}{\mu_0}} = \sqrt{\dfrac{10^{-7} \times 2\pi \times 2}{4\pi \times 10^{-7}}} = 1$

정답 | 12 ④ 13 ③

14 자기 인덕턴스(Self Inductance) L[H]을 나타낸 식은? (단, N은 권선수, I는 전류[A], ϕ는 자속 [Wb], B는 자속밀도[Wb/m^2], H는 자계의 세기[AT/m], A는 벡터 퍼텐셜[Wb/m], J는 전류밀도 [A/m^2]이다.)

① $L = \dfrac{N\phi}{I^2}$

② $L = \dfrac{1}{2I^2}\displaystyle\int B \cdot H dv$

③ $L = \dfrac{1}{I^2}\displaystyle\int A J dv$

④ $L = \dfrac{1}{I}\displaystyle\int B H dv$

해설 • $\mathrm{rot}\, A = B$, 맥스웰의 방정식 $\mathrm{rot}\, H = J$

- 자계에너지 $W' = \dfrac{1}{2}BH\left[\dfrac{\mathrm{J}}{\mathrm{m}^3}\right]$ 에서 $W = \dfrac{1}{2}BHv$[J]

- 자계에너지 $W = \dfrac{1}{2}LI^2$[J]

• 자계에너지 $W = \dfrac{1}{2}LI^2$[J]에서 $L = \dfrac{2W}{I^2}$ ···················· ①식

- 자계에너지 $W = \dfrac{1}{2}BHv$[J]에서 $W = \dfrac{1}{2}\displaystyle\int_v BH dv$ 에서

- $W = \dfrac{1}{2}\displaystyle\int_v BH dv = \dfrac{1}{2}\displaystyle\int_v \mathrm{rot}\, A H dv = \dfrac{1}{2}\displaystyle\int_v A(\mathrm{rot}\, H)dv = \dfrac{1}{2}\displaystyle\int_v A J dv$ ······ ②식

• ②식을 ①식에 대입

- $L = \dfrac{2W}{I^2} = \dfrac{2}{I^2}\dfrac{1}{2}\displaystyle\int_v BH dv = \dfrac{\displaystyle\int_v BH dv}{I^2}$

- $L = \dfrac{2W}{I^2} = \dfrac{2}{I^2}\dfrac{1}{2}\displaystyle\int_v A J dv = \dfrac{\displaystyle\int_v A J dv}{I^2}$

15 반지름이 a[m], b[m]인 두 개의 구 형상 도체 전극이 도전율 k인 매질 속에 거리 r[m]만큼 떨어져 있다. 양 전극 간의 저항[Ω]은? (단, $r \gg a$, $r \gg b$이다.)

① $4\pi k\left(\dfrac{1}{a} + \dfrac{1}{b}\right)$

② $4\pi k\left(\dfrac{1}{a} - \dfrac{1}{b}\right)$

③ $\dfrac{1}{4\pi k}\left(\dfrac{1}{a} + \dfrac{1}{b}\right)$

④ $\dfrac{1}{4\pi k}\left(\dfrac{1}{a} - \dfrac{1}{b}\right)$

해설 • 구의 정전용량은 직렬연결이므로 $\dfrac{1}{C} = \dfrac{1}{C_1} + \dfrac{1}{C_2}$ ($C_1 = 4\pi\varepsilon a$, $C_2 = 4\pi\varepsilon b$)

• $\dfrac{1}{C} = \dfrac{1}{4\pi\varepsilon a} + \dfrac{1}{4\pi\varepsilon b} = \dfrac{1}{4\pi\varepsilon}\left(\dfrac{1}{a} + \dfrac{1}{b}\right) = \dfrac{\dfrac{1}{a} + \dfrac{1}{b}}{4\pi\varepsilon}$ $\therefore C = \dfrac{4\pi\varepsilon}{\dfrac{1}{a} + \dfrac{1}{b}}$[F]

• $RC = \rho\varepsilon = \dfrac{\varepsilon}{k}$ 에서

$R = \dfrac{\varepsilon}{kC} = \dfrac{\varepsilon}{k\dfrac{4\pi\varepsilon}{\dfrac{1}{a} + \dfrac{1}{b}}} = \dfrac{\varepsilon}{k}\dfrac{\dfrac{1}{a} + \dfrac{1}{b}}{4\pi\varepsilon} = \dfrac{1}{4\pi k}\left(\dfrac{1}{a} + \dfrac{1}{b}\right)$[Ω]

정답 | 14 ③ 15 ③

16 정전계 내 도체 표면에서 전계의 세기가 $E = \dfrac{a_x - 2a_y + 2a_z}{\varepsilon_o}$ [V/m]일 때 도체 표면상의 전하 밀도 ρ_s [C/m^2]를 구하면? (단, 자유공간이다.)

① 1   ② 2
③ 3   ④ 5

해설 $N = \displaystyle\oint_s E\,dS = ES = \dfrac{Q}{\varepsilon_0}$ 에서 $\varepsilon_0 E = \dfrac{Q}{S}$ ($\rho_s = \varepsilon_0 E$)

$\rho_s = \dfrac{Q}{S} = \varepsilon_0 E = \varepsilon_0 \times \dfrac{a_x - 2a_y + 2a_z}{\varepsilon_o} = a_x - 2a_y + 2a_z = \sqrt{1^2 + (-2)^2 + 2^2} = 3$

17 저항의 크기가 1[Ω]인 전선이 있다. 전선의 체적을 동일하게 유지하면서 길이를 2배로 늘였을 때 전선의 저항[Ω]은?

① 0.5   ② 1
③ 2   ④ 4

해설 $R = \rho \dfrac{\ell}{S}$

$R' = \rho \dfrac{2\ell}{\frac{1}{2}S} = 4\rho \dfrac{\ell}{S} = 4R$

18 반지름이 3[cm]인 원형 단면을 가지고 있는 환상 연철심에 코일을 감고 여기에 전류를 흘려서 철심 중의 자계 세기가 400[AT/m]가 되도록 여자할 때, 철심 중의 자속밀도는 약 몇 [Wb/m^2]인가? (단, 철심의 비투자율은 400이라고 한다.)

① 0.2   ② 0.8
③ 1.6   ④ 2.0

해설 **자속밀도**

$B = \mu H = \mu_0 \mu_s H = \mu_0 \times 400 \times 400 = 0.2 \left[\dfrac{\text{Wb}}{\text{m}^2} \right]$

19 자기회로와 전기회로에 대한 설명으로 틀린 것은?

① 자기저항의 역수를 컨덕턴스라 한다.
② 자기회로의 투자율은 전기회로의 도전율에 대응된다.
③ 전기회로의 전류는 자기회로의 자속에 대응된다.
④ 자기저항의 단위는 [AT/Wb]이다.

해설 **전기회로와 전기회로의 대응 관계**

전기 회로	자기 회로
전류 I[A]	자속 ϕ[Wb]
기전력 V[V]	기자력 F[AT]
전류밀도 i[A/m²]	자속밀도 B[Wb/m²]
도전율 k[℧/m]	투자율 μ[H/m]
전기저항 R[Ω]	자기저항 R_m [A T/Wb]
콘덕턴스 $G=\dfrac{1}{R}$[℧]	퍼미언스 $P=\dfrac{1}{R_m}\left[\dfrac{\text{Wb}}{\text{AT}}\right]$

20 서로 같은 2개의 구 도체에 동일 양의 전하로 대전시킨 후 20cm 떨어뜨린 결과 구 도체에 서로 8.6×10^{-4}[N]의 반발력이 작용하였다. 구 도체에 주어진 전하는 약 몇 [C]인가?

① 5.2×10^{-8}
② 6.2×10^{-8}
③ 7.2×10^{-8}
④ 8.2×10^{-8}

해설 **쿨롱의 법칙**

$$F = \frac{1}{4\pi\varepsilon_0} \frac{Q_1 Q_2}{r^2} = 9 \times 10^9 \frac{Q_1 Q_2}{r^2} \,[\text{N}]$$

$$8.6 \times 10^{-4} = 9 \times 10^9 \frac{Q^2}{0.2^2} \,[\text{N}]$$

$$Q = \sqrt{\frac{8.6 \times 10^{-4} \times 0.2^2}{9 \times 10^9}} = 6.18 \times 10^{-8} \,[\text{C}]$$

정답 | 19 ① 20 ②

01 평등 전계 중에 유전체 구에 의한 전속 분포가 그림과 같이 되었을 때 ε_1과 ε_2의 크기 관계는?

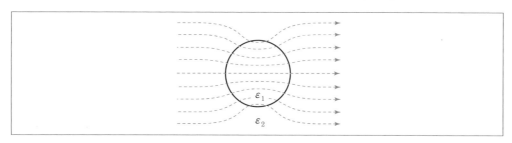

① $\varepsilon_1 > \varepsilon_2$ ② $\varepsilon_1 < \varepsilon_2$

③ $\varepsilon_1 = \varepsilon_2$ ④ $\varepsilon_1 \leq \varepsilon_2$

해설 유전율이 큰 쪽으로 전속선이 모인다.

$\therefore \varepsilon_1 > \varepsilon_2$

02 커패시터를 제조하는 데 4가지(A, B, C, D)의 유전재료가 있다. 커패시터 내의 전계를 일정하게 하였을 때, 단위체적당 가장 큰 에너지 밀도를 나타내는 재료부터 순서대로 나열한 것은? (단, 유전재료 A, B, C, D의 비유전율은 각각 $\varepsilon_{rA} = 8$, $\varepsilon_{rB} = 10$, $\varepsilon_{rC} = 2$, $\varepsilon_{rD} = 4$이다.)

① C>D>A>B   ② B>A>D>C

③ D>A>C>B   ④ A>B>D>C

해설 $W = \dfrac{1}{2} ED = \dfrac{1}{2}\varepsilon E^2 = \dfrac{1}{2}\dfrac{D^2}{\varepsilon}$ [J/m³]에서 전계 E는 일정, 유전율 ε이 주어졌으므로 $W = \dfrac{1}{2}\varepsilon E^2$ [J/m³]에서 ε이 클수록 단위체적당 에너지값이 크다. 그러므로 B>A>D>C 순이다.

03 정상전류계에서 $\nabla \cdot i = 0$에 대한 설명으로 틀린 것은?

① 도체 내에 흐르는 전류는 연속이다.
② 도체 내에 흐르는 전류는 일정하다.
③ 단위시간당 전하의 변화가 없다.
④ 도체 내에 전류가 흐르지 않는다.

해설 • 전류의 연속성 : $\nabla \cdot i = 0$ 또는 $\mathrm{div}\, i = 0$
• 도체 내에 전류가 흐르지 않음 : $i = 0$

정답 | 01 ①   02 ②   03 ④

04 진공 내의 점 (2, 2, 2)에 10^{-9}[C]의 전하가 놓여 있다. 점 (2, 5, 6)에서의 전계 E는 약 몇 [V/m]인가? (단, a_y, a_z는 단위벡터이다.)

① $0.278a_y + 2.888a_z$

② $0.216a_y + 0.288a_z$

③ $0.288a_y + 0.216a_z$

④ $0.291a_y + 0.288a_z$

해설 전계

$$E = 9 \times 10^9 \frac{Q}{r^2} = 9 \times 10^9 \frac{10^9}{5^2} = \frac{9}{25}$$

단위벡터

$$\hat{n} = \frac{\hat{r}}{|r|} = \frac{3a_y + 4a_z}{5}$$

$$\hat{r} = (2-2)a_x + (5-2)a_y + (6-2)a_z = 3a_y + 4a_z$$

$$|r| = \sqrt{3^2 + 4^2} = 5$$

$$\therefore \hat{E} = \hat{n}E = \left(\frac{3a_y + 4a_z}{5}\right)\frac{9}{25} = \frac{27}{125}a_y + \frac{36}{125}a_z = 0.216a_y + 0.288a_z$$

05 방송국 안테나 출력이 W[W]이고 이로부터 진공 중에 r[m] 떨어진 점에서 자계의 세기의 실효치는 약 몇 [A/m]인가?

① $\frac{1}{r}\sqrt{\frac{W}{377\pi}}$

② $\frac{1}{2r}\sqrt{\frac{W}{377\pi}}$

③ $\frac{1}{2r}\sqrt{\frac{W}{188\pi}}$

④ $\frac{1}{r}\sqrt{\frac{2W}{377\pi}}$

해설 • 출력(전력) $= EH \times$ 면적[W], 진공의 특성 임피던스 $Z_0 = \frac{E}{H} = \sqrt{\frac{\mu_0}{\varepsilon_0}} = 377$[Ω]

• W(출력) $= \sqrt{\frac{\mu_0}{\varepsilon_0}}H \times H \times$ 면적 $= 377\,H^2 \times 4\pi r^2$ (구의 면적)[W]

$$H^2 = \frac{W}{377}\frac{1}{4\pi r^2} = \frac{W}{377\pi}\left(\frac{1}{2r}\right)^2$$

$$\therefore H = \sqrt{\frac{W}{377\pi}\left(\frac{1}{2r}\right)^2} = \frac{1}{2r}\sqrt{\frac{W}{377\pi}}$$

정답 | 04 ② 05 ②

06 반지름이 a[m]인 원형 도선 2개의 루프가 z축상에 그림과 같이 놓인 경우 I[A]의 전류가 흐를 때 원형 전류 중심축상의 자계 H[A/m]는? (단, a_z, a_ϕ는 단위벡터이다.)

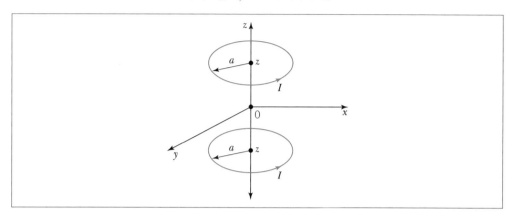

① $H = \dfrac{a^2 I}{(a^2+z^2)^{3/2}} a_\phi$

② $H = \dfrac{a^2 I}{(a^2+z^2)^{3/2}} a_z$

③ $H = \dfrac{a^2 I}{2(a^2+z^2)^{3/2}} a_\phi$

④ $H = \dfrac{a^2 I}{2(a^2+z^2)^{3/2}} a_z$

해설 원형코일 중심측상의 자계 $H = \dfrac{a^2 I}{2(a^2+z^2)^{\frac{3}{2}}} a_z \left[\dfrac{AT}{m} \right]$ 에서 원형코일이 z축으로 2개이므로

$$H' = 2H = 2 \times \frac{a^2 I}{2(a^2+z^2)^{\frac{3}{2}}} a_z = \frac{a^2 I}{(a^2+z^2)^{\frac{3}{2}}} a_z \left[\frac{AT}{m} \right]$$

07 직교하는 무한 평판도체와 점전하에 의한 영상전하는 몇 개 존재하는가?

① 2

② 3

③ 4

④ 5

해설 평면상 P점에 Q[C] 의 전하가 있을 때 영상전하는 P_1, P_2, P_3로 3개이다.

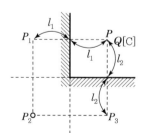

정답 | 06 ② 07 ②

08 전하 e[C], 질량 m[kg]인 전자가 전계 E[V/m] 내에 놓여 있을 때 최초에 정지하고 있었다면 t초 후에 전자의 속도[m/s]는?

① $\dfrac{meE}{t}$

② $\dfrac{me}{E}t$

③ $\dfrac{mE}{e}t$

④ $\dfrac{Ee}{m}t$

해설 ▸ • 구심력 : $F_2 = qvB$

• 원심력 : $F_1 = \dfrac{mv^2}{r}$ (자계의 세기와 관계가 없다.)

• 회전 반경 : $r = \dfrac{mv}{qB}$

• 주기 : $T = \dfrac{2\pi}{\omega} = \dfrac{2\pi}{\dfrac{qB}{m}} = \dfrac{2\pi m}{qB}$

09 그림과 같은 환상 솔레노이드 내의 철심 중심에서의 자계의 세기 H[AT/m]는? (단, 환상 철심의 평균 반지름은 r[m], 코일의 권수는 N회, 코일에 흐르는 전류는 I[A]이다.)

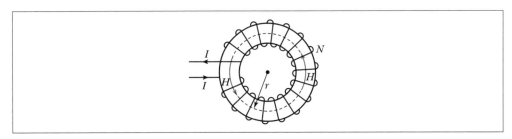

① $\dfrac{NI}{\pi r}$

② $\dfrac{NI}{2\pi r}$

③ $\dfrac{NI}{4\pi r}$

④ $\dfrac{NI}{2r}$

해설 ▸ • 환상 솔레노이드의 내부 : $H = \dfrac{NI}{2\pi r}$ [AT/m]

• 중심 O점 : $H = 0$, 외부자계 : $H = 0$

정답 | 08 ④   09 ②

10 환상 솔레노이드 단면적이 S, 평균 반지름이 r, 권선수가 N이고 누설자속이 없는 경우 자기 인덕턴스의 크기는?

① 권선수 및 단면적에 비례한다.
② 권선수의 제곱 및 단면적에 비례한다.
③ 권선수의 제곱 및 평균 반지름에 비례한다.
④ 권선수의 제곱에 비례하고 단면적에 반비례한다.

> **해설** $R_m = \dfrac{l}{\mu s}$ 이므로 $L = \dfrac{N^2}{R_m} = \dfrac{N^2}{\dfrac{l}{\mu s}} = \dfrac{\mu S N^2}{\ell}$

11 다음 중 비투자율(μ_r)이 가장 큰 것은?

① 금   ② 은
③ 구리   ④ 니켈

> **해설** • 강자성체 : 철, 니켈, 코발트, 망간
> • 강자성체는 $\mu_s \gg 1$이다.

12 한 변의 길이가 l[m]인 정사각형 도체에 전류 I[A]가 흐르고 있을 때 중심점 P에서의 자계의 세기는 몇 [A/m]인가?

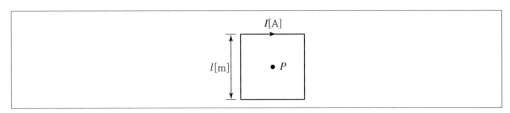

① $16\pi l I$ ② $4\pi l I$
③ $\dfrac{\sqrt{3}\,\pi}{2l} I$ ④ $\dfrac{2\sqrt{2}}{\pi l} I$

> **해설** $H = \dfrac{nI}{2\pi R}\tan\dfrac{\pi}{n} = \dfrac{2\sqrt{2}\,I}{\pi \ell}$
>
> • $a = \dfrac{\ell}{2}$, $\sin\beta_1 = \sin\beta_2 = \sin\beta = \sin45[°] = \dfrac{\sqrt{2}}{2}$ (정사각형은 $45[°]$)
>
> • $H_{AB} = \dfrac{I}{4\pi a}\left(\sin\beta_1 + \sin\beta_2\right) = \dfrac{I}{4\pi \times \dfrac{\ell}{2}} \times 2\sin\beta$
>
> $= \dfrac{I}{4\pi \times \dfrac{\ell}{2}} \times 2\sin45[°] = \dfrac{I}{4\pi \times \dfrac{\ell}{2}} \times 2 \times \dfrac{\sqrt{2}}{2} = \dfrac{\sqrt{2}\,I}{2\pi \ell}$

13 간격이 3[cm]이고 면적이 30[cm²]인 평판의 공기 콘덴서에 220[V]의 전압을 가하면 두 판 사이에 작용하는 힘은 약 몇 [N]인가?

① 6.3×10^{-6}
② 7.14×10^{-7}
③ 8×10^{-5}
④ 5.75×10^{-4}

해설 • $f = \frac{1}{2}\varepsilon E^2 \left[\frac{N}{m^2}\right]$, $V = Ed[V]$에서

$$f = \frac{1}{2}\varepsilon E^2 = \frac{1}{2}\varepsilon_0 \left(\frac{V}{d}\right)^2 \left[\frac{N}{m^2}\right]$$

• $f' = \frac{1}{2}\varepsilon_0 \left(\frac{V}{d}\right)^2 S[N] = \frac{1}{2}\varepsilon_0 \left(\frac{220}{0.03}\right)^2 \times 30 \times 10^{-4} = 7.14 \times 10^{-7}[N]$

14 비유전율이 2이고, 비투자율이 2인 매질 내에서의 전자파의 전파속도 $v[m/s]$와 진공 중의 빛의 속도 $v_0[m/s]$ 사이의 관계는?

① $v = \frac{1}{2}v_0$
② $v = \frac{1}{4}v_0$
③ $v = \frac{1}{6}v_0$
④ $v = \frac{1}{8}v_0$

해설 $v = \frac{1}{\sqrt{\varepsilon\mu}} = \frac{1}{\sqrt{\varepsilon_s\mu_s}} \frac{1}{\sqrt{\varepsilon_0\mu_0}} = \frac{1}{\sqrt{2 \times 2}} v_0 = \frac{1}{2} v_0$

15 영구자석의 재료로 적합한 것은?

① 잔류 자속밀도(B_r)는 크고, 보자력(H_c)은 작아야 한다.
② 잔류 자속밀도(B_r)는 작고, 보자력(H_c)은 커야 한다.
③ 잔류 자속밀도(B_r)와 보자력(H_c) 모두 작아야 한다.
④ 잔류 자속밀도(B_r)와 보자력(H_c) 모두 커야 한다.

해설 **영구자석과 전자석**
- 영구자석의 재료인 강철
  - B_r : (잔류 자속밀도) 크다.
  - H_c : (보자력) 크다.
- 전자석의 재료인 연철
  - B_r : (잔류 자속밀도) 크다.
  - H_c : (보자력) 작다.

정답 | 13 ② 14 ① 15 ④

16 전계 E [V/m], 전속밀도 D [C/m^2], 유전율 $\varepsilon = \varepsilon_0 \varepsilon_r$ [F/m], 분극의 세기 P [C/m^2] 사이의 관계를 나타낸 것으로 옳은 것은?

① $P = D + \varepsilon_0 E$

② $P = D - \varepsilon_0 E$

③ $P = \dfrac{D + E}{\varepsilon_0}$

④ $P = \dfrac{D - E}{\varepsilon_0}$

해설 ・ $E = \dfrac{D - P}{\varepsilon_0}$

・ $P = D - \varepsilon_0 E = D\left(1 - \dfrac{1}{\varepsilon_s}\right) = \varepsilon_0 (\varepsilon_s - 1) E$

17 동일한 금속 도선의 두 점 사이에 온도차를 주고 전류를 흘렸을 때 열의 발생 또는 흡수가 일어나는 현상은?

① 펠티에(Peltier) 효과

② 볼타(Volta) 효과

③ 제백(Seebeck) 효과

④ 톰슨(Thomson) 효과

해설 ・1가지 금속(톰슨효과) : 동일한 금속도선이 두 점에 온도차가 있을 때 전류를 흘리면 열의 발생 또는 흡수가 생기는 현상
・2가지 금속
  - 펠티어 효과(Peltier effect) : 두 종류의 금속 폐회로에 전류를 흘리면 고온의 접합점에서는 열의 흡수하고 저온의 접합점에서는 열을 발생하는 현상
  - 제어벡 효과(seebeck effect) : 두 종류의 금속에 온도차가 생기면 폐회로에 기전력이 생겨 전류가 흐르게 되는 현상

18 강자성체가 아닌 것은?

① 코발트

② 니켈

③ 철

④ 구리

해설 ・강자성체 : $\mu_s \gg 1$, $\chi > 0$
  예 철, 니켈, 코발트, 망간
・반(역)자성체 : $\mu_s < 1$, $\chi < 0$
  예 구리, 납, 은

정답 | 16 ② 17 ④ 18 ④

19 내구의 반지름이 2[cm], 외구의 반지름이 3[cm]인 동심구 도체 간의 고유저항이 $1.884 \times 10^2[\Omega \cdot m]$인 저항 물질로 채워져 있을 때, 내외구간의 합성저항은 약 몇 [Ω]인가?

① 2.5

② 5.0

③ 250

④ 500

해설 • 동심구 $C = \dfrac{4\pi\varepsilon}{\dfrac{1}{a} - \dfrac{1}{b}} = \dfrac{4\pi\varepsilon\, a\, b}{b-a}$

• $R = \dfrac{\rho\varepsilon}{C} = \dfrac{\rho\varepsilon}{\dfrac{4\pi\varepsilon ab}{b-a}} = \dfrac{\rho}{\dfrac{4\pi ab}{b-a}} = \dfrac{1.884 \times 10^2}{\dfrac{4\pi \times 0.02 \times 0.03}{0.03 - 0.02}} = 249.87$

20 비투자율 $\mu_r = 800$, 원형 단면적 $S = 10[\text{cm}^2]$, 평균 자로길이 $l = 16\pi \times 10^{-2}[\text{m}]$의 환상 철심에 600회의 코일을 감고 이 코일에 1[A]의 전류를 흘리면 환상 철심 내부의 자속은 몇 [Wb]인가?

① 1.2×10^{-3}

② 1.2×10^{-5}

③ 2.4×10^{-3}

④ 2.4×10^{-5}

해설 **환상솔레노이드의 내부 자속**

$\phi = BS = \mu HS = \mu_0 \mu_r \dfrac{NI}{2\pi r} S = \mu_0 \times 800 \times \dfrac{600 \times 1}{16\pi \times 10^{-2}} \times 10 \times 10^{-4} = 1.2 \times 10^{-3}[\text{Wb}]$

정답 | **19** ③ **20** ①

2021년 제2회 과년도 기출문제

01 두 종류의 유전율(ε_1, ε_2)을 가진 유전체가 서로 접하고 있는 경계면에 진전하가 존재하지 않을 때 성립하는 경계조건으로 옳은 것은? (단, E_1, E_2는 각 유전체에서의 전계이고, D_1, D_2는 각 유전체에서의 전속밀도이고, θ_1, θ_2는 각각 경계면의 법선벡터와 E_1, E_2가 이루는 각이다.)

① $E_1\cos\theta_1 = E_2\cos\theta_2$, $D_1\sin\theta_1 = D_2\sin\theta_2$, $\dfrac{\tan\theta_1}{\tan\theta_2} = \dfrac{\varepsilon_2}{\varepsilon_1}$

② $E_1\cos\theta_1 = E_2\cos\theta_2$, $D_1\sin\theta_1 = D_2\sin\theta_2$, $\dfrac{\tan\theta_1}{\tan\theta_2} = \dfrac{\varepsilon_1}{\varepsilon_2}$

③ $E_1\sin\theta_1 = E_2\sin\theta_2$, $D_1\cos\theta_1 = D_2\cos\theta_2$, $\dfrac{\tan\theta_1}{\tan\theta_2} = \dfrac{\varepsilon_2}{\varepsilon_1}$

④ $E_1\sin\theta_1 = E_2\sin\theta_2$, $D_1\cos\theta_1 = D_2\cos\theta_2$, $\dfrac{\tan\theta_1}{\tan\theta_2} = \dfrac{\varepsilon_1}{\varepsilon_2}$

해설 • $E_1\sin\theta_1 = E_2\sin\theta_2$
 • $D_1\cos\theta_1 = D_2\cos\theta_2$

$\dfrac{\tan\theta_1}{\tan\theta_2} = \dfrac{\varepsilon_1}{\varepsilon_2}$ 또는 $\dfrac{\tan\theta_2}{\tan\theta_1} = \dfrac{\varepsilon_2}{\varepsilon_1}$

02 공기 중에서 반지름 $0.03[\mathrm{m}]$의 구 도체에 줄 수 있는 최대 전하는 약 몇 [C]인가? (단, 이 구 도체의 주위 공기에 대한 절연내력은 $5\times10^6[\mathrm{V/m}]$이다.)

① 5×10^{-7} ② 2×10^{-6}
③ 5×10^{-5} ④ 2×10^{-4}

해설 **구도체**
• 정전용량 $C = 4\pi\varepsilon_0 r$, 구도체의 전위 $V = Er$,
• $Q = CV = 4\pi\varepsilon_0 r \times Er = 4\pi\varepsilon_0 r^2 E = 4\pi\varepsilon_0 \times 0.03^2 \times 5\times10^6 = 5\times10^{-7}[\mathrm{C}]$

정답 | **01** ④ **02** ①

03 진공 중의 평등자계 H_0 중에 반지름이 a[m]이고, 투자율이 μ인 구 자성체가 있다. 이 구 자성체의 감자율은? (단, 구 자성체 내부의 자계는 $H = \dfrac{3\mu_0}{2\mu_0 + \mu} H_0$이다.)

① 1

② $\dfrac{1}{2}$

③ $\dfrac{1}{3}$

④ $\dfrac{1}{4}$

해설 감자율

$$N = \frac{1}{\mu_s - 1}\left(\frac{H_0}{H} - 1\right) = \frac{1}{\mu_s - 1}\left(\frac{H_0}{\dfrac{3\mu_0}{2\mu_0 + \mu}H_0} - 1\right) = \frac{1}{\mu_s - 1}\left(\frac{2\mu_0 + \mu}{3\mu_0} - 1\right)$$

$$= \frac{1}{\mu_s - 1}\left(\frac{2 + \mu_s}{3} - 1\right) = \frac{1}{\mu_s - 1}\left(\frac{2 + \mu_s - 3}{3}\right) = \frac{1}{\mu_s - 1}\left(\frac{\mu_s - 1}{3}\right) = \frac{1}{3}$$

04 유전율 ε, 전계의 세기 E인 유전체의 단위체적당 축적되는 정전에너지는?

① $\dfrac{E}{2\varepsilon}$

② $\dfrac{\varepsilon E}{2}$

③ $\dfrac{\varepsilon E^2}{2}$

④ $\dfrac{\varepsilon^2 E^2}{2}$

해설 $W = \dfrac{1}{2}DE = \dfrac{1}{2}\varepsilon E^2 = \dfrac{1}{2}\dfrac{D^2}{\varepsilon}\left[\dfrac{\text{J}}{\text{m}^3}\right]$에서

$$W = \frac{1}{2}\varepsilon E^2 = \frac{\varepsilon E^2}{2}\left[\frac{\text{J}}{\text{m}^3}\right]$$

05 단면적이 균일한 환상 철심에 권수 N_A인 A코일과 권수 N_B인 B코일이 있을 때, B코일의 자기 인덕턴스가 L_A[H]라면 두 코일의 상호 인덕턴스[H]는? (단, 누설자속은 0이다.)

① $\dfrac{L_A N_A}{N_B}$

② $\dfrac{L_A N_B}{N_A}$

③ $\dfrac{N_A}{L_A N_B}$

④ $\dfrac{N_B}{L_A N_A}$

해설 • $R = \dfrac{{N_B}^2}{L_A}$

• $M = \dfrac{N_A N_B}{R} = \dfrac{N_A N_B}{\dfrac{{N_B}^2}{L_A}} = \dfrac{L_A N_A}{N_B}$

정답 | 03 ③ 04 ③ 05 ①

06 비투자율이 350인 환상 철심 내부의 평균 자계의 세기가 342[AT/m]일 때 자화의 세기는 약 몇 [Wb/m²]인가?

① 0.12

② 0.15

③ 0.18

④ 0.21

해설 $J = B - \mu_0 H = \mu_0 \mu_s H - \mu H = \mu_0 (\mu_s - 1) H = 4\pi \times 10^{-7} \times (350 - 1) \times 342 = 0.15$

07 진공 중에 놓인 $Q[\text{C}]$의 전하에서 발산되는 전기력선의 수는?

① Q

② ε_0

③ $\dfrac{Q}{\varepsilon_0}$

④ $\dfrac{\varepsilon_0}{Q}$

해설 전기력선의 수 : $N = \dfrac{Q}{\varepsilon_0}$

08 비투자율이 50인 환상 철심을 이용하여 100[cm] 길이의 자기회로를 구성할 때 자기저항을 2.00×10^7 [AT/Wb] 이하로 하기 위해서는 철심의 단면적을 약 몇 [m²] 이상으로 하여야 하는가?

① 3.6×10^{-4}

② 6.4×10^{-4}

③ 8.0×10^{-4}

④ 9.2×10^{-4}

해설 • $R_m = \dfrac{\ell}{\mu s} = \dfrac{\ell}{\mu_0 \mu_s s}$ 에서

• $2.0 \times 10^7 = \dfrac{1}{\mu_0 \times 50\, s}$

$s = \dfrac{1}{\mu_0 \times 50 \times 2.0 \times 10^7} = 7.957 \times 10^{-4} = 8 \times 10^{-4}[\text{m}^2]$

09 자속밀도가 10[Wb/m²]인 자계 중에 10[cm] 도체를 자계와 60[°]의 각도로 30[m/s]로 움직일 때, 이 도체에 유기되는 기전력은 몇 [V]인가?

① 15

② $15\sqrt{3}$

③ 1,500

④ $1,500\sqrt{3}$

해설 $e = vBl\sin\theta = 30 \times 10 \times 0.1 \times \sin 60[°] = 15\sqrt{3}[\text{V}]$

정답 | 06 ② 07 ③ 08 ③ 09 ②

10 전기력선의 성질에 대한 설명으로 옳은 것은?

① 전기력선은 등전위면과 평행하다.
② 전기력선은 도체 표면과 직교한다.
③ 전기력선은 도체 내부에 존재할 수 있다.
④ 전기력선은 전위가 낮은 점에서 높은 점으로 향한다.

해설 **전기력선의 성질**
• 전기력선은 등전위면과 수직이다.
• 전기력선은 도체 표면과 직교한다.
• 전기력선은 도체 내부에 존재하지 않는다.
• 전기력선은 전위가 높은 점에서 낮은 점으로 향한다.

11 평등자계와 직각방향으로 일정한 속도로 발사된 전자의 원운동에 관한 설명으로 옳은 것은?

① 플레밍의 오른손 법칙에 의한 로렌츠의 힘과 원심력의 평형 원운동이다.
② 원의 반지름은 전자의 발사속도와 전계의 세기의 곱에 반비례한다.
③ 전자의 원운동 주기는 전자의 발사속도와 무관하다.
④ 전자의 원운동 주파수는 전자의 질량에 비례한다.

해설 **수직으로 돌입한 전자의 궤적은 원운동**

• 회전 반경 : $r = \dfrac{mv}{qB}$ (전자 q, 자속밀도 B에 반비례한다.)

• 주기 : $T = \dfrac{2\pi}{\omega} = \dfrac{2\pi}{\dfrac{qB}{m}} = \dfrac{2\pi m}{qB}$ ($I\omega^2 = mB$, I : 관성모멘트)

  ※ 전자의 원운동 주기는 전자의 발사속도와 무관하다.

• 각속도 : $\omega = \dfrac{v}{r} = \dfrac{v}{\dfrac{mv}{qB}} = \dfrac{qB}{m}$ (주파수 : $f = \dfrac{qB}{2\pi m}$)

  ※ 전자의 원운동 주파수는 전자의 질량 m에 반비례한다.

12 전계 E[V/m]가 두 유전체의 경계면에 평행으로 작용하는 경우 경계면에 단위면적당 작용하는 힘의 크기는 몇 [N/m^2]인가? (단, ε_1, ε_2는 각 유전체의 유전율이다.)

① $f = E^2(\varepsilon_1 - \varepsilon_2)$

② $f = \dfrac{1}{E^2}(\varepsilon_1 - \varepsilon_2)$

③ $f = \dfrac{1}{2}E^2(\varepsilon_1 - \varepsilon_2)$

④ $f = \dfrac{1}{2E^2}(\varepsilon_1 - \varepsilon_2)$

해설 $\varepsilon_1 > \varepsilon_2$ 일 때
$$f = f_1 - f_2 = \frac{1}{2}\varepsilon_1 E^2 - \frac{1}{2}\varepsilon_2 E^2 = \frac{1}{2}(\varepsilon_1 - \varepsilon_2)E^2 \left[\frac{\text{N}}{\text{m}^2}\right]$$

정답 | 10 ② 11 ③ 12 ③

13 공기 중에 있는 반지름 a[m]의 독립 금속구의 정전용량은 몇 [F]인가?

① $2\pi\varepsilon_0 a$

② $4\pi\varepsilon_0 a$

③ $\dfrac{1}{2\pi\varepsilon_0 a}$

④ $\dfrac{1}{4\pi\varepsilon_0 a}$

해설 $C = \dfrac{4\pi\varepsilon_0}{\dfrac{1}{a}} = 4\pi\varepsilon_0 a\,[\text{F}]$

14 와전류가 이용되고 있는 것은?

① 수중 음파 탐지기

② 레이더

③ 자기 브레이크(Magnetic Brake)

④ 사이클로트론(Cyclotron)

해설 자기 브레이크(magnetic brake) : 와전류를 이용한 제동방법

15 전계 $E = \dfrac{2}{x}\hat{x} + \dfrac{2}{y}\hat{y}$[V/m]에서 점(3, 5)[m]를 통과하는 전기력선의 방정식은? (단, $\hat{x}$, $\hat{y}$는 단위벡터이다.)

① $x^2 + y^2 = 12$

② $y^2 - x^2 = 12$

③ $x^2 + y^2 = 16$

④ $y^2 - x^2 = 16$

해설 • 전기력선의 방정식 : $\dfrac{dx}{E_x} = \dfrac{dy}{E_y}$, $E = \dfrac{2}{x}\hat{x} + \dfrac{2}{y}\hat{y}$

$\dfrac{dx}{\dfrac{2}{x}} = \dfrac{dy}{\dfrac{2}{y}} \rightarrow x\,dx = y\,dy$

• 양변에 로그를 취하면

$\displaystyle\int x\,dx = \int y\,dy$

$\dfrac{1}{2}x^2 + C_1 = \dfrac{1}{2}y^2 + C_2$

$\dfrac{1}{2}y^2 - \dfrac{1}{2}x^2 = C_1 - C_2$

$\dfrac{1}{2}(y^2 - x^2) = C$

이때 점(3, 5)는 $x = 3$, $y = 5$이므로 $\dfrac{1}{2}(5^2 - 3^2) = C$ ∴ C = 8

따라서 $\dfrac{1}{2}(y^2 - x^2) = 8$ ∴ $y^2 - x^2 = 16$

16 전계 $E = \sqrt{2}\,E_e \sin\omega\left(t - \dfrac{x}{c}\right)$[V/m]의 평면 전자파가 있다. 진공 중에서 자계의 실횻값은 몇 [A/m]인가?

① $\dfrac{1}{4\pi}E_e$

② $\dfrac{1}{36\pi}E_e$

③ $\dfrac{1}{120\pi}E_e$

④ $\dfrac{1}{360\pi}E_e$

해설 ▶ 특성 임피던스에서 전계와 자계의 관계식

$$\frac{E_e}{H_e} = \sqrt{\frac{\mu_0}{\varepsilon_0}} = 377$$

$$\therefore H_e = \frac{1}{377}E_e = 2.65 \times 10^{-3}E_e = \frac{1}{120\pi}E_e\,[\text{A/m}]$$

17 진공 중에 서로 떨어져 있는 두 도체 A, B가 있다. 도체 A에만 1[C]의 전하를 줄 때, 도체 A, B의 전위가 각각 3[V], 2[V]이었다. 지금 도체 A, B에 각각 1[C]과 2[C]의 전하를 주면 도체 A의 전위는 몇 [V]인가?

① 6

② 7

③ 8

④ 9

해설 ▶
- $V_A = P_{AA}Q_A + P_{AB}Q_B$, $V_B = P_{BA}Q_A + P_{BB}Q_B$
- $Q_A = 1[\text{C}]$, $Q_B = 0[\text{C}]$, $V_A = 3$, $V_B = 2$이므로

$$3 = P_{AA} \times 1 + P_{AB} \times 0 \quad \therefore P_{AA} = 3$$
$$2 = P_{BA} \times 1 + P_{BB} \times 0 \quad \therefore P_{BA} = 2$$

- $V_A = P_{AA}Q_A + P_{AB}Q_B = 3 \times 1 + 2 \times 2 = 7[\text{V}]$

18 한 변의 길이가 4[m]인 정사각형의 루프에 1[A]의 전류가 흐를 때, 중심점에서의 자속밀도 B는 약 몇 [Wb/m²]인가?

① 2.83×10^{-7}

② 5.65×10^{-7}

③ 11.31×10^{-7}

④ 14.14×10^{-7}

해설 ▶
- 정사각형 중심의 자계 : $H_0 = \dfrac{2\sqrt{2}\,I}{\pi\ell}\left[\dfrac{\text{A}}{\text{m}}\right]$, 자속밀도 : $B = \mu_0 H$

- $B = \mu_0 H = \mu_0 \times \dfrac{2\sqrt{2}\,I}{\pi\ell} = \mu_0 \times \dfrac{2\sqrt{2} \times 1}{\pi \times 4} = 2.828 \times 10^{-7}\,[\text{Wb/m}^2]$

정답 | 16 ③ 17 ② 18 ①

19 원점에 $1[\mu C]$의 점전하가 있을 때 점 $P(2, -2, 4)[m]$에서의 전계의 세기에 대한 단위벡터는 약 얼마인가?

① $0.41a_x - 0.41a_y + 0.82a_z$

② $-0.33a_x + 0.33a_y - 0.66a_z$

③ $-0.41a_x + 0.41a_y - 0.82a_z$

④ $0.33a_x - 0.33a_y + 0.66a_z$

해설 ・ $\hat{P} = 2i - 2j + 4k$, $|P| = \sqrt{2^2 + 2^2 + 4^2} = 4.9$

・ 단위벡터 $= \dfrac{\hat{P}}{|P|} = \dfrac{2i - 2j + 4k}{4.9} = \dfrac{2}{4.9}i - \dfrac{2}{4.9}j + \dfrac{4}{4.9}k = \dfrac{2i - 2j + 4k}{4.9}$ $\dfrac{2}{4.9}i - \dfrac{2}{4.9}j + \dfrac{4}{4.9}k$

$= 0.408i - 0.408j + 0.816k$

20 공기 중에서 전자기파의 파장이 $3[m]$라면 그 주파수는 몇 $[MHz]$인가?

① 100

② 300

③ 1,000

④ 3,000

해설 $\lambda = \dfrac{2\pi}{\beta} = \dfrac{1}{f} \dfrac{1}{\sqrt{\varepsilon_0 \mu_0}}$ 이므로

$f = \dfrac{1}{\lambda} \dfrac{1}{\sqrt{\varepsilon_0 \mu_0}} = \dfrac{1}{3} \times \dfrac{1}{\sqrt{\varepsilon_0 \mu_0}} = 10^8 [Hz] = 10^2 \times 10^6 [Hz] = 10^2 [MHz]$

정답 | 19 ① 20 ①

2021년 제3회 과년도 기출문제

01 자기 인덕턴스가 각각 L_1, L_2인 두 코일의 상호 인덕턴스가 M일 때 결합계수는?

① $\dfrac{M}{L_1 L_2}$

② $\dfrac{L_1 L_2}{M}$

③ $\dfrac{M}{\sqrt{L_1 L_2}}$

④ $\dfrac{\sqrt{L_1 L_2}}{M}$

> **해설** • 상호 인덕턴스 : $M = k\sqrt{L_1 L_2}$ 이므로
>
> • 결합계수 : $k = \dfrac{M}{\sqrt{L_1 L_2}}$

02 정상 전류계에서 J는 전류밀도, σ는 도전율, ρ는 고유저항, E는 전계의 세기일 때, 옴의 법칙의 미분형은?

① $J = \sigma E$

② $J = \dfrac{E}{\sigma}$

③ $J = \rho E$

④ $J = \rho \sigma E$

> **해설** 전류밀도 : $J = \dfrac{E}{\rho} = \sigma E$

03 길이가 10[cm]이고 단면의 반지름이 1[cm]인 원통형 자성체가 길이 방향으로 균일하게 자화되어 있을 때 자화의 세기가 $0.5[\text{Wb/m}^2]$이라면 이 자성체의 자기모멘트$[\text{Wb} \cdot \text{m}]$는?

① 1.57×10^{-5}

② 1.57×10^{-4}

③ 1.57×10^{-3}

④ 1.57×10^{-2}

> **해설** • $J = \dfrac{M}{V}$ (J : 자화의 세기, M : 자기모멘트, V : 체적)
>
> • $M = JV = J \times (\pi r^2 \times \ell) = 0.5 \times \pi \times 0.01^2 \times 0.1 = 1.57 \times 10^{-5}[\text{Wb} \cdot \text{m}]$

정답 | **01** ③ **02** ① **03** ①

04 그림과 같이 공기 중 2개의 동심 구도체에서 내구(A)에만 전하 Q를 주고 외구(B)를 접지하였을 때 내구(A)의 전위는?

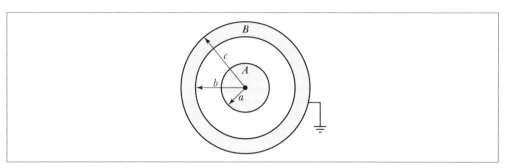

① $\dfrac{Q}{4\pi\varepsilon_0}\left(\dfrac{1}{a}-\dfrac{1}{b}+\dfrac{1}{c}\right)$

② $\dfrac{Q}{4\pi\varepsilon_0}\left(\dfrac{1}{a}-\dfrac{1}{b}\right)$

③ $\dfrac{Q}{4\pi\varepsilon_0}\cdot\dfrac{1}{c}$

④ 0

해설 ・ 동심 구도체 : $C=\dfrac{4\pi\varepsilon}{\dfrac{1}{a}-\dfrac{1}{b}}\,[\mathrm{F}]$

・ 전위 : $V=\dfrac{Q}{C}=\dfrac{Q}{\dfrac{4\pi\varepsilon_0}{\dfrac{1}{a}-\dfrac{1}{b}}}=\dfrac{Q}{4\pi\varepsilon_0}\left(\dfrac{1}{a}-\dfrac{1}{b}\right)$

05 평행판 커패시터에 어떤 유전체를 넣었을 때 전속밀도가 $4.8\times10^{-7}[\mathrm{C/m^2}]$이고 단위체적당 정전에너지가 $5.3\times10^{-3}[\mathrm{J/m^3}]$이었다. 이 유전체의 유전율은 약 몇 $[\mathrm{F/m}]$인가?

① 1.15×10^{-11}

② 2.17×10^{-11}

③ 3.19×10^{-11}

④ 4.21×10^{-11}

해설 정전에너지 : $W=\dfrac{1}{2}ED=\dfrac{1}{2}\varepsilon E^2=\dfrac{1}{2}\dfrac{D^2}{\varepsilon}$ 에서

$W=\dfrac{1}{2}\dfrac{D^2}{\varepsilon}$ 이므로

$53\times10^{-3}=\dfrac{1}{2}\dfrac{(2.4\times10^{-7})^2}{\varepsilon}$

$\therefore\ \varepsilon=\dfrac{1}{2}\dfrac{(4.8\times10^{-7})^2}{5.3\times10^{-3}}=2.17\times10^{-11}$

06 히스테리시스 곡선에서 히스테리시스 손실에 해당하는 것은?

① 보자력의 크기   ② 잔류자기의 크기

③ 보자력과 잔류자기의 곱   ④ 히스테리시스 곡선의 면적

> **해설** • 히스테리시스 곡선의 면적은 단위 체적당의 손실 에너지
> - 히스테리시스손 : $P_h = \eta f B_m^{1.6} [\text{W/m}^3]$
>   → 대책 : 규소강판 사용
> - 와류손 : $P_e = \eta (t f k B_m)^2 [\text{W/m}^3] (t : 두께, k : 파형율)$
>   → 대책 : 성층철심 사용

07 그림과 같이 극판의 면적이 $S[\text{m}^2]$인 평행판 커패시터에 유전율이 각각 $\varepsilon_1 = 4$, $\varepsilon_2 = 2$인 유전체를 채우고 a, b 양단에 $V[\text{V}]$의 전압을 인가했을 때 ε_1, ε_2인 유전체 내부의 전계의 세기 E_1과 E_2의 관계식은? (단, $\sigma[\text{C/m}^2]$는 면전하밀도이다.)

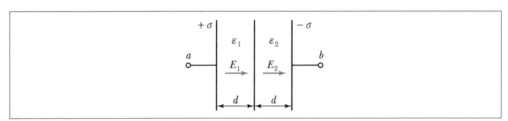

① $E_1 = 2E_2$ ② $E_1 = 4E_2$

③ $2E_1 = E_2$ ④ $E_1 = E_2$

> **해설** • 전속 및 전계가 수직입사일 때
>   - 입사각과 굴절각은 굴절하지 않는다($\theta_1 = \theta_2 = 0$).
>   - $D_1 = D_2$: 연속이다.
>   - $E_1 \neq E_2$: 불연속이다.
> - $D_1 = D_2$
> $\varepsilon_1 E_1 = \varepsilon_2 E_2$
> $\varepsilon_0 \varepsilon_{s1} E_1 = \varepsilon_0 \varepsilon_{s2} E_2$
> $\varepsilon_0 4 E_1 = \varepsilon_0 2 E_2$
> $\therefore 2E_1 = E_2$

정답 | 06 ④   07 ③

08 간격이 d[m]이고 면적이 S[m^2]인 평행판 커패시터의 전극 사이에 유전율이 ε인 유전체를 넣고 전극 간에 V[V]의 전압을 가했을 때, 이 커패시터의 전극판을 떼어내는 데 필요한 힘의 크기[N]는?

① $\dfrac{1}{2\varepsilon}\dfrac{V^2}{d^2 S}$

② $\dfrac{1}{2\varepsilon}\dfrac{d V^2}{S}$

③ $\dfrac{1}{2}\varepsilon\dfrac{V}{d}S$

④ $\dfrac{1}{2}\varepsilon\dfrac{V^2}{d^2}S$

해설 • 경계면에 대하여 작용하는 힘 : $f=\dfrac{1}{2}\varepsilon E^2\left[\dfrac{N}{m^2}\right]$, $V=Ed$

• $f'=\dfrac{1}{2}\varepsilon E^2 \times S=\dfrac{1}{2}\varepsilon\left(\dfrac{V}{d}\right)^2 \times S=\dfrac{1}{2}\varepsilon\dfrac{V^2}{d^2}S[\text{N}]$

09 다음 중 기자력(Magnetomotive Force)에 대한 설명으로 틀린 것은?

① SI 단위는 암페어[A]이다.
② 전기회로의 기전력에 대응한다.
③ 자기회로의 자기저항과 자속의 곱과 동일하다.
④ 코일에 전류를 흘렸을 때 전류밀도와 코일의 권수의 곱의 크기와 같다.

해설 • F(기자력)$=NI$[AT] (코일에 전류를 흘렸을 때 전류와 코일의 권수의 곱의 크기와 같다.)

• $\phi=\dfrac{NI}{R}$[Wb]에서 $F=R\times\phi$

10 유전율 ε, 투자율 μ인 매질 내에서 전자파의 전파속도는?

① $\sqrt{\dfrac{\mu}{\varepsilon}}$

② $\sqrt{\mu\varepsilon}$

③ $\sqrt{\dfrac{\varepsilon}{\mu}}$

④ $\dfrac{1}{\sqrt{\mu\varepsilon}}$

해설 $v=\dfrac{\omega}{\beta}=\dfrac{1}{\sqrt{\mu\varepsilon}}$

정답 | **08** ④ **09** ④ **10** ④

11 평균 반지름(r)이 20[cm], 단면적(S)이 6[cm²]인 환상 철심에서 권선수(N)가 500회인 코일에 흐르는 전류(I)가 4[A]일 때 철심 내부에서의 자계의 세기(H)는 약 몇 [AT/m]인가?

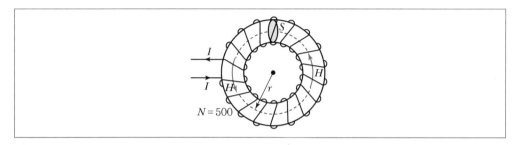

① 1,590

② 1,700

③ 1,870

④ 2,120

해설 $H = \dfrac{NI}{2\pi r} = \dfrac{500 \times 4}{2\pi \times 0.2} = 1,591.55\,[\mathrm{A\,T/m}]$

12 패러데이관(Faraday Tube)의 성질에 대한 설명으로 틀린 것은?

① 패러데이관 중에 있는 전속수는 그 관 속에 진전하가 없으면 일정하며 연속적이다.

② 패러데이관의 양단에는 양 또는 음의 단위 진전하가 존재하고 있다.

③ 패러데이관 한 개의 단위 전위차당 보유에너지는 $\dfrac{1}{2}$[J]이다.

④ 패러데이관의 밀도는 전속밀도와 같지 않다.

해설 • 단위 전하 +1[C]이 만든 전기력선관
• 페러데이관 = 전속수(D) = 전하량[Q]

13 공기 중 무한 평면도체의 표면으로부터 2[m] 떨어진 곳에 4[C]의 점전하가 있다. 이 점전하가 받는 힘은 몇 [N]인가?

① $\dfrac{1}{\pi\varepsilon_0}$

② $\dfrac{1}{4\pi\varepsilon_0}$

③ $\dfrac{1}{8\pi\varepsilon_0}$

④ $\dfrac{1}{16\pi\varepsilon_0}$

해설 **무한 평면도체**

$$F = \frac{Q(-Q)}{4\pi\varepsilon_0 r^2} = \frac{-Q^2}{4\pi\varepsilon_0 (2d)^2} = -\frac{Q^2}{16\pi\varepsilon_0 d^2} = -\frac{4^2}{16\pi\varepsilon_0 2^2} = -\frac{1}{4\pi\varepsilon_0}\,[\mathrm{N}]$$

정답 | 11 ① 12 ④ 13 ②

14 반지름이 r[m]인 반원형 전류 I[A]에 의한 반원의 중심(O)에서 자계의 세기[AT/m]는?

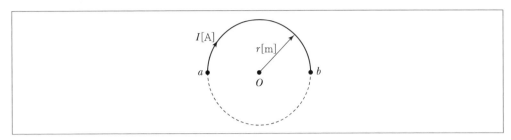

① $\dfrac{2I}{r}$ 　　　　　　　　　　② $\dfrac{I}{r}$

③ $\dfrac{I}{2r}$ 　　　　　　　　　　④ $\dfrac{I}{4r}$

해설 ・ 원형코일 중심의 자계 : $H = \dfrac{I}{2r}$

　　　・ 반원 : $H_{반원} = \dfrac{I}{2r} \times \dfrac{1}{2} = \dfrac{I}{4r}$

15 진공 중에서 점 $(0, 1)$[m]의 위치에 -2×10^{-9}[C]의 점전하가 있을 때, 점 $(2, 0)$[m]에 있는 1[C]의 점전하에 작용하는 힘은 몇 [N]인가? (단, $\hat{x}$, $\hat{y}$는 단위벡터이다.)

① $-\dfrac{18}{3\sqrt{5}}\hat{x} + \dfrac{36}{3\sqrt{5}}\hat{y}$ 　　　② $-\dfrac{36}{5\sqrt{5}}\hat{x} + \dfrac{18}{5\sqrt{5}}\hat{y}$

③ $-\dfrac{36}{3\sqrt{5}}\hat{x} + \dfrac{18}{3\sqrt{5}}\hat{y}$ 　　　④ $\dfrac{36}{5\sqrt{5}}\hat{x} + \dfrac{18}{5\sqrt{5}}\hat{y}$

해설 ・ $F = \dfrac{1}{4\pi\varepsilon_0}\dfrac{Q_1 Q_2}{r^2} = 9 \times 10^9 \dfrac{Q_1 Q_2}{r^2} = 9 \times 10^9 \dfrac{(-2 \times 10^{-9}) \times 1}{(\sqrt{5})^2} = -\dfrac{18}{5}$ [N]

　　　・ 거리벡터는 점 $(2, 0)$[m]에서 점 $(1, 0)$[m]를 빼준 값 : $\hat{r} = 2\hat{x} - \hat{y}$

　　　　$\hat{F} = -\dfrac{18}{5}\dfrac{(2\hat{x} - \hat{y})}{\sqrt{5}} = -\dfrac{36}{5\sqrt{5}}\hat{x} + \dfrac{18}{5\sqrt{5}}\hat{y}$ [N]

　　　・ 또는 거리벡터는 점 $(0, 1)$[m]에서 점 $(2, 0)$[m]를 빼준 값 : $\hat{r} = \hat{y} - 2\hat{x}$

　　　　$\hat{F} = -\dfrac{18}{5}\dfrac{(\hat{y} - 2\hat{x})}{\sqrt{5}} = \dfrac{36}{5\sqrt{5}}\hat{x} - \dfrac{18}{5\sqrt{5}}\hat{y}$ [N]

정답 | 14 ④　15 ②

16 내압이 $2.0[\text{kV}]$이고 정전용량이 각각 $0.01[\mu\text{F}]$, $0.02[\mu\text{F}]$, $0.04[\mu\text{F}]$인 3개의 커패시터를 직렬로 연결했을 때 전체 내압은 몇 [V]인가?

① $1,750$
② $2,000$
③ $3,500$
④ $4,000$

> **해설**
> • 전압분담 : $V_1 : V_2 : V_3 = \dfrac{1}{C_1} : \dfrac{1}{C_2} : \dfrac{1}{C_3} = \dfrac{1}{0.01} : \dfrac{1}{0.02} : \dfrac{1}{0.04} = 4 : 2 : 1$
>
> • $V_1 : V_2 : V_3 = 4 : 2 : 1 = 2,000 : 1,000 : 500$씩 걸린다.
> 그러므로 전체내압 $V = 2,000 + 1,000 + 500 = 3,500[\text{V}]$

17 그림과 같이 단면적 $S[\text{m}^2]$가 균일한 환상 철심에 권수 N_1인 A코일과 권수 N_2인 B코일이 있을 때, A코일의 자기 인덕턴스가 $L_1[\text{H}]$이라면 두 코일의 상호 인덕턴스 $M[\text{H}]$는? (단, 누설자속은 0이다.)

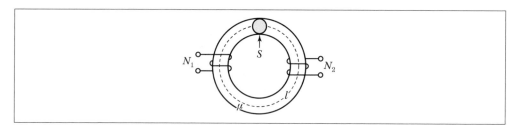

① $\dfrac{L_1 N_2}{N_1}$
② $\dfrac{N_2}{L_1 N_1}$
③ $\dfrac{L_1 N_1}{N_2}$
④ $\dfrac{N_1}{L_1 N_2}$

> **해설**
> • $R = \dfrac{N_1^{\,2}}{L_1}$
>
> • $M = \dfrac{N_1 N_2}{R} = \dfrac{N_1 N_2}{\dfrac{N_1^2}{L_1}} = \dfrac{L_1 N_2}{N_1}$

18 간격 $d[\text{m}]$, 면적 $S[\text{m}^2]$의 평행판 전극 사이에 유전율이 ε인 유전체가 있다. 전극 간에 $v(t) = V_m \sin \omega t$의 전압을 가했을 때, 유전체 속의 변위전류밀도$[\text{A/m}^2]$는?

① $\dfrac{\varepsilon \omega V_m}{d} \cos \omega t$
② $\dfrac{\varepsilon \omega V_m}{d} \sin \omega t$
③ $\dfrac{\varepsilon V_m}{\omega d} \cos \omega t$
④ $\dfrac{\varepsilon V_m}{\omega d} \sin \omega t$

> **해설**
> • $i_D = \dfrac{\partial D}{\partial t} = \dfrac{\partial}{\partial t} \varepsilon E = \dfrac{\partial}{\partial t} \varepsilon \dfrac{V}{d} [\text{A/m}^2]$ 에서
>
> • $i_D = \dfrac{\partial}{\partial t} \varepsilon \dfrac{V}{d} = \dfrac{\partial}{\partial t} \dfrac{\varepsilon}{d} V_m \sin \omega t = \dfrac{\varepsilon}{d} V_m \dfrac{\partial}{\partial t} \sin \omega t = \dfrac{\varepsilon}{d} V_m \omega \cos \omega t = \dfrac{\varepsilon \omega V_m}{d} \cos \omega t \, [\text{A/m}^2]$

정답	16 ③ 17 ① 18 ①

19 속도 v의 전자가 평등자계 내에 수직으로 들어갈 때, 이 전자에 대한 설명으로 옳은 것은?

① 구면 위에서 회전하고 구의 반지름은 자계의 세기에 비례한다.
② 원운동을 하고 원의 반지름은 자계의 세기에 비례한다.
③ 원운동을 하고 원의 반지름은 자계의 세기에 반비례한다.
④ 원운동을 하고 원의 반지름은 전자의 처음 속도의 제곱에 비례한다.

해설 • 회전 반경 : $r = \dfrac{mv}{qB}$

　　　－원운동을 하고 원의 반지름은 자계의 세기에 반비례한다.
　　　－속도에 비례한다.

　　• 원심력 : $F_1 = \dfrac{mv^2}{r}$, 구심력 : $F_2 = qvB$

20 쌍극자 모멘트가 $M[\text{C} \cdot \text{m}]$인 전기쌍극자에 의한 임의의 점 P에서의 전계의 크기는 전기 쌍극자의 중심에서 축방향과 점 P를 잇는 선분 사이의 각이 얼마일 때 최대가 되는가?

① 0 　　　　　　　　　　　　② $\dfrac{\pi}{2}$

③ $\dfrac{\pi}{3}$ 　　　　　　　　　　④ $\dfrac{\pi}{4}$

해설 **전기 쌍극자의 전계, 전위**

　• 전계

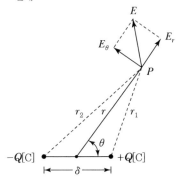

$$E = \frac{M}{4\pi\varepsilon_0 r^3}\sqrt{1 + 3\cos^2\theta}$$

　　－전계는 $\theta = 90[°]$일 때 최소가 된다.
　　－전계는 $\theta = 0[°]$일 때 최대가 된다.

　• 전위$\left(V = -\displaystyle\int_{\infty}^{r} E\,dr = \int_{r}^{\infty} E\,dr\,[\text{V}]\right)$

$$V = \frac{M}{4\pi\varepsilon_0 r^2}\cos\theta = 9 \times 10^9 \frac{M}{r^2}\cos\theta$$

정답 | **19** ③ **20** ①

2022년 제1회 과년도 기출문제

01 면적이 $0.02[\text{m}^2]$, 간격이 $0.03[\text{m}]$이고, 공기로 채워진 평행평판의 커패시터에 $1.0 \times 10^{-6}[\text{C}]$의 전하를 충전시킬 때, 두 판 사이에 작용하는 힘의 크기는 약 몇 [N]인가?

① 1.13

② 1.41

③ 1.89

④ 2.83

> **해설** • 정전에너지 : $f = \dfrac{1}{2}\varepsilon E^2 = \dfrac{1}{2}\dfrac{D^2}{\varepsilon}\left[\dfrac{\text{N}}{\text{m}^2}\right]$ 에서
>
> − 두 판 사이에 작용하는 힘 : $f' = \dfrac{1}{2}\varepsilon E^2 \times S \,[\text{N}]$
>
> − 전하량 : $Q = CV[\text{C}]$
>
> − 전위 : $V = Ed[\text{V}]$
>
> − 정전용량 : $C = \varepsilon_0 \dfrac{S}{d}\,[\text{F}]$
>
> • $f' = \dfrac{1}{2}\varepsilon_0 E^2 \times S = \dfrac{1}{2}\varepsilon_0\left(\dfrac{V}{d}\right)^2 \times S = \dfrac{1}{2}\varepsilon_0 \dfrac{\left(\dfrac{Q}{C}\right)^2}{d^2} S = \dfrac{1}{2}\varepsilon_0 \times \dfrac{Q^2}{\left(\varepsilon_0\dfrac{S}{d}\right)^2 d^2} \times S = \dfrac{1}{2}\dfrac{Q^2}{\varepsilon_0 S}\,[\text{N}]$
>
> $= \dfrac{1}{2} \times \dfrac{(1 \times 10^{-6})^2}{\varepsilon_0 \times 0.02} = 2.823\,[\text{N}]$

02 자극의 세기가 $7.4 \times 10^{-5}[\text{Wb}]$, 길이가 $10[\text{cm}]$인 막대자석이 $100[\text{AT/m}]$의 평등자계 내에 자계의 방향과 $30[°]$로 놓여 있을 때 이 자석에 작용하는 회전력$[\text{N} \cdot \text{m}]$은?

① 2.5×10^{-3}

② 3.7×10^{-4}

③ 5.3×10^{-5}

④ 6.2×10^{-6}

> **해설** $\tau = mH\ell \sin\theta = 7.4 \times 10^{-5} \times 100 \times 0.1 \times \sin 30° = 3.7 \times 10^{-4}\,[\text{N} \cdot \text{m}]$

03 유전율이 $\varepsilon = 2\varepsilon_0$이고 투자율이 μ_0인 비도전성 유전체에서 전자파의 전계의 세기가 $E(z,\,t) = 120\pi\cos(10^9 t - \beta z)\hat{y}\,[\text{V/m}]$일 때, 자계의 세기 $H[\text{A/m}]$는? (단, $\hat{x}$, $\hat{y}$는 단위벡터이다.)

① $-\sqrt{2}\cos(10^9 t - \beta z)\,\hat{x}$

② $\sqrt{2}\cos(10^9 t - \beta z)\,\hat{x}$

③ $-2\cos(10^9 t - \beta z)\,\hat{x}$

④ $2\cos(10^9 t - \beta z)\,\hat{x}$

정답 | **01** ④ **02** ② **03** ①

해설 • 특성 임피던스 : $\dfrac{E}{H} = \sqrt{\dfrac{\mu}{\varepsilon}}$ [Ω]에서 $\dfrac{E}{H} = 377\sqrt{\dfrac{\mu_s}{\varepsilon_s}}$ [Ω]

$$\therefore H = \dfrac{1}{377}\sqrt{\dfrac{\varepsilon_s}{\mu_s}}\,E$$

• $H = \dfrac{1}{377}\sqrt{\dfrac{\varepsilon_s}{\mu_s}}\,E = \dfrac{1}{377}\sqrt{\dfrac{2}{1}} \times 120\pi \cos(10^9 t - \beta z)\hat{y}$

$\qquad = \sqrt{2}\cos(10^9 t - \beta z)(-\hat{x}) = -\sqrt{2}\cos(10^9 t - \beta z)\hat{x}$

− 전자파의 진행방향은 $E \times H$ 방향으로 $E(z, t) = 120\pi\cos(10^9 t - \beta z)\hat{y}$에서 전계방향이 $\hat{y}$이고 진행방향은 $\hat{z}$이므로 $\hat{z}$이 나오려면 $\hat{z} = \hat{y} \times (-\hat{x})$이어야 한다.

04 자기회로에서 전기회로의 도전율 $\sigma[\mho/m]$에 대응되는 것은?

① 자속
② 기자력
③ 투자율
④ 자기저항

해설 대응관계

전기 회로	자기 회로
전류밀도 $i[A/m^2]$	자속밀도 $B[Wb/m^2]$
도전율 $k[\mho/m]$	투자율 $\mu[H/m]$

05 단면적이 균일한 환상철심에 권수 1,000회인 A코일과 권수 N_B회인 B코일이 감겨져 있다. A코일의 자기인덕턴스가 100[mH]이고, 두 코일 사이의 상호인덕턴스가 20[mH]이고, 결합계수가 1일 때, B코일의 권수[N_B]는 몇 회인가?

① 100
② 200
③ 300
④ 400

해설 • $R = \dfrac{N_A{}^2}{L_A}$

• $M = \dfrac{N_A N_B}{R} = \dfrac{N_A N_B}{\dfrac{N_A{}^2}{L_A}} = \dfrac{N_B L_A}{N_A}$에서

$N_B = \dfrac{M N_A}{L_A} = \dfrac{20 \times 10^{-3} \times 1,000}{100 \times 10^{-3}} = 200[회]$

정답 | **04** ③ **05** ②

06 공기 중에서 1[V/m]의 전계의 세기에 의한 변위전류밀도의 크기를 2[A/m²]으로 흐르게 하려면 전계의 주파수는 몇 [MHz]가 되어야 하는가?

① 9,000
② 18,000
③ 36,000
④ 72,000

해설
- $i_D = \dfrac{\partial D}{\partial t} = \dfrac{\partial}{\partial t}\varepsilon E = \dfrac{\partial}{\partial t}\varepsilon E_m \sin\omega t = \omega\varepsilon E_m \cos\omega t = \omega\varepsilon E_m \sin(\omega t + 90[°])$

  $= j\omega\varepsilon E_m \sin\omega t = j\omega\varepsilon E = j2\pi f\varepsilon E$

- $i_D = 2\pi f\varepsilon E$

- $f = \dfrac{i_D}{2\pi\varepsilon E} = \dfrac{2}{2\pi\varepsilon_0 \times 1} = 3.595\times 10^{10} = 35,950\times 10^6 \fallingdotseq 36,000\times 10^6\,[\text{Hz}] = 36,000[\text{MHz}]$

07 내부 원통도체의 반지름이 $a[\text{m}]$, 외부 원통도체의 반지름이 $b[\text{m}]$인 동축 원통도체에서 내외 도체 간 물질의 도전율이 $\sigma[\mho/\text{m}]$일 때 내외 도체 간의 단위길이당 컨덕턴스$[\mho/\text{m}]$는?

① $\dfrac{2\pi\sigma}{\ln\dfrac{b}{a}}$
② $\dfrac{2\pi\sigma}{\ln\dfrac{a}{b}}$
③ $\dfrac{4\pi\sigma}{\ln\dfrac{b}{a}}$
④ $\dfrac{4\pi\sigma}{\ln\dfrac{a}{b}}$

해설
- 단위길이당 정전용량 : $C = \dfrac{2\pi\varepsilon}{\ln\dfrac{b}{a}}[\text{F/m}]$

  $RC = \rho\varepsilon$에서 $G\left(=\dfrac{1}{R}\right) = \dfrac{C}{\rho\varepsilon}$

- $G = \dfrac{1}{\rho}\dfrac{C}{\varepsilon} = \dfrac{1}{\rho}\dfrac{\dfrac{2\pi\varepsilon}{\ln\dfrac{b}{a}}}{\varepsilon} = \dfrac{1}{\rho}\times\dfrac{2\pi\varepsilon}{\varepsilon\ln\dfrac{b}{a}} = \sigma\times\dfrac{2\pi}{\ln\dfrac{b}{a}} = \dfrac{2\pi\sigma}{\ln\dfrac{b}{a}}$

08 z축상에 놓인 길이가 긴 직선도체에 10[A]의 전류가 $+z$ 방향으로 흐르고 있다. 이 도체 주위의 자속밀도가 $3\hat{x}-4\hat{y}[\text{Wb/m}^2]$일 때 도체가 받는 단위길이당 힘[N/m]은? (단, $\hat{x}$, $\hat{y}$는 단위벡터이다.)

① $-40\hat{x}+30\hat{y}$
② $-30\hat{x}+40\hat{y}$
③ $30\hat{x}+40\hat{y}$
④ $40\hat{x}+30\hat{y}$

해설 도체가 받는 단위 길이 당 힘

$F = (I\times B)\ell = IB\ell\sin\theta$

$F = (I\times B)\ell = (0\hat{x}+0\hat{y}+10\hat{z})\times(3\hat{x}-4\hat{y})\times 1 = \begin{vmatrix} \hat{x} & \hat{y} & \hat{z} \\ 0 & 0 & 10 \\ 3 & -4 & 0 \end{vmatrix} = 3\times 10\,\hat{y} - (-4\times 10\,\hat{x}) = 40\hat{x}+30\hat{y}$

정답 | 06 ③ 07 ① 08 ④

09 진공 중 한 변의 길이가 $0.1[\text{m}]$인 정삼각형의 3정점 A, B, C에 각각 $2.0 \times 10^{-6}[\text{C}]$의 점전하가 있을 때, 점 A의 전하에 작용하는 힘은 몇 [N]인가?

① $1.8\sqrt{2}$ ② $1.8\sqrt{3}$

③ $3.6\sqrt{2}$ ④ $3.6\sqrt{3}$

해설 $F = \sqrt{3} \times \dfrac{1}{4\pi\varepsilon_0} \dfrac{Q_1 Q_2}{r^2} = \sqrt{3} \times 9 \times 10^9 \dfrac{(2 \times 10^{-6})^2}{0.1^2} = 3.6\sqrt{3}\,[\text{N}]$

10 투자율이 $\mu[\text{H/m}]$, 자계의 세기가 $H[\text{AT/m}]$, 자속밀도가 $B[\text{Wb/m}^2]$인 곳에서의 자계에너지밀도 $[\text{J/m}^3]$는?

① $\dfrac{B^2}{2\mu}$ ② $\dfrac{H^2}{2\mu}$

③ $\dfrac{1}{2}\mu H$ ④ BH

해설 $W = \dfrac{1}{2}BH = \dfrac{1}{2}\mu H^2 = \dfrac{1}{2}\dfrac{B^2}{\mu}\left[\dfrac{\text{J}}{\text{m}^3}\right]$ 에서

$W = \dfrac{1}{2}\dfrac{B^2}{\mu} = \dfrac{B^2}{2\mu}$

11 진공 내 전위함수가 $V = x^2 + y^2[\text{V}]$로 주어졌을 때, $0 \le x \le 1$, $0 \le y \le 1$, $0 \le z \le 1$인 공간에 저장되는 정전에너지[J]는?

① $\dfrac{4}{3}\varepsilon_0$ ② $\dfrac{2}{3}\varepsilon_0$

③ $4\varepsilon_0$ ④ $2\varepsilon_0$

해설 $W = \displaystyle\int_v \dfrac{1}{2}\varepsilon_0 E^2\,dv = \dfrac{1}{2}\varepsilon_0 \int_v |-grad\ V|^2$

$= \dfrac{1}{2}\varepsilon_0 \displaystyle\int_0^1 \int_0^1 \int_0^1 |-(2xi + 2yj)|^2\,dx\,dy\,dz$

$= \dfrac{1}{2}\varepsilon_0 \displaystyle\int_0^1 \int_0^1 (4x^2 + 4y^2)dx\,dy = \dfrac{1}{2}\varepsilon_0 \int_0^1 \left[\dfrac{4}{3}x^3 + 4y^2 x\right]_0^1 dy$

$= \dfrac{1}{2}\varepsilon_0 \displaystyle\int_0^1 \left(\dfrac{4}{3} + 4y^2\right)dy = \dfrac{1}{2}\varepsilon_0\left[\dfrac{4}{3}y + \dfrac{4}{3}y^3\right]_0^1 = \dfrac{1}{2}\varepsilon_0\left(\dfrac{4}{3} + \dfrac{4}{3}\right) = \dfrac{4}{3}\varepsilon_0\,[\text{J}]$

12 전계가 유리에서 공기로 입사할 때 입사각 θ_1과 굴절각 θ_2의 관계와 유리에서의 전계 E_1과 공기에서의 전계 E_2의 관계는?

① $\theta_1 > \theta_2$, $E_1 > E_2$
② $\theta_1 < \theta_2$, $E_1 > E_2$
③ $\theta_1 > \theta_2$, $E_1 < E_2$
④ $\theta_1 < \theta_2$, $E_1 < E_2$

해설 • 유리(ε_1) >공기(ε_2)이므로 $\theta_1 > \theta_2$
  • $\theta_1 > \theta_2$이면 $E_1 < E_2$

13 진공 중 4[m] 간격으로 평행한 두 개의 무한평판도체에 각각 $+4[\text{C/m}^2]$, $-4[\text{C/m}^2]$의 전하를 주었을 때, 두 도체 간의 전위차는 약 몇 [V]인가?

① 1.36×10^{11}
② 1.36×10^{12}
③ 1.8×10^{11}
④ 1.8×10^{12}

해설 **대전도체**

$$E = \frac{Q}{\varepsilon_0} = \frac{4}{8.85 \times 10^{-12}} = 4.52 \times 10^{11}$$

$$\therefore V = Ed = 4.52 \times 10^{11} \times 4 = 1.802 \times 10^{12}[\text{V}]$$

14 인덕턴스[H]의 단위를 나타낸 것으로 틀린 것은?

① $\Omega \cdot s$
② Wb/A
③ J/A^2
④ $\text{N/(A} \cdot \text{m)}$

해설 ① $V = H \dfrac{A}{sec} \rightarrow H = \dfrac{V}{A} sec = \Omega \cdot sec$

② $LI = N\phi \rightarrow H = \dfrac{\text{Wb}}{\text{A}}$

③ $W = \dfrac{1}{2}LI^2 \text{ J} \rightarrow L = \dfrac{2W}{I^2} \rightarrow H = \dfrac{J}{A^2}$

15 진공 중 반지름이 a[m]인 무한길이의 원통도체 2개가 간격 d[m]로 평행하게 배치되어 있다. 두 도체 사이의 정전용량[F/m]을 나타낸 것으로 옳은 것은?

① $\pi\varepsilon_0 \ln\dfrac{d-a}{a}$
② $\dfrac{\pi\varepsilon_0}{\ln\dfrac{d-a}{a}}$
③ $\pi\varepsilon_0 \ln\dfrac{a}{d-a}$
④ $\dfrac{\pi\varepsilon_0}{\ln\dfrac{a}{d-a}}$

정답 | **12** ③ **13** ④ **14** ④ **15** ②

평행도선

$$C = \frac{\pi \varepsilon_0}{\ln \frac{b}{a}} = \frac{\pi \varepsilon_0}{\ln \frac{d-a}{a}} [\text{F}]$$

16 진공 중에 4[m]의 간격으로 놓여진 평행도선에 같은 크기의 왕복전류가 흐를 때 단위길이당 2.0×10^{-7}[N]의 힘이 작용하였다. 이때 평행도선에 흐르는 전류는 몇 [A]인가?

① 1

② 2

③ 4

④ 8

평행도선에 작용하는 힘

$$F = \frac{\mu_0 I_1 I_2}{2\pi r} = \frac{\mu_0 I^2}{2\pi r} \left[\frac{\text{N}}{\text{m}} \right]$$

$$2 \times 10^{-7} = \frac{\mu_0 I^2}{2\pi \times 4}$$

$$I = \sqrt{\frac{2 \times 10^{-7} \times 2\pi \times 4}{\mu_0}} = 2$$

17 평행극판 사이 간격이 d[m]이고 정전용량이 $0.3[\mu\text{F}]$인 공기커패시터가 있다. 그림과 같이 두 극판 사이에 비유전율이 5인 유전체를 절반 두께만큼 넣었을 때 이 커패시터의 정전용량은 몇 $[\mu\text{F}]$이 되는가?

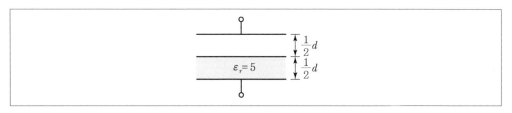

① 0.01

② 0.05

③ 0.1

④ 0.5

직렬연결

$$C = \frac{2}{1 + \frac{1}{\varepsilon_s}} C_0 = \frac{2}{1 + \frac{1}{5}} \times 0.3 = 0.5 [\mu\text{F}]$$

18 반지름이 a[m]인 접지된 구도체와 구도체의 중심에서 거리 d[m] 떨어진 곳에 점전하가 존재할 때, 점전하에 의한 접지된 구도체에서의 영상전하에 대한 설명으로 틀린 것은?

① 영상전하는 구도체 내부에 존재한다.
② 영상전하는 점전하와 구도체 중심을 이은 직선상에 존재한다.
③ 영상전하의 전하량과 점전하의 전하량은 크기는 같고 부호는 반대이다.
④ 영상전하의 위치는 구도체의 중심과 점전하 사이 거리(d[m])와 구도체의 반지름(a[m])에 의해 결정된다.

해설 접지된 구도체

영상전하는 점전하와 크기는 다르다. 즉, $Q' = -\dfrac{a}{d}Q$이다.

19 평등전계 중에 유전체 구에 의한 전계 분포가 그림과 같이 되었을 때 ε_1과 ε_2의 크기 관계는?

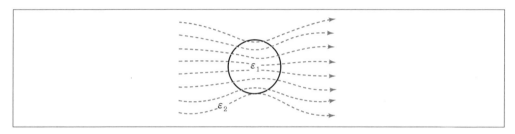

① $\varepsilon_1 > \varepsilon_2$ ② $\varepsilon_1 < \varepsilon_2$
③ $\varepsilon_1 = \varepsilon_2$ ④ 무관하다.

해설 $Q' = -\dfrac{a}{d}Q$

20 어떤 도체에 교류전류가 흐를 때 도체에서 나타나는 표피효과에 대한 설명으로 틀린 것은?

① 도체 중심부보다 도체 표면부에 더 많은 전류가 흐르는 것을 표피효과라 한다.
② 전류의 주파수가 높을수록 표피효과는 작아진다.
③ 도체의 도전율이 클수록 표피효과는 커진다.
④ 도체의 투자율이 클수록 표피효과는 커진다.

해설 전류의 주파수가 높을수록, 투자율이 클수록, 도전율이 클수록 표피효과는 커진다.

• 표피효과 $= \sqrt{\pi f \mu k} = \dfrac{1}{\delta}$

• 표피두께(침투깊이) : $\delta = \dfrac{1}{\text{표피효과}} = \dfrac{1}{\sqrt{\pi f \mu k}} = \dfrac{1}{\sqrt{\pi f \mu \dfrac{1}{\rho}}}$ (μ : 투자율, k : 도전율, f : 주파수, ρ : 고

유저항)

| 정답 | 18 ③ 19 ① 20 ② |

CHAPTER 08 2022년 제2회 과년도 기출문제

01 $\varepsilon_r = 81$, $\mu_r = 1$인 매질의 고유임피던스는 약 몇 [Ω]인가? (단, ε_r은 비유전율이고, μ_r은 비투자율이다.)

① 13.9

② 21.9

③ 33.9

④ 41.9

해설 $Z_w = \sqrt{\dfrac{\mu}{\varepsilon}} = \sqrt{\dfrac{\mu_0 \mu_s}{\varepsilon_0 s}} = \sqrt{\dfrac{\mu_0}{\varepsilon_0}} \sqrt{\dfrac{\mu_s}{\varepsilon_s}} = 377 \sqrt{\dfrac{\mu_s}{\varepsilon_s}} = 377 \sqrt{\dfrac{1}{80}} = 41.888 [\Omega]$

02 강자성체의 $B-H$곡선을 자세히 관찰하면 매끈한 곡선이 아니라 자속밀도가 어느 순간 급격히 계단적으로 증가 또는 감소하는 것을 알 수 있다. 이러한 현상을 무엇이라 하는가?

① 퀴리점(Curie Point)

② 자왜현상(Magneto-Striction)

③ 바크하우젠효과(Barkhausen Effect)

④ 자기여자효과(Magnetic After Effect)

해설 **바크하우젠 효과(Barkhausen Effect)**
- 자화력이 변할 때 나타나는 자화의 연속적이고 급격한 변화로 강자성체의 자기화가 외부자기장의 증가에 따라 연속적으로 이루어지지 않고 불연속적으로 자속이 변화하여 유도전압이 발생하기 때문에 생긴다.
- 강자성체를 구성하는 결정의 내부에 있는 불순물이나 격자결함 때문에 자기구역벽의 이동이 방해를 받고, 외부자기장이 강해짐에 따라 방해를 받고 있던 자기 구역벽의 이동이 한꺼번에 일어나기 때문이다.

03 진공 중에 무한평면도체와 d[m]만큼 떨어진 곳에 선전하밀도 λ[C/m]의 무한직선도체가 평행하게 놓여 있는 경우 직선도체의 단위길이당 받는 힘은 몇 [N/m]인가?

① $\dfrac{\lambda^2}{\pi \varepsilon_0 d}$

② $\dfrac{\lambda^2}{2\pi \varepsilon_0 d}$

③ $\dfrac{\lambda^2}{4\pi \varepsilon_0 d}$

④ $\dfrac{\lambda^2}{16\pi \varepsilon_0 d}$

해설 **무한장 직선도체의 힘**

$$f = -\lambda E = -\lambda \frac{\lambda}{4\pi \varepsilon_0 d} = -\frac{\lambda^2}{4\pi \varepsilon_0 d}$$

정답 | 01 ④ 02 ③ 03 ③

04 평행극판 사이에 유전율이 각각 ε_1, ε_2인 유전체를 그림과 같이 채우고, 극판 사이에 일정한 전압을 걸었을 때 두 유전체 사이에 작용하는 힘은? (단, $\varepsilon_1 > \varepsilon_2$)

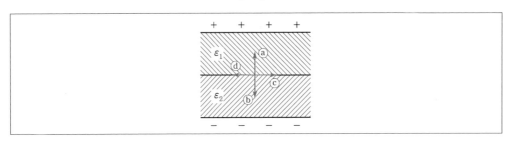

① ⓐ의 방향　　　　　　　　② ⓑ의 방향
③ ⓒ의 방향　　　　　　　　④ ⓓ의 방향

> **해설** $\varepsilon_1 > \varepsilon_2$일 때
> 전계와 같은 방향으로 유전율이 큰 쪽에서 작은 쪽으로 힘이 진행한다

05 정전용량이 $20[\mu\text{F}]$인 공기의 평행판 커패시터에 $0.1[\text{C}]$의 전하량을 충전하였다. 두 평행판 사이에 비유전율이 10인 유전체를 채웠을 때 유전체 표면에 나타나는 분극전하량[C]은?

① 0.009　　　　　　　　　② 0.01
③ 0.09　　　　　　　　　　④ 0.1

> **해설** $P = D - \varepsilon_0 E = \left(1 - \dfrac{1}{\varepsilon_s}\right)D = \varepsilon_0(\varepsilon_s - 1)E\left[\dfrac{\text{C}}{\text{m}^2}\right]$ 이므로
> $Q_P = \left(1 - \dfrac{1}{\varepsilon_s}\right)DS = \left(1 - \dfrac{1}{\varepsilon_s}\right)Q = \left(1 - \dfrac{1}{10}\right) \times 0.1 = 0.09[\text{C}]$

06 유전율이 ε_1과 ε_2인 두 유전체가 경계를 이루어 평행하게 접하고 있는 경우 유전율이 ε_1인 영역에 전하 Q가 존재할 때 이 전하와 ε_2인 유전체 사이에 작용하는 힘에 대한 설명으로 옳은 것은?

① $\varepsilon_1 > \varepsilon_2$인 경우 반발력이 작용한다.
② $\varepsilon_1 > \varepsilon_2$인 경우 흡인력이 작용한다.
③ ε_1과 ε_2에 상관없이 반발력이 작용한다.
④ ε_1과 ε_2에 상관없이 흡인력이 작용한다.

> **해설** $\varepsilon_1 > \varepsilon_2$인 경우, 힘은 유전율이 큰 쪽에서 작은 쪽으로 진행하고 이때 전하와 반발력의 작용으로 ε_1 영역에 존재하는 전하 Q는 밀려난다.

정답 | **04** ②　**05** ③　**06** ①

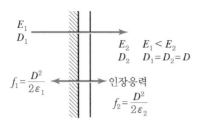

07 단면적이 균일한 환상철심에 권수 100회인 A코일과 권수 400회인 B코일이 있을 때 A코일의 자기인덕턴스가 4[H]라면 두 코일의 상호인덕턴스는 몇 [H]인가? (단, 누설자속은 0이다.)

① 4

② 8

③ 12

④ 16

해설 • $R = \dfrac{N_A^2}{L_A}$

• $M = \dfrac{N_A N_B}{R} = \dfrac{N_A N_B}{\dfrac{N_A^2}{L_A}} = \dfrac{N_B L_A}{N_A} = \dfrac{400 \times 4}{100} = 16[H]$

08 평균 자로의 길이가 10[cm], 평균 단면적이 2[cm^2]인 환상솔레노이드의 자기인덕턴스를 5.4[mH] 정도로 하고자 한다. 이때 필요한 코일의 권선수는 약 몇 회인가? (단, 철심의 비투자율은 15,000이다.)

① 6

② 12

③ 24

④ 29

해설 자기 인덕턴스

$L = \dfrac{N^2}{R} = \dfrac{\mu S N^2}{\ell}$

$5.4 \times 10^{-3} = \dfrac{\mu_0 \times 15,000 \times 2 \times 10^{-4} \, N^2}{0.1}$

$N = \sqrt{\dfrac{5.4 \times 10^{-3} \times 0.1}{\mu_0 \times 15,000 \times 2 \times 10^{-4}}} = 11.96[T]$

정답 | 07 ④ 08 ②

09 투자율이 μ[H/m], 단면적이 S[m²], 길이가 l[m]인 자성체에 권선을 N회 감아서 I[A]의 전류를 흘렸을 때 이 자성체의 단면적 S[m²]를 통과하는 자속[Wb]은?

① $\mu\dfrac{I}{Nl}S$

② $\mu\dfrac{NI}{Sl}$

③ $\dfrac{NI}{\mu S}l$

④ $\mu\dfrac{NI}{l}S$

해설 • $\phi=\dfrac{NI}{R}$[Wb], R(자기저항)$=\dfrac{l}{\mu S}$

  • $\phi=\dfrac{NI}{R}=\dfrac{NI}{\dfrac{l}{\mu S}}=\mu\dfrac{NI}{l}S$[Wb]

10 그림은 커패시터의 유전체 내에 흐르는 변위전류를 보여 준다. 커패시터의 전극 면적을 S[m²], 전극에 축적된 전하를 q[C], 전극의 표면전하밀도를 σ[C/m²], 전극 사이의 전속밀도를 D[C/m²]라 하면 변위전류밀도 i_d[A/m²]는?

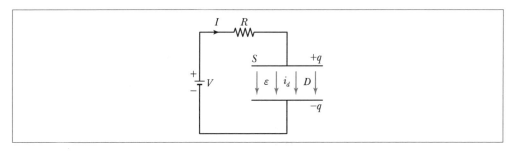

① $\dfrac{\partial D}{\partial t}$

② $\dfrac{\partial q}{\partial t}$

③ $S\dfrac{\partial D}{\partial t}$

④ $\dfrac{1}{S}\dfrac{\partial D}{\partial t}$

해설 **변위전류**
  • 콘덴서의 전극 사이의 유전체에서 전속밀도의 시간적 변화에 의한 전류
  • $i_d=\dfrac{\partial D}{\partial t}=\dfrac{\partial}{\partial t}\varepsilon E=\dfrac{\partial}{\partial t}\varepsilon\dfrac{V}{d}$

11 진공 중에서 점(1, 3)[m]의 위치에 -2×10^{-9}[C]의 점전하가 있을 때 점(2, 1)[m]에 있는 1[C]의 점전하에 작용하는 힘은 몇 [N]인가? (단, $\hat{x}$, $\hat{y}$는 단위벡터이다.)

① $-\dfrac{18}{5\sqrt{5}}\hat{x}+\dfrac{36}{5\sqrt{5}}\hat{y}$

② $-\dfrac{36}{5\sqrt{5}}\hat{x}+\dfrac{18}{5\sqrt{5}}\hat{y}$

③ $-\dfrac{36}{5\sqrt{5}}\hat{x}-\dfrac{18}{5\sqrt{5}}\hat{y}$

④ $\dfrac{18}{5\sqrt{5}}\hat{x}+\dfrac{36}{5\sqrt{5}}\hat{y}$

정답 | 09 ④ 10 ① 11 ①

• $F = \dfrac{1}{4\pi\varepsilon_0} \dfrac{Q_1 Q_2}{r^2} = 9 \times 10^9 \dfrac{Q_1 Q_2}{r^2} = 9 \times 10^9 \dfrac{(-2 \times 10^{-9}) \times 1}{(\sqrt{5})^2} = -\dfrac{18}{5} \, [\mathrm{N}]$

• 거리벡터는 점 $(1, 3)[\mathrm{m}]$에서 점 $(2, 1)[\mathrm{m}]$를 빼준 값 : $\hat{r} = -\hat{x} + 2\hat{y}$

$\hat{F} = -\dfrac{18}{5} \dfrac{(-\hat{x} + 2\hat{y})}{\sqrt{5}} = \dfrac{18}{5\sqrt{5}}\hat{x} - \dfrac{36}{5\sqrt{5}}\hat{y} \, [\mathrm{N}]$

또는 거리벡터는 점 $(2, 1)[\mathrm{m}]$에서 점 $(1, 3)[\mathrm{m}]$를 빼준 값 : $\hat{r} = \hat{x} - 2\hat{y}$

$\hat{F} = -\dfrac{18}{5} \dfrac{(\hat{x} - 2\hat{y})}{\sqrt{5}} = -\dfrac{18}{5\sqrt{5}}\hat{x} + \dfrac{36}{5\sqrt{5}}\hat{y} \, [\mathrm{N}]$

12 정전용량이 $C_0[\mu\mathrm{F}]$인 평행판의 공기커패시터가 있다. 두 극판 사이에 극판과 평행하게 절반을 비유전율이 ε_r인 유전체로 채우면 커패시터의 정전용량$[\mu\mathrm{F}]$은?

① $\dfrac{C_0}{2\left(1 + \dfrac{1}{\varepsilon_r}\right)}$

② $\dfrac{C_0}{1 + \dfrac{1}{\varepsilon_r}}$

③ $\dfrac{2C_0}{1 + \dfrac{1}{\varepsilon_r}}$

④ $\dfrac{4C_0}{1 + \dfrac{1}{\varepsilon_r}}$

직렬연결

$C = \dfrac{2}{1 + \dfrac{1}{\varepsilon_r}} C_0 = \dfrac{2C_0}{1 + \dfrac{1}{\varepsilon_r}} \, [\mu\mathrm{F}]$

13 그림과 같이 점 0을 중심으로 반지름이 $a[\mathrm{m}]$인 구도체 1과 안쪽 반지름이 $b[\mathrm{m}]$이고 바깥쪽 반지름이 $c[\mathrm{m}]$인 구도체 2가 있다. 이 도체계에서 전위계수 $P_{11}(1/\mathrm{F})$에 해당되는 것은?

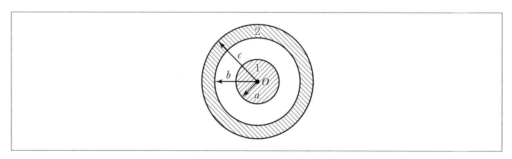

① $\dfrac{1}{4\pi\varepsilon} \dfrac{1}{a}$

② $\dfrac{1}{4\pi\varepsilon}\left(\dfrac{1}{a} - \dfrac{1}{b}\right)$

③ $\dfrac{1}{4\pi\varepsilon}\left(\dfrac{1}{b} - \dfrac{1}{c}\right)$

④ $\dfrac{1}{4\pi\varepsilon}\left(\dfrac{1}{a} - \dfrac{1}{b} + \dfrac{1}{c}\right)$

해설 $Q = CV$에서 $V = \dfrac{1}{C}Q = PQ$ 그러므로 전위계수는 $P = \dfrac{1}{C}$ 이다.

$$P_{11} = \frac{1}{C} = \frac{1}{\dfrac{4\pi\varepsilon}{\dfrac{1}{a} - \dfrac{1}{b} + \dfrac{1}{c}}} = \frac{1}{4\pi\varepsilon}\left(\frac{1}{a} - \frac{1}{b} + \frac{1}{c}\right)\left[\frac{V}{C} = \frac{1}{F}\right]$$

14 자계의 세기를 나타내는 단위가 아닌 것은?

① A/m
② N/Wb
③ $(H \cdot A)/m^2$
④ $Wb/(H \cdot m)$

해설 ① $H = \dfrac{NI}{2\pi r}\left[\dfrac{A}{m} = \dfrac{AT}{m}\right]$

② $F = mH$ 에서 $H = \dfrac{F}{m}\left[\dfrac{N}{Wb}\right]$

$\left[\dfrac{N}{Wb}\right] = \left[\dfrac{N \cdot m}{Wb \cdot m}\right] = \left[\dfrac{\dfrac{J}{Wb}}{m}\right] = \left[\dfrac{A}{m}\right]\ (W = \dfrac{1}{2}\psi I\,[J]) \rightarrow \left[A = \dfrac{J}{Wb}\right]$

③ $LI = N\phi \rightarrow \left[A = \dfrac{Wb}{H}\right]$

$\left[\dfrac{A}{m}\right] = \left[\dfrac{\dfrac{Wb}{H}}{m}\right] = \left[\dfrac{Wb}{H \cdot m}\right]$

15 그림과 같이 평행한 무한장 직선의 두 도선에 I[A], $4I$[A]인 전류가 각각 흐른다. 두 도선 사이 점 P에서의 자계의 세기가 0이라면 $\dfrac{a}{b}$ 는?

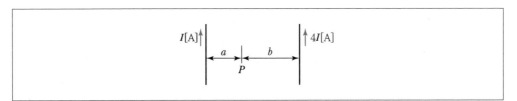

① 2
② 4
③ $\dfrac{1}{2}$
④ $\dfrac{1}{4}$

해설 • $H_1 = \dfrac{I}{2\pi a}$, $H_2 = \dfrac{4I}{2\pi b}$

• $H_1 = H_2$이므로

$$\frac{I}{2\pi a} = \frac{4I}{2\pi b}$$

$$\frac{1}{a} = \frac{4}{b}$$

$$\therefore \frac{a}{b} = \frac{1}{4}$$

정답 | 14 ③ 15 ④

16 내압 및 정전용량이 각각 $1,000[\text{V}] - 2[\mu\text{F}]$, $700[\text{V}] - 3[\mu\text{F}]$, $600[\text{V}] - 4[\mu\text{F}]$, $300[\text{V}] - 8[\mu\text{F}]$인 4개의 커패시터가 있다. 이 커패시터들을 직렬로 연결하여 양단에 전압을 인가한 후 전압을 상승시키면 가장 먼저 절연이 파괴되는 커패시터는? (단, 커패시터의 재질이나 형태는 동일하다.)

① $1,000[\text{V}] - 2[\mu\text{F}]$ ② $700[\text{V}] - 3[\mu\text{F}]$

③ $600[\text{V}] - 4[\mu\text{F}]$ ④ $300[\text{V}] - 8[\mu\text{F}]$

해설 Q값이 작은 콘덴서가 가장 먼저 터진다.
- $Q_1 = 1,000 \times 2 \times 10^{-6} = 2 \times 10^{-3}[\text{C}]$
- $Q_2 = 700 \times 3 \times 10^{-6} = 2.1 \times 10^{-3}[\text{C}]$
- $Q_3 = 600 \times 4 \times 10^{-6} = 2.4 \times 10^{-3}[\text{C}]$
- $Q_4 = 300 \times 8 \times 10^{-6} = 2.4 \times 10^{-3}[\text{C}]$

17 반지름이 2[m]이고 권수가 120회인 원형코일 중심에서의 자계의 세기를 30[AT/m]로 하려면 원형코일에 몇 [A]의 전류를 흘려야 하는가?

① 1   ② 2

③ 3   ④ 4

해설 $H_0 = \dfrac{NI}{2a}$ 에서

$$30 = \frac{120 \times I}{2 \times 2}$$

$$I = \frac{30 \times 2 \times 2}{120} = 1$$

18 내구의 반지름이 $a = 5[\text{cm}]$, 외구의 반지름이 $b = 10[\text{cm}]$이고, 공기로 채워진 동심구형 커패시터의 정전용량은 약 몇 [pF]인가?

① 11.1   ② 22.2

③ 33.3   ④ 44.4

해설 $C = \dfrac{Q}{V} = \dfrac{4\pi\varepsilon_0}{\dfrac{1}{a} - \dfrac{1}{b}} = \dfrac{4\pi\varepsilon_0}{\dfrac{1}{0.05} - \dfrac{1}{0.1}} = 1.11 \times 10^{-11} = 11.1 \times 10^{-12}[\text{F}] = 11.1[\text{pF}]$

정답 | **16** ①   **17** ①   **18** ①

19 자성체의 종류에 대한 설명으로 옳은 것은? (단, χ_m는 자화율이고, μ_r은 비투자율이다.)

① $\chi_m > 0$이면, 역자성체이다.

② $\chi_m < 0$이면, 상자성체이다.

③ $\mu_r > 1$이면, 비자성체이다.

④ $\mu_r < 1$이면, 역자성체이다.

> **해설** • 상자성체 : 비투자율 $\mu_r > 1$, 자화율 $\chi_m > 0$
> • 역자성체 : 비투자율 $\mu_r < 1$, 자화율 $\chi_m < 0$

20 구좌표계에서 $\nabla^2 r$의 값은 얼마인가? (단, $r = \sqrt{x^2 + y^2 + z^2}$)

① $\dfrac{1}{r}$　　　　　　　　　② $\dfrac{2}{r}$

③ r　　　　　　　　　　　　④ $2r$

> **해설** • 구좌표계에 의한 $\nabla^2 r = \dfrac{1}{r^2}\dfrac{\partial}{\partial r}\left(r^2 \dfrac{\partial r}{\partial r}\right) + \dfrac{1}{r^2 \sin\theta}\dfrac{\partial}{\partial \theta}\left(\sin\theta \dfrac{\partial r}{\partial \theta}\right) + \dfrac{1}{r^2 \sin^2\theta}\dfrac{\partial^2 r}{\partial \phi^2}$
> • $\nabla^2 r = \dfrac{1}{r^2}\dfrac{\partial}{\partial r}\left(r^2 \dfrac{\partial r}{\partial r}\right) + 0 + 0 = \dfrac{1}{r^2}\dfrac{\partial}{\partial r}(r^2 \times 1) = \dfrac{1}{r^2} \times 2r = \dfrac{2}{r}$

01 전위경도 V와 전계 E의 관계식은?

① $E = \operatorname{grad} V$

② $E = \operatorname{div} V$

③ $E = -\operatorname{grad} V$

④ $E = -\operatorname{div} V$

해설 $E = -\operatorname{grad} V = -\nabla V = -\left(i\dfrac{\partial V}{\partial x} + j\dfrac{\partial V}{\partial y} + k\dfrac{\partial V}{\partial z}\right) = -i\dfrac{\partial V}{\partial x} - j\dfrac{\partial V}{\partial x} - k\dfrac{\partial V}{\partial z}$

02 질량 $m = 10^{-8}$[kg], 전하량 $q = 10^{-6}$[C]의 입자가 전계 E[V/m]인 곳에 존재한다. 이 입자의 가속도가 $a = 10^2 i + 10^3 j$[m/s^2]인 것이 관측되었다면 전계의 세기 E[V/m]는? (단, i, j는 단위벡터이다.)

① $E = 10^2 i + 10^3 j$

② $E = i + 10j$

③ $E = 10^{-4} i + 10^{-3} j$

④ $E = 10i + 10^2 j$

해설 • $F = qE$[N], $F = ma$[N]에서 $qE = ma$

• $E = \dfrac{ma}{q} = \dfrac{10^{-8} \times (10^2 i + 10^3 j)}{10^{-6}} = 10^{-2}(10^2 i + 10^3 j) = i + 10j$

03 공기 중에 고립된 금속구가 반지름 r일 때, 그 정전용량은 몇 [F]인가?

① $\dfrac{\varepsilon_0 r}{4\pi}$

② $\varepsilon_0 r$

③ $4\pi\varepsilon_0 r$

④ $8\pi\varepsilon_0 r$

해설 $C = \dfrac{4\pi\varepsilon_0}{\dfrac{1}{r}} = 4\pi\varepsilon_0 r\,[\mathrm{F}]$

정답 | 01 ③ 02 ② 03 ③

04 진공 중에 서로 떨어져 있는 두 도체 A, B가 있을 때 도체 A에만 1[C]의 전하를 주었더니 도체 A와 B의 전위가 3[V], 2[V]이었다. 지금 도체 A, B에 각각 2[C]과 1[C]의 전하를 주면 도체 A의 전위는 몇 [V]인가?

① 6   ② 7

③ 8   ④ 9

해설   1) $V_A = P_{AA}Q_A + P_{AB}Q_B$
$\qquad\quad V_B = P_{BA}Q_A + P_{BB}Q_B$
2) $Q_A = 1[\text{C}]$, $Q_B = 0[\text{C}]$, $V_A = 3$, $V_B = 2$이므로
$\qquad 3 = P_{AA} \times 1 + P_{AB} \times 0 \ \therefore \ P_{AA} = 3$
$\qquad 2 = P_{BA} \times 1 + P_{BB} \times 0 \ \therefore \ P_{BA} = 2$
3) $V_A = P_{AA}Q_A + P_{AB}Q_B = 3 \times 2 + 2 \times 1 = 8[\text{V}]$

05 자기모멘트 $9.8 \times 10^{-5}[\text{Wb} \cdot \text{m}]$의 막대자석을 지구자계의 수평성분 10.5[AT/m]인 곳에서 지자기 자오면으로부터 90[°] 회전시키는 데 필요한 일은 약 몇 [J]인가?

① 1.03×10^{-3} ② 1.03×10^{-5}

③ 9.03×10^{-3} ④ 9.03×10^{-5}

해설 $W[\text{J}] = 힘 \times 거리 = M \times H = MH\sin\theta[\text{N} \cdot \text{m}]$
$\qquad\qquad = 9.8 \times 10^{-5} \times 10.5 \times \sin90[°] = 1.029 \times 10^{-3}[\text{N} \cdot \text{m}]$

06 히스테리시스 곡선에서 히스테리시스 손실에 해당하는 것은?

① 보자력의 크기   ② 잔류자기의 크기

③ 보자력과 잔류자기의 곱   ④ 히스테리시스 곡선의 면적

해설 **히스테리시스 곡선의 면적은 단위 체적당의 손실 에너지**
- 히스테리시스 손실 : $P_h = \eta f B_m^{1.6}[\text{W/m}^3]$
  대책 : 규소강판 사용
- 와류손실 : $P_e = \eta (tfkB_m)^2[\text{W/m}^3]$
  대책 : 성층철심 사용(t : 두께, k : 파형율)

07 정상전류에서 옴의 법칙에 대한 미분형은? (단, i는 전류밀도, k는 도전율, ρ는 고유저항, E는 전계의 세기이다.)

① $i = kE$

② $i = \dfrac{E}{k}$

③ $i = \rho E$

④ $i = -kE$

해설 전류밀도 : $i = \dfrac{E}{\rho} = kE$

08 전계 $E[\mathrm{V/m}]$가 두 유전체의 경계면에 평행으로 작용하는 경우 경계면에 단위면적당 작용하는 힘의 크기는 몇 $[\mathrm{N/m^2}]$인가? (단, ε_1, ε_2는 각 유전체의 유전율이다.)

① $f = E^2(\varepsilon_1 - \varepsilon_2)$

② $f = \dfrac{1}{E^2}(\varepsilon_1 - \varepsilon_2)$

③ $f = \dfrac{1}{2}E^2(\varepsilon_1 - \varepsilon_2)$

④ $f = \dfrac{1}{2E^2}(\varepsilon_1 - \varepsilon_2)$

해설 $f = f_1 - f_2 = \dfrac{1}{2}\varepsilon_1 E^2 - \dfrac{1}{2}\varepsilon_2 E^2 = \dfrac{1}{2}(\varepsilon_1 - \varepsilon_2)E^2 \left[\dfrac{\mathrm{N}}{\mathrm{m^2}}\right] \ (\varepsilon_1 > \varepsilon_2)$

09 반지름이 $r[\mathrm{m}]$인 반원형 전류 $I[\mathrm{A}]$에 의한 반원의 중심(O)에서 자계의 세기$[\mathrm{AT/m}]$는?

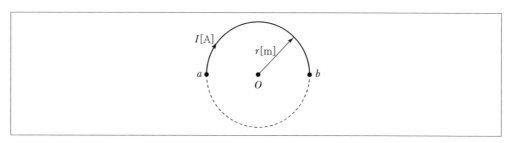

① $\dfrac{2I}{r}$

② $\dfrac{I}{r}$

③ $\dfrac{I}{2r}$

④ $\dfrac{I}{4r}$

해설 1) 원형코일 중심의 자계 : $H = \dfrac{I}{2r}$

2) 반원 : $H_{반원} = \dfrac{I}{2r} \times \dfrac{1}{2} = \dfrac{I}{4r}$

10 동일한 금속도선의 두 점 간에 온도차를 주고 고온 쪽에서 저온 쪽으로 전류를 흘리면, 줄열 이외에 도선 속에서 열이 발생하거나 흡수가 일어나는 현상을 지칭하는 것은?

① 제벡 효과
② 톰슨 효과
③ 펠티에 효과
④ 볼타 효과

해설 1) 1가지 금속(톰슨 효과)
　　　　동일한 금속도선 → 두 점에 온도차가 있을 때 전류를 흘리면 → 열의 발생 또는 흡수가 생기는 현상
2) 2가지 금속
　　① 펠티어 효과(Peltier effect)

두 종류의 금속 폐회로에 전류를 흘리면
• 고온의 접합점에서는 열의 흡수
• 저온의 접합점에서는 열을 발생

　　② 제어벡 효과(seebeck effect)
　　　두 종류의 금속에 온도차가 생기면 폐회로에 기전력이 생겨 전류가 흐르게 되는 현상

11 도전율 σ, 유전율 ε인 매질에 교류전압을 가할 때 전도전류와 변위전류의 크기가 같아지는 주파수는?

① $f = \dfrac{\sigma}{2\pi\varepsilon}$
② $f = \dfrac{\varepsilon}{2\pi\sigma}$
③ $f = \dfrac{2\pi\varepsilon}{\sigma}$
④ $f = \dfrac{2\pi\sigma}{\varepsilon}$

해설 도체와 유전체를 구분하는 임계 주파수(f) 조건은 $I_R = i_D$ 이므로
$$I_R = i_D$$
$$kE = 2\pi f \varepsilon E$$
$$\therefore f = \frac{\sigma E}{2\pi\varepsilon E} = \frac{\sigma}{2\pi\varepsilon}$$

정답 | 10 ② 11 ①

12 진공 중에 반지름 a[m], 중심간격 d[m]인 평행 원통도체가 있다. 원통도체의 단위길이당 정전용량은 몇 [F/m]인가?

① $\dfrac{2\pi\varepsilon_0}{\ln\dfrac{d-a}{a}}$

② $\dfrac{2\pi\varepsilon_0}{\ln\dfrac{a}{d-a}}$

③ $\dfrac{\pi\varepsilon_0}{\ln\dfrac{d-a}{a}}$

④ $\dfrac{\pi\varepsilon_0}{\ln\dfrac{a}{d-a}}$

해설 평행도선

$$C = \frac{\pi\varepsilon_0}{\ln\dfrac{b}{a}} = \frac{\pi\varepsilon_0}{\ln\dfrac{d-a}{a}}\,[\text{F}]$$

13 유전율이 각각 다른 두 유전체가 서로 경계를 이루며 접해 있다. 다음 중 옳지 않은 것은? (단, 이 경계면에는 진전하분포가 없다고 한다.)

① 경계면에서 전계의 접선성분은 연속이다.
② 경계면에서 전속밀도의 법선성분은 연속이다.
③ 경계면에서 전계와 전속밀도는 굴절한다.
④ 경계면에서 전계와 전속밀도는 불변이다.

해설 ① 자계의 접선 성분이 같다. $H_1\sin\theta_1 = H_2\sin\theta_2$
② 자속 밀도의 법선 성분이 같다. $B_1\cos\theta_1 = B_2\cos\theta_2$
③ 경계면에서 전계와 전속밀도는 굴절한다.
④ 경계면에서 전계와 전속밀도는 변한다(불연속).

14 0.2[C]의 점전하가 전계 $E = 5a_y + a_z$[V/m] 및 자속밀도 $B = 2a_y + 5a_z$[Wb/m^2] 내로 속도 $v = 2a_x + 3a_y$[m/s]로 이동할 때 점전하에 작용하는 힘 F[N]은? (단, a_x, a_y, a_z는 단위벡터이다.)

① $2a_x - a_y + 3a_z$

② $3a_x - a_y + a_z$

③ $a_x + a_y - 2a_z$

④ $5a_x + a_y - 3a_z$

해설 1) 전계와 자계가 동시에 존재할 때 : $F = q(E + v \times B)$
2) $F = q(E + v \times B) = 0.2[5a_y + a_z + (2a_x + 3a_y) \times (2a_y + 5a_z)]$
3) $(2a_x + 3a_y) \times (2a_y + 5a_z)$ 계산

$$\begin{bmatrix} a_x & a_y & a_z \\ 2 & 3 & 0 \\ 0 & 2 & 5 \end{bmatrix} = (3 \times 5a_x + 2 \times 2a_z) - 2 \times 5a_y = 15a_x - 10a_y + 4a_z$$

4) $F = 0.2[5a_y + a_z + (2a_x + 3a_y) \times (2a_y + 5a_z)]$
$= 0.2[5a_y + a_z + 15a_x - 10a_y + 4a_z] = 0.2[15a_x - 5a_y + 5a_z]$
$= 3a_x - a_y + a_z$

정답 | **12** ③ **13** ④ **14** ②

15 맥스웰(Maxwell)의 전자방정식이 아닌 것은?

① $\nabla \times H = i + \dfrac{\partial D}{\partial t}$

② $\nabla \times E = -\dfrac{\partial B}{\partial t}$

③ $\nabla \cdot i = -\dfrac{\partial \rho}{\partial t}$

④ $\nabla \cdot D = \rho$

해설 **맥스웰의 방정식**

- $\mathrm{rot}E = -\dfrac{\partial B}{\partial t} \left(\nabla \times E = -\dfrac{\partial B}{\partial t} \right)$
- $\mathrm{rot}H = i_c + \dfrac{\partial D}{\partial t} \left(\nabla \times E = i_c + \dfrac{\partial D}{\partial t} \right)$
- $\mathrm{div}D = \rho (\nabla \cdot D = \rho)$
- $\mathrm{div}B = o (\nabla \cdot B = 0)$

16 권수 200회이고, 자기인덕턴스 20[mH]의 코일에 2[A]의 전류를 흘리면, 쇄교자속수[Wb]는?

① 0.04

② 0.01

③ 4×10^{-4}

④ 2×10^{-4}

해설 **쇄교 자속수**

$\phi = LI = 20 \times 10^{-3} \times 2 = 4 \times 10^{-2} = 0.04$

17 유전율 ε, 전계의 세기 E인 유전체의 단위체적에 축적되는 에너지는?

① $\dfrac{E}{2\varepsilon}$

② $\dfrac{\varepsilon E}{2}$

③ $\dfrac{\varepsilon E^2}{2}$

④ $\dfrac{\varepsilon^2 E^2}{2}$

해설 $W = \dfrac{1}{2}DE = \dfrac{1}{2}\varepsilon E^2 = \dfrac{1}{2}\dfrac{D^2}{\varepsilon} \left[\dfrac{\mathrm{J}}{\mathrm{m}^3} \right]$

18 영구자석의 재료로 사용되는 철에 요구되는 사항으로 옳은 것은?

① 잔류 자속밀도는 작고 보자력이 커야 한다.
② 잔류 자속밀도와 보자력이 모두 커야 한다.
③ 잔류 자속밀도는 크고 보자력이 작아야 한다.
④ 잔류 자속밀도는 커야 하나, 보자력은 0이어야 한다.

해설 **영구자석과 전자석**

- 영구자석의 재료인 강철 : B_r(잔류 자속밀도) 크다. H_c(보자력) 크다.
- 전자석의 재료인 연철 : B_r(잔류 자속밀도) 크다. H_c(보자력) 작다.

정답 | 15 ③ 16 ① 17 ③ 18 ②

19 그림과 같이 영역 $y \leq 0$은 완전도체로 위치해 있고, 영역 $y \geq 0$은 완전유전체로 위치해 있을 때, 만일 경계무한평면의 도체면상에 면전하밀도 $\rho_s = 2[\text{nC/m}^2]$가 분포되어 있다면 P점$(-4, 1, -5)[\text{m}]$의 전계의 세기$[\text{V/m}]$는?

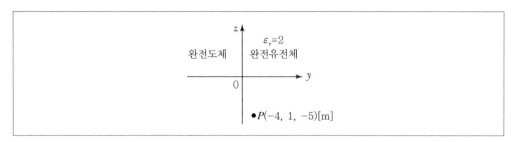

① $18\pi a_y$

② $36\pi a_y$

③ $-54\pi a_y$

④ $72\pi a_y$

해설 경계면 축에 면전하밀도 ρ_s가 존재하므로 P점의 전계는 y축 방향으로 존재한다.

무한 평면의 전계 $E = \dfrac{\rho_s}{2\varepsilon_0} a_y = \dfrac{2 \times 10^{-9}}{2\varepsilon_0} a_y = 113 a_y = 36\pi a_y$ (무한 평면의 전계는 거리와 무관)

20 내경의 반지름이 1[mm], 외경의 반지름이 3[mm]인 동축케이블의 단위 길이당 인덕턴스는 약 몇 $[\mu\text{H/m}]$인가? (단, 이때 $\mu_r = 1$이며, 내부 인덕턴스는 무시한다.)

① 0.12

② 0.22

③ 0.32

④ 0.42

해설 $L =$ 내부 $+$ 외부 $= \dfrac{\mu}{8\pi} + \dfrac{\mu}{2\pi} \ln \dfrac{b}{a} \fallingdotseq \dfrac{\mu_0}{2\pi} \ln \dfrac{b}{a}$

$= \dfrac{\mu_0}{2\pi} \ln \dfrac{3 \times 10^{-3}}{1 \times 10^{-3}} = 2.197 \times 10^{-7} = 0.219 \times 10^{-6} = 0.219[\mu\text{H/m}]$

정답 | 19 ② 20 ②

2023년 제1회 과년도 기출문제

01 유전체 A, B의 접합면에 전하가 없을 때 각 유전체 중의 전계 방향이 그림과 같고 $E_A = 100\,[\mathrm{V/m}]$ 이면, $E_B[\mathrm{V/m}]$ 는?

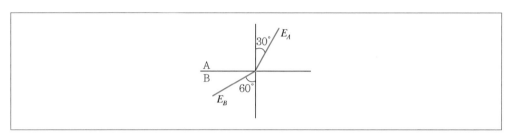

① $100\sqrt{3}$

② $\dfrac{100}{\sqrt{3}}$

③ 300

④ $\dfrac{100}{3}$

해설 $E_A \sin \theta_1 = E_B \sin \theta_2$ 에서

1) $100 \times \sin 30 = E_B \sin 60$

2) $E_B = \dfrac{\dfrac{100}{2}}{\dfrac{\sqrt{3}}{2}} = \dfrac{100}{\sqrt{3}}\,[\mathrm{V/m}]$

02 유전체 내의 정전 에너지 식으로 옳지 않은 것은?

① $\dfrac{1}{2}E \cdot D$

② $\dfrac{1}{2}\dfrac{D^2}{\varepsilon}$

③ $\dfrac{1}{2}\varepsilon E^2$

④ $\dfrac{1}{2}\varepsilon D^2$

해설 $W = \dfrac{1}{2}ED = \dfrac{1}{2}\varepsilon E^2 = \dfrac{1}{2}\dfrac{D^2}{\varepsilon}\,[\mathrm{J/m^3}]\left(D = \varepsilon E,\ E = \dfrac{D}{\varepsilon}\right)$

정답 | 01 ② 02 ④

03 정산전류계에서 $\nabla \cdot i = 0$에 대한 설명으로 틀린 것은?

① 도체 내에 흐르는 전류는 연속이다.
② 도체 내에 흐르는 전류는 일정하다.
③ 단위 시간당 전하의 변화가 없다.
④ 도체 내에 전류가 흐르지 않는다.

해설 • 전류의 연속성
$\nabla \cdot i = 0$ 또는 $\mathrm{div}\, i = 0$
• 도체 내에 전류가 흐르지 않는다. $\therefore\ i = 0$

04 점전하에 의한 전계의 세기[V/m]를 나타내는 식은? (단, r은 거리, Q는 전하량, λ는 선전하 밀도, σ는 표면 전하밀도이다.)

① $\dfrac{1}{4\pi\varepsilon_0}\dfrac{Q}{r^2}$ 　　　　② $\dfrac{1}{4\pi\varepsilon_0}\dfrac{\sigma}{r^2}$

③ $\dfrac{1}{2\pi\varepsilon_0}\dfrac{Q}{r^2}$ 　　　　④ $\dfrac{1}{2\pi\varepsilon_0}\dfrac{\sigma}{r^2}$

해설 가우스 정리로 전계를 구하면
$$E = \frac{1}{4\pi\varepsilon_0}\frac{Q}{r^2}\left[\frac{\mathrm{V}}{\mathrm{m}}\right]$$

05 자계 실효값이 $1[\mathrm{mA/m}]$인 평면 전자파가 공기 중에서 이에 수직되는 수직 단면적 $10[\mathrm{m}^2]$를 통과하는 전력 $[\mathrm{W}]$은?

① 3.77×10^{-3} 　　　　② 3.77×10^{-4}

③ 3.77×10^{-5} 　　　　④ 3.77×10^{-6}

해설 전력 $= EH \times$ 면적[W], $Z_0 = \dfrac{E}{H} = \sqrt{\dfrac{\mu_0}{\varepsilon_0}} = 377[\Omega]$에서

• $E = 377\,H$
• 전력 $= EH \times$ 면적
$= 377\,H \times H \times 10 = 377 \times H^2 \times 10 = 377 \times (1 \times 10^{-3})^2 \times 10 = 3.77 \times 10^{-3}[\mathrm{W}]$

06 그림과 같이 반경 $a[\text{m}]$인 코일에 전류 $I[\text{A}]$가 흐를 때 중심선상의 P점에서 자계의 세기는 몇 $[\text{AT/m}]$인가?

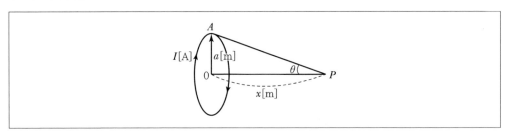

① $\dfrac{a^2 I}{2(a^2 + x^2)}$

② $\dfrac{a^2 I}{2(a^2 + x^2)^{1/2}}$

③ $\dfrac{a^2 I}{2(a^2 + x^2)^2}$

④ $\dfrac{a^2 I}{2(a^2 + x^2)^{3/2}}$

해설 1) 원형코일 중심의 자계는 $H = \dfrac{I}{2a}[\text{AT/m}]$가 되는 것을 고른다.

2) $x = 0$이면 원형코일 중심의 자계가 된다.

$$H_x = \frac{a^2 I}{2(a^2 + x^2)^{3/2}} = \frac{a^2 I}{2(a^2 + 0^2)^{\frac{3}{2}}} = \frac{a^2 I}{2(a^2)^{\frac{3}{2}}} = \frac{a^2 I}{2a^3} = \frac{I}{2a}$$

07 그림과 같이 무한 도체판에 반지름 $a[\text{m}]$인 반구가 돌출되어 있다. 점 P에서 $Q[\text{C}]$의 전하가 놓여 있을 때 $Q[\text{C}]$의 전하에 의하여 생기는 영상전하의 수는?

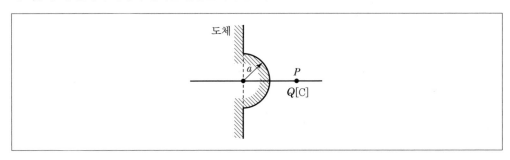

① 1

② 2

③ 3

④ 4

해설 무한 평면도체와 접지 도체구의 영상전하가 합쳐진 것이다.

08 진공 중에서 $q[\mathrm{C}]$의 전하가 $H[\mathrm{AT/m}]$의 자계 안에서 자계와 수직 방향으로 $v[\mathrm{m/s}]$의 속도로 움직일 때 받는 힘$[\mathrm{N}]$은? (단, 진공 중의 투자율은 μ_0이다.)

① qvH ② $\mu_0 qH$

③ πqvH ④ $\mu_0 qvH$

해설 **로렌쯔의 힘(전자가 받는 힘)**

$F = q(v \times B) = qvB = qv\mu_0 H = \mu_0 qvH$

09 평균 반지름(r)이 20[cm], 단면적(S)이 6[cm²]인 환상철심에서 권선수(N)가 500회인 코일에 흐르는 전류(I)가 4[A]일 때 철심 내부에서의 자계의 세기(H)는 약 몇 [AT/m]인가?

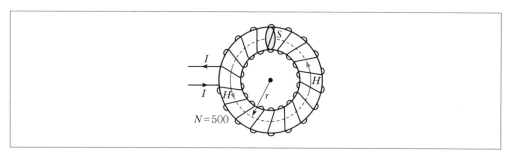

① 1,590 ② 1,700

③ 1,870 ④ 2,120

해설 $H = \dfrac{NI}{2\pi r} = \dfrac{500 \times 4}{2\pi \times 0.2} = 1{,}591.55 [\mathrm{AT/m}]$

10 어떤 환상 솔레노이드의 단면적이 S이고, 자로의 길이가 l, 투자율이 μ라고 한다. 이 철심에 균등하게 코일을 N회 감고 전류를 흘렸을 때 자기 인덕턴스에 대한 설명으로 옳은 것은?

① 투자율 μ에 반비례한다.

② 권선수 N^2에 비례한다.

③ 자로의 길이 l에 비례한다.

④ 단면적 S에 반비례한다.

해설 $R_m = \dfrac{\ell}{\mu s}$ 이므로 $L = \dfrac{N^2}{R_m} = \dfrac{N^2}{\frac{\ell}{\mu s}} = \dfrac{\mu S N^2}{\ell}$.

정답 | **08** ④ **09** ① **10** ②

11 다음 중 투자율이 가장 큰 것은?

① 니켈   ② 코발트

③ 순철   ④ 규소강

해설 투자율이 큰 것은 강자성체이다. Fe, Ni, Co에서 Fe > Ni > Co 순으로 크다.

12 그림과 같은 원형코일이 두 개가 있다. A의 권선수는 1회, 반지름 1[m], B의 권선수는 2회, 반지름은 2[m] 이다. A와 B의 코일중심을 겹쳐 두면 중심에서의 자속이 A만 있을 때의 2배가 된다. A와 B의 전류비 I_B/I_A는?

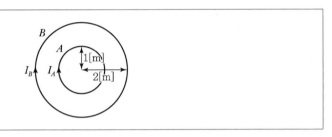

① $\dfrac{1}{2}$ ② 1

③ 2   ④ 4

해설 코일 중심의 자계는 $\dfrac{NI}{2a}$ [AT/m]일 때

1) A코일의 자계의 세기 $H_A = \dfrac{NI}{2a} = \dfrac{1 \times I_A}{2 \times 1} = \dfrac{I_A}{2}$

    B코일의 자계의 세기 $H_B = \dfrac{NI}{2a} = \dfrac{2I_B}{2 \times 2} = \dfrac{I_B}{2}$

2) $\dfrac{I_A}{2} + \dfrac{I_B}{2} = 2 \times \dfrac{I_A}{2}$

    계산하면 $I_A + I_B = 2I_A$

    $I_A = I_B$

    $\therefore \ \dfrac{I_B}{I_A} = 1$

13 무한히 넓은 2개의 평행판 도체의 간격이 $d[\mathrm{m}]$이며 그 전위차는 $V[\mathrm{V}]$이다. 도체판의 단위면적에 작용하는 힘 $[\mathrm{N/m^2}]$은? (단, 유전율은 ε_0이다.)

① $\varepsilon_0 \dfrac{V}{d}$

② $\varepsilon_0 \left(\dfrac{V}{d} \right)^2$

③ $\dfrac{1}{2} \varepsilon_0 \dfrac{V}{d}$

④ $\dfrac{1}{2} \varepsilon_0 \left(\dfrac{V}{d} \right)^2$

해설 도체판에 작용하는 힘

- $f = \dfrac{1}{2} ED = \dfrac{1}{2} E \varepsilon_0 E = \dfrac{1}{2} \varepsilon_0 E^2$
- $V = Ed$에서 $E = \dfrac{V}{d}$
- $f = \dfrac{1}{2} \varepsilon_0 E^2 = \dfrac{1}{2} \varepsilon_0 \left(\dfrac{V}{d} \right)^2$

14 비유전율이 4이고, 비투자율이 4인 매질 내에서의 전자파의 전파속도 $v[\mathrm{m/s}]$와 진공 중의 빛의 속도 $v_0[\mathrm{m/s}]$ 사이의 관계는?

① $v = \dfrac{1}{2} v_0$

② $v = \dfrac{1}{4} v_0$

③ $v = \dfrac{1}{6} v_0$

④ $v = \dfrac{1}{8} v_0$

해설 $v = \dfrac{1}{\sqrt{\varepsilon \mu}} = \dfrac{1}{\sqrt{\varepsilon_s \mu_s}} \dfrac{1}{\sqrt{\varepsilon_0 \mu_0}} = \dfrac{1}{\sqrt{4 \times 4}} v_0 = \dfrac{1}{4} v_0$

15 전자석의 재료(연철)로 적당한 것은?

① 잔류 자속밀도가 크고, 보자력이 작아야 한다.
② 잔류 자속밀도와 보자력이 모두 작아야 한다.
③ 잔류 자속밀도와 보자력이 모두 커야 한다.
④ 잔류 자속밀도가 작고, 보자력이 커야 한다.

해설 영구자석과 전자석
- 영구자석의 재료인 강철 : B_r(잔류 자속밀도) 크다. H_c(보자력) 크다.
- 전자석의 재료인 연철 : B_r(잔류 자속밀도) 크다. H_c(보자력) 작다.

16 유전체에 가한 전계 $E[\text{V/m}]$와 분극의 세기 $P[\text{C/m}^2]$, 전속밀도 $D[\text{C/m}^2]$ 간의 관계식으로 옳은 것은?

① $D = \varepsilon_0 E - P$

② $P = \varepsilon_0 (\varepsilon_s + 1) E$

③ $D = \varepsilon_0 \varepsilon_s E + P$

④ $P = \varepsilon_0 (\varepsilon_s - 1) E$

해설

- $E = \dfrac{D - P}{\varepsilon_0}$

- $P = D - \varepsilon_0 E = D(1 - \dfrac{1}{\varepsilon_s}) = \varepsilon_0 (\varepsilon_s - 1) E$

17 두 종류의 금속으로 된 회로에 전류를 통하면 각 접속점에서 열의 흡수 또는 발생이 일어나는 현상이 발생한다. 이 현상을 지칭하는 효과를 무엇이라 하는가?

① Peltier 효과

② Seebeck 효과

③ Thomson 효과

④ Pinch 효과

해설

1) 1가지 금속(톰슨 효과)
   동일한 금속도선 → 두 점에 온도차가 있을 때 전류를 흘리면 → 열의 발생 또는 흡수가 생기는 현상
2) 2가지 금속
   ① 펠티어 효과(Peltier effect)

두 종류의 금속 폐회로에 전류를 흘리면
   - 고온의 접합점에서는 열의 흡수
   - 저온의 접합점에서는 열을 발생

   ② 제어벡 효과(seebeck effect)
   두 종류의 금속에 온도차가 생기면 폐회로에 기전력이 생겨 전류가 흐르게 되는 현상

18 벡터 $A = i - j + 3k$, $B = i + ak$일 때 벡터 A와 벡터 B가 수직이 되기 위한 a의 값은? (단, i, j, k는 x, y, z 방향의 기본벡터이다.)

① -2

② $-\dfrac{1}{3}$

③ 0

④ $\dfrac{1}{2}$

해설

$A \cdot B = |A| \, |B| \cos\theta = A_x B_x + A_y B_y + A_z B_z$

$A \perp B$ 가 되기 위한 조건은 $\theta = 90[°]$ $\therefore \cos\theta = \cos 90[°] = 0$

$|A| \, |B| \cos\theta = A_x B_x + A_y B_y + A_z B_z$

$0 = 1 \times 1 + (-1) \times 0 + 3 \times a$

$1 + 3a = 0$

$\therefore a = -\dfrac{1}{3}$

정답 | 16 ④ 17 ① 18 ②

19 반지름 $a\,[\mathrm{m}]$ 의 반구형 도체물을 고유저항 $\rho\,[\Omega\cdot\mathrm{m}]$ 의 대지 표면에 부딪혔을 때 접지저항은 몇 $[\Omega]$ 인가?

① $\dfrac{1}{2\pi\rho a}$

② $\dfrac{\rho}{2\pi a}$

③ $2\pi\rho a$

④ $\dfrac{a}{2\pi\rho}$

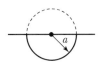 • 구 : $C = 4\pi\varepsilon a$

• 반구 : $C_{\text{반구}} = 4\pi\varepsilon a \times \dfrac{1}{2} = 2\pi\varepsilon a$

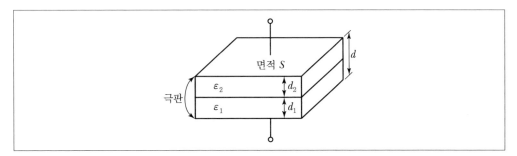

• $R = \dfrac{\rho\varepsilon}{C} = \dfrac{\rho\varepsilon}{2\pi\varepsilon a} = \dfrac{\rho}{2\pi a}$

20 면적 $S\,[\mathrm{m}^2]$, 간격 $d\,[\mathrm{m}]$ 인 평행판 콘덴서에 그림과 같이 두께 d_1, $d_2\,[\mathrm{m}]$ 이며, 유전율 ε_1, $\varepsilon_2\,[\mathrm{F/m}]$ 인 두 유전체를 극판 간에 평행으로 채웠을 때 정전용량은 얼마인가?

① $\dfrac{\varepsilon_1 S}{d_1} + \dfrac{\varepsilon_2 S}{d_2}$

② $\dfrac{S}{\dfrac{d_1}{\varepsilon_2} + \dfrac{d_2}{\varepsilon_1}}$

③ $\dfrac{S}{\dfrac{d_1}{\varepsilon_1} + \dfrac{d_2}{\varepsilon_2}}$

④ $\dfrac{\varepsilon_1\varepsilon_2 S}{d}$

해설 **직렬접속**

$$C = \dfrac{S}{\dfrac{d_1}{\varepsilon_1} + \dfrac{d_2}{\varepsilon_2}}$$

정답 | **19** ② **20** ③

01 매질 1(ε_1)은 나일론 (비유전율 $\varepsilon_s = 4$)이고, 매질 2(ε_2)는 진공일 때 전속밀도 D가 경계면에서 각각 θ_1, θ_2의 각을 이룰 때 $\theta_2 = 30[°]$라 하면 θ_1의 값은?

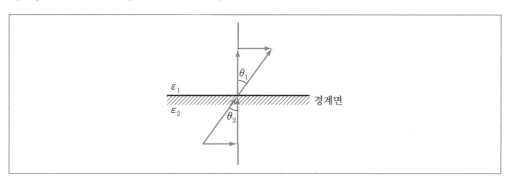

① $\tan^{-1}\dfrac{4}{\sqrt{3}}$

② $\tan^{-1}\dfrac{\sqrt{3}}{4}$

③ $\tan^{-1}\dfrac{\sqrt{3}}{2}$

④ $\tan^{-1}\dfrac{2}{\sqrt{3}}$

해설 1) $\dfrac{\tan\theta_1}{\tan\theta_2} = \dfrac{\varepsilon_1}{\varepsilon_2} = \dfrac{4\varepsilon_0}{\varepsilon_0} = \dfrac{4}{1}$

$\tan\theta_1 = 4\tan\theta_2 = 4 \times \tan 30 = 4 \times \dfrac{1}{\sqrt{3}} = \dfrac{4}{\sqrt{3}}$

2) $\tan\theta_1 = \dfrac{4}{\sqrt{3}}$

$\therefore \theta_1 = \tan^{-1}\dfrac{4}{\sqrt{3}}$

02 절연내력 3,000[kV/m]인 공기 중에 놓여진 직경 1[m]의 구도체에 줄 수 있는 최대전하는 몇 [C]인가?

① 6.75×10^4

② 6.75×10^{16}

③ 8.33×10^{-5}

④ 8.33×10^{-6}

해설 **구도체**

1) 정전용량 $C = 4\pi\varepsilon_0 r$

구도체의 전위 $V = E\,r$

2) $Q = CV = 4\pi\varepsilon_0\,r \times E r = 4\pi\varepsilon_0\,r^2 E = 4\pi\varepsilon_0 \times 0.5^2 \times 3,000 \times 10^3 = 8.344 \times 10^{-5}[\text{C}]$

정답 | 01 ① 02 ③

03 다음 중 감자율이 0인 것은?

① 가늘고 짧은 막대 자성체
② 굵고 짧은 막대 자성체
③ 가늘고 긴 막대 자성체
④ 환상 솔레노이드

해설 환상 솔레노이드(환상철심)은 끝이 없는 철심이므로 감자력이 없다.

04 평판 콘덴서에 어떤 유전체를 넣었을 때 전속밀도가 $4.8 \times 10^{-7}\,[\mathrm{C/m^2}]$이고 단위 체적 중의 에너지가 $5.3 \times 10^{-3}\,[\mathrm{J/m^3}]$이었다. 이 유전체의 유전율은 몇 $[\mathrm{F/m}]$인가?

① 1.15×10^{-11}
② 2.17×10^{-11}
③ 3.19×10^{-11}
④ 4.21×10^{-11}

해설 $W = \dfrac{1}{2}ED = \dfrac{1}{2}\varepsilon E^2 = \dfrac{1}{2}\dfrac{D^2}{\varepsilon}$ 에서

$W = \dfrac{1}{2}\dfrac{D^2}{\varepsilon}$ 이므로

$5.3 \times 10^{-3} = \dfrac{1}{2}\dfrac{(2.4 \times 10^{-7})^2}{\varepsilon}$

$\therefore \varepsilon = \dfrac{1}{2}\dfrac{(4.8 \times 10^{-7})^2}{5.3 \times 10^{-3}} = 2.17 \times 10^{-11}$

05 길이 1[m] 철심($\mu_r = 1,000$)의 자기회로에 1[mm]의 공극이 생겼을 때 전체의 자기저항은 약 몇 배로 증가되는가? (단, 각부의 단면적은 일정하다.)

① 1.5
② 2
③ 2.5
④ 3

해설 $1 + \dfrac{\mu \ell_g}{\mu_0 \ell}$ 만큼 증가하므로

증가분 $= 1 + \dfrac{\mu_0 \mu_s \ell_g}{\mu_0 \ell} = 1 + \dfrac{\mu_s \ell_g}{\ell} = 1 + \dfrac{1,000 \times 1 \times 10^{-3}}{1} = 2$

06 다음의 관계식 중 성립할 수 없는 것은? (단, μ는 투자율, χ는 자화율, μ_0는 진공의 투자율, J는 자화의 세기이다.)

① $\mu = \mu_0 + \chi$

② $B = \mu H$

③ $\mu_s = 1 + \dfrac{\chi}{\mu_0}$

④ $J = \chi B$

해설 ① $\chi = \mu_0(\mu_s - 1) = \mu - \mu_0$

$\therefore \ \mu = \mu_0 + \chi$

③ $\chi = \mu_0(\mu_s - 1) = \mu_0 \mu_s - \mu_0$

$\mu_0 \mu_s = \chi + \mu_0$

$\therefore \ \mu_s = \dfrac{\chi}{\mu_0} + \dfrac{\mu_0}{\mu_0} = \dfrac{\chi}{\mu_0} + 1$

④ $B = \mu_0 H + J$

$J = B - \mu_0 H = \mu_0 \mu_s H - \mu_0 H = \mu_0(\mu_s - 1)H = J = \chi H$

07 유전율 ε의 유전체 내에 있는 전하 Q에서 나오는 전기력선 수는?

① $\dfrac{Q}{\varepsilon_s}$

② $\dfrac{Q}{\varepsilon_0}$

③ Q

④ $\dfrac{Q}{\varepsilon_0 \varepsilon_s}$

해설 전기력선 수

$N = \dfrac{Q}{\varepsilon} = \dfrac{Q}{\varepsilon_0 \varepsilon_s}$

08 다음 중 자기회로의 자기저항에 대한 설명으로 옳은 것은?

① 자기회로의 단면적에 비례한다.

② 투자율에 반비례한다.

③ 자기회로의 길이에 반비례한다.

④ 단면적에 반비례하고, 길이의 제곱에 비례한다.

해설 자기저항 $R = \dfrac{l}{\mu S}$이므로 $R \propto \dfrac{1}{\mu}$이다.

즉, 자기저항은 투자율에 반비례한다.

09 자속밀도가 $30[\mathrm{Wb/m^2}]$의 자계 내에 5[A]의 전류가 흐르고 있는 길이 1[m]인 직선 도체를 자계의 방향에 대하여 60도의 각도로 놓았을 때 이 도체에 작용하는 힘은 약 몇 [N]인가?

① 75

② 120

③ 130

④ 150

해설 $F = IBl\sin\theta = 5 \times 30 \times 1 \times \sin 60[°] = 130[\mathrm{N}]$

10 전기력선의 성질에 대한 설명으로 옳지 않은 것은?

① 전계가 0이 아닌 곳에서는 2개의 전기력선은 교차하는 일이 없다.

② 전기력선은 도체 내부에 존재한다.

③ 전하가 없는 곳에서는 전기력선의 발생, 소멸이 없다.

④ 전기력선은 그 자신만으로 폐곡선을 만들지 않는다.

해설 **전기력선의 성질**
- 전기력선의 방향은 전계의 방향이고, 표면(등전위면)과 수직방향이며, 수직한 단면적의 전기력선밀도는 전계의 세기이다.
- 전기력선은 (+) 전하에서 나와서 (−) 전하로 끝난다.
- 전기력선은 전위가 높은 점에서 낮은 점으로 향한다.
- 전기력선은 그 자신만으로 폐곡선을 이루지 않는다. 즉, 불연속이다.
- 전하가 없으면 전기력선의 발생, 소멸이 없다. 즉, 연속적이다.
- 도체 내부에는 전기력선이 존재하지 않는다(전기력선은 표면에서 나온다.).
- 전기력선은 반발한다. 교차하지도 않는다.

11 점전하 0.5[C]이 전계 $E = 3a_x + 5a_y + 8a_z[\mathrm{V/m}]$ 중에서 속도 $4a_x + 2a_y + 3a_z$로 이동할 때 받는 힘은 몇 [N]인가?

① 4.95

② 7.45

③ 9.95

④ 13.47

해설 1) 전계와 자계가 동시에 존재할 때 $F = q(E + v \times B)$
2) 전계만 있으므로 $F = qE$
$F = qE = 0.5\sqrt{3^2 + 5^2 + 8^2} = 4.95$

정답 | **09** ③ **10** ② **11** ①

12 유전율 ε_1, ε_2인 두 유전체의 경계면에서 전계가 경계면에 수직일 때 경계면에 단위 면적당 작용하는 힘은 몇 $[\mathrm{N/m^2}]$인가? (단, $\varepsilon_1 > \varepsilon_2$, $D_1 = D_2 = D$이다)

① $\dfrac{1}{2}\left(\dfrac{1}{\varepsilon_2} - \dfrac{1}{\varepsilon_1}\right)D^2$

② $\dfrac{1}{2}\left(\dfrac{1}{\varepsilon_1} - \dfrac{1}{\varepsilon_2}\right)E^2$

③ $\dfrac{1}{2}\left(\dfrac{1}{\varepsilon_1} - \dfrac{1}{\varepsilon_2}\right)D^2$

④ $\dfrac{1}{2}\left(\dfrac{1}{\varepsilon_2} - \dfrac{1}{\varepsilon_1}\right)E^2$

해설 **경계면에 작용하는 힘**

- $f = \dfrac{1}{2}DE = \dfrac{1}{2}\varepsilon_0 E^2 \equiv \dfrac{1}{2}\dfrac{D^2}{\varepsilon_0}$

- $f = f_2 - f_1 = \dfrac{D^2}{2\varepsilon_2} - \dfrac{D^2}{2\varepsilon_1} = \dfrac{1}{2}\left(\dfrac{1}{\varepsilon_2} - \dfrac{1}{\varepsilon_1}\right)D^2$

13 공기 중에 있는 지름 6[cm]인 단일 도체구의 정전용량은 약 몇 [pF]인가?

① 0.33

② 0.67

③ 3.33

④ 6.71

해설 **도체구**

$$C = 4\pi\varepsilon_0 a = \dfrac{1}{9 \times 10^9} \times 3 \times 10^{-2} = 3.333 \times 10^{-12}[\mathrm{F}] = 3.33[\mathrm{pF}]$$

14 와전류대한 설명으로 틀린 것은? (단, f : 주파수, B_m : 최대자속밀도, t : 두께, ρ : 저항률이다)

① t^2에 비례한다.

② f^2에 비례한다.

③ ρ^2에 비례한다.

④ $B_m{}^2$에 비례한다.

해설 **와류손(와전류손)**

$$P_e = \eta\,(t\,f\,k\,B_m)^2[\mathrm{W/m^3}]$$

15 $E = 4x\,i - 4y\,j\,[\mathrm{V/m}]$ 일 때, 점 $(1,\ 2)[\mathrm{m}]$를 통과하는 전기력선의 방정식은?

① $xy = 2$

② $\dfrac{1}{x} = y$

③ $\dfrac{1}{x} + \dfrac{1}{y} = 2$

④ $y = \dfrac{1}{2}x$

해설 전력선 방정식의 일반식은 부호가 다르므로 $xy = A$

$x = 1,\ y = 2$을 대입하면

$1 \times 2 = A \quad \therefore\ A = 2$

$xy = A$에 대입하면 $xy = 2$ 또는 $y = \dfrac{2}{x}$

별해 1) 전기력선의 방정식 : $\dfrac{dx}{E_x} = \dfrac{dy}{E_y}$

$E = E_x i + E_y j + E_z k$이므로 $E = 4xi - 4yj + 0k$

$\dfrac{dx}{4x} = \dfrac{dy}{-4y} \ \rightarrow\ \dfrac{1}{4x}dx = -\dfrac{1}{4y}dy \ \rightarrow\ \dfrac{1}{x}dx = -\dfrac{1}{y}dy$

2) 양변에 로그를 취하면

$\displaystyle \int \dfrac{1}{x}\,dx = -\int \dfrac{1}{y}\,dy$

$\log x + C_1 = -\log y + C_2$

$\log x + \log y = C_2 - C_1$

$\log xy = C$

$\log xy = \log A \quad \therefore\ xy = A$

이때 점$(1,\ 2)$는 $x = 1,\ y = 2$이므로 $1 \times 2 = A \ \therefore\ A = 2$

$\therefore\ xy = 2$

16 자유 공간에 있어서 포인팅 벡터를 $S\,[\mathrm{W/m^2}]$라 할 때 전장의 세기의 실효값 $E_e\,[\mathrm{V/m}]$를 구하면?

① $\sqrt{\dfrac{\mu_0}{\varepsilon_0}}\,S$

② $S\sqrt{\dfrac{\varepsilon_0}{\mu_0}}$

③ $\sqrt{S\sqrt{\dfrac{\mu_0}{\varepsilon_0}}}$

④ $\sqrt{S\sqrt{\dfrac{\varepsilon_0}{\mu_0}}}$

해설 $S = E \times H\left[\dfrac{\mathrm{W}}{\mathrm{m^2}}\right]$, $Z_0 = \dfrac{E}{H} = \sqrt{\dfrac{\mu_0}{\varepsilon_0}} = 377[\Omega]$

1) $H = \dfrac{E}{\sqrt{\dfrac{\mu_0}{\varepsilon_0}}}$

2) $S = E \times H = E \times \dfrac{E}{\sqrt{\dfrac{\mu_0}{\varepsilon_0}}} = \dfrac{E^2}{\sqrt{\dfrac{\mu_0}{\varepsilon_0}}}$

3) $S\sqrt{\dfrac{\varepsilon_0}{\mu_0}} = E^2$

$\therefore\ E = \sqrt{s\sqrt{\dfrac{\mu_0}{\varepsilon_0}}}\ [\mathrm{V/m}]$

정답 | **15** ① **16** ③

17 2개의 도체를 $+Q[\mathrm{C}]$ 과 $-Q[\mathrm{C}]$ 으로 대전했을 때 이 두 도체 간의 정전용량을 전위계수로 표시하면 어떻게 되는가?

① $\dfrac{P_{11}P_{22} - P^2_{12}}{P_{11} + 2P_{12} + P_{22}}$

② $\dfrac{P_{11}P_{22} + P^2_{12}}{P_{11} + 2P_{12} + P_{22}}$

③ $\dfrac{1}{P_{11} + 2P_{12} + P_{22}}$

④ $\dfrac{1}{P_{11} - 2P_{12} + P_{22}}$

해설

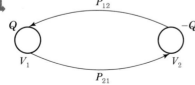

1) $V_1 = P_{11}Q + P_{12}(-Q) = P_{11}Q - P_{12}Q$

$V_2 = P_{21}Q + P_{22}(-Q) = P_{21}Q - P_{22}Q$

$V = V_1 - V_2 = P_{11}Q - P_{12}Q - P_{21}Q + P_{22}Q = (P_{11} - 2P_{12} + P_{22})Q$

2) $C = \dfrac{Q}{V} = \dfrac{Q}{Q(P_{11} - 2P_{12} + P_{22})} = \dfrac{1}{P_{11} - 2P_{12} + P_{22}}$

18 8[m] 길이의 도선으로 만들어진 정방형 코일에 $\pi[A]$ 가 흐를 때 정방형의 중심점에서의 자계의 세기는 몇 [A/m]인가?

① $\dfrac{\sqrt{2}}{2}$

② $\sqrt{2}$

③ $2\sqrt{2}$

④ $4\sqrt{2}$

해설 한 변 AB에 대한 중심점의 자계는 $H_{AB} = \dfrac{I}{4\pi a}(\sin\beta_1 + \sin\beta_2)$ 이므로

1) $a = \dfrac{\ell}{2}$, $\sin\beta_1 = \sin\beta_2 = \sin\beta = \sin 45[°] = \dfrac{\sqrt{2}}{2}$, (정사각형은 45[°])

2) $H_{AB} = \dfrac{I}{4\pi a}(\sin\beta_1 + \sin\beta_2) = \dfrac{I}{4\pi \times \dfrac{\ell}{2}} \times 2\sin\beta$

$= \dfrac{I}{4\pi \times \dfrac{\ell}{2}} \times 2\sin 45[°] = \dfrac{I}{4\pi \times \dfrac{\ell}{2}} \times 2 \times \dfrac{\sqrt{2}}{2} = \dfrac{\sqrt{2}I}{2\pi\ell}$

$\therefore H_0 = H_{AB} + H_{BC} + H_{CD} + H_{DA} = 4H_{AB} = \dfrac{2\sqrt{2}I}{\pi\ell} = \dfrac{2\sqrt{2} \times \pi}{\pi \times 2} = \sqrt{2}\left[\dfrac{\mathrm{A}}{\mathrm{m}}\right]$

(∵ 전체 길이가 8[m]이므로 1변의 길이는 $\ell = \dfrac{8}{4} = 2$)

별해 $H_0 = \dfrac{2\sqrt{2}I}{\pi\ell} = \dfrac{2\sqrt{2} \times \pi}{\pi \times 2} = \sqrt{2}\left[\dfrac{\mathrm{A}}{\mathrm{m}}\right]$

정답 | **17** ④ **18** ②

19 진공 중에 그림과 같이 한 변이 a[m]인 정삼각형의 꼭지점에 각각 서로 같은 점전하 $+Q$[C]이 있을 때 그 각 전하에 작용하는 힘 F는 몇 [N]인가?

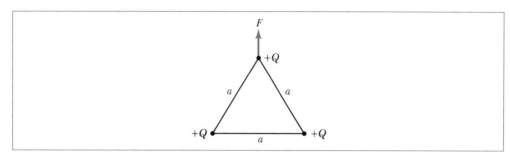

① $F = \dfrac{Q^2}{4\pi\epsilon_0 a^2}$ ② $F = \dfrac{Q^2}{2\pi\epsilon_0 a^2}$

③ $F = \dfrac{\sqrt{2}\,Q^2}{4\pi\epsilon_0 a^2}$ ④ $F = \dfrac{\sqrt{3}\,Q^2}{4\pi\epsilon_0 a^2}$

해설 $F = \dfrac{Q^2}{4\pi\epsilon_0 a^2}$

$F = \sqrt{3}\,F_1 = \dfrac{\sqrt{3}\,Q^2}{4\pi\varepsilon_0 a^2}$ [N]

20 유전율 ε, 투자율 μ인 매질 중을 주파수 f[Hz]의 전자파가 전파되어 나갈 때의 파장은 몇 [m]인가?

① $f\sqrt{\varepsilon\mu}$ ② $\dfrac{1}{f\sqrt{\varepsilon\mu}}$

③ $\dfrac{f}{\sqrt{\varepsilon\mu}}$ ④ $\dfrac{\sqrt{\varepsilon\mu}}{f}$

해설 $\lambda(\text{파장}) = \dfrac{v}{f} = \dfrac{1}{f}v = \dfrac{1}{f}\dfrac{1}{\sqrt{\varepsilon\mu}}$

정답 | **19** ④   **20** ②

01 다음 중 자기 인덕턴스의 성질을 바르게 표현한 것은?

① 항상 부(負)이다.
② 항상 정(正)이다.
③ 항상 0이다.
④ 유도되는 기전력에 따라 정(正)도 되고 부(負)도 된다.

> **해설** 자기 인덕턴스(L)는 항상 정($+$)이어야 하고, 상호 인덕턴스는 ($+$), ($-$)일 때가 있다.

02 길이가 1[cm], 지름이 5[mm]인 동선에 1[A]의 전류를 흘렸을 때 전자가 동선에 흐르는 데 걸린 평균 시간은 약 몇 초인가? (단, 동선에서의 전자 밀도는 1×10^{28}[개/m^3]라고 한다.)

① 3초
② 31초
③ 314초
④ 3,147초

> **해설** 1) $Q = I \times t = n[$개$] \times e[C] = n\left[\dfrac{개}{m^3}\right] \times e \times S[m^3]$ (체적 : $V = S\,l$)
>   - n : 동선의 전자수[개]
>   - e : 전자 한 개의 전하량($e = -1.602 \times 10^{-19}$[C])
>
> 2) $I \times t = n\left[\dfrac{개}{m^3}\right] \times e \times Sl[m^3]$
>
> $1 \times t = 1 \times 10^{28} \times 1.602 \times 10^{-19} \times \pi \times (2.5 \times 10^{-3}) \times 0.01$
>
>   ∴ $t = 314.55$[초]

03 투자율 μ라하고 공기 중의 투자율 μ_0와 비투자율 μ_s의 관계에서 $\mu_s = \dfrac{\mu}{\mu_0} = 1 + \dfrac{\chi}{\mu_0}$로 표현된다. 이에 대한 설명으로 알맞은 것은? (단, χ 는 자화율이다.)

① $\chi > 0$인 경우 역자성체
② $\chi < 0$인 경우 상자성체
③ $\mu_s > 1$인 경우 비자성체
④ $\mu_s < 1$인 경우 역자성체

> **해설** • 상자성체 : 비투자율 $\mu_s > 1$, 자화율 $\chi > 0$
>   • 역자성체 : 비투자율 $\mu_s < 1$, 자화율 $\chi < 0$

정답 │ 01 ② 02 ③ 03 ④

04 30[V/m]의 전계 내의 50[V]되는 점에서 1[C]의 전하를 전계 방향으로 70[cm] 이동한 경우, 그 점의 전위는 몇 [V]인가?

① 21

② 29

③ 35

④ 65

> **해설** $V_{BA} = V_B - V_A = -\int_A^B E dl = -\int_0^{0.7} E dl = -[30l]_0^{0.7} = -21[\text{V}]$
>
> $V_A = 50[\text{V}]$, $V_{BA} = -21[\text{V}]$이므로
>
> $\therefore V_B = V_A + V_{BA} = 50 - 21 = 29[\text{V}]$

05 반지름 $a[\text{m}]$인 도체구에 전하 $Q[\text{C}]$이 있을 때, 이 도체구가 유전율 $\varepsilon[\text{F/m}]$인 유전체가 있다고 하면, 이 도체구가 가진 에너지는 몇 [J]인가?

① $\dfrac{Q^2}{2\pi\varepsilon a}$

② $\dfrac{Q^2}{4\pi\varepsilon a}$

③ $\dfrac{Q^2}{8\pi\varepsilon a}$

④ $\dfrac{Q^2}{16\pi\varepsilon a}$

> **해설** $W = \dfrac{1}{2}\dfrac{Q^2}{C} = \dfrac{1}{2} \times \dfrac{Q^2}{4\pi\varepsilon a} = \dfrac{Q^2}{8\pi\varepsilon a}$

06 히스테리시스 곡선에서 히스테리시스 손실에 해당하는 것은?

① 보자력의 크기

② 잔류자기의 크기

③ 보자력과 잔류자기의 곱

④ 히스테리시스 곡선의 면적

> **해설** **히스테리시스 곡선의 면적은 단위 체적당의 손실 에너지**
> - 히스테리시스 손실 : $P_h = \eta f B_m^{1.6}[\text{W/m}^3]$
>   대책 : 규소강판 사용
> - 와류손실 : $P_e = \eta (t f k B_m)^2[\text{W/m}^3]$
>   대책 : 성층철심 사용($t :$: 두께, k : 파형율)

정답 | **04** ② **05** ③ **06** ④

07 두 유전체 ①, ②가 유전율 $\varepsilon_1 = 2\sqrt{3}\,\varepsilon_0$, $\varepsilon_2 = 2\,\varepsilon_0$이며, 경계를 이루고 있을 때 그림과 같이 전계가 입사하여 굴절하였다면 유전체 ② 내의 전계의 세기는 E_2는 몇 $[\text{V/m}]$인가?

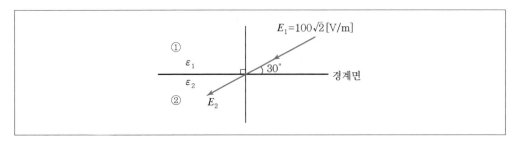

① 95

② 100

③ $100\sqrt{2}$

④ $100\sqrt{3}$

해설 1) $\dfrac{\tan\theta_1}{\tan\theta_2} = \dfrac{\varepsilon_1}{\varepsilon_2} = \dfrac{2\sqrt{3}\,\varepsilon_0}{2\varepsilon_0} = \sqrt{3}$

$\tan\theta_2 = \dfrac{1}{\sqrt{3}}\tan\theta_1 = \dfrac{1}{\sqrt{3}} \times \tan 60 = 1$

$\therefore \theta_2 = \tan^{-1}1 = 45[°]$

2) $E_1 \sin\theta_1 = E_2 \sin\theta_2$

$E_2 = \dfrac{\sin\theta_1}{\sin\theta_2}E_1 = \dfrac{\sin 60[°]}{\sin 45[°]} \times 100\sqrt{2} = 100\sqrt{3}$

08 간격 $d\,[\text{m}]$인 두 개의 평행판 전극 사이에 유전율 ε의 유전체가 있을 때 전극 사이에 전압 $V_m \sin\omega t$를 가하면 변위전류 밀도$[\text{A/m}^2]$는?

① $\dfrac{\varepsilon}{d}V_m \cos\omega t$

② $\dfrac{\varepsilon}{d}\omega V_m \cos\omega t$

③ $\dfrac{\varepsilon}{d}\omega V_m \sin\omega t$

④ $-\dfrac{\varepsilon}{d}V_m \cos\omega t$

해설 1) $i_D = \dfrac{\partial D}{\partial t} = \dfrac{\partial}{\partial t}\varepsilon E = \dfrac{\partial}{\partial t}\varepsilon \dfrac{V}{d}\,[\text{A/m}^2]$ 에서

2) $i_D = \dfrac{\partial}{\partial t}\varepsilon\dfrac{V}{d} = \dfrac{\partial}{\partial t}\dfrac{\varepsilon}{d}V_m \sin\omega t = \dfrac{\varepsilon}{d}V_m\dfrac{\partial}{\partial t}\sin\omega t$

$= \dfrac{\varepsilon}{d}V_m\omega\cos\omega t = \dfrac{\varepsilon}{d}\omega V_m \cos\omega t\,[\text{A/m}^2]$

정답 | 07 ④ 08 ②

09 자기회로에서 단면적, 길이, 투자율을 모두 $\frac{1}{2}$ 배로 하면 자기저항은 몇 배가 되는가?

① 0.5

② 2

③ 1

④ 8

해설 1) $R_m = \dfrac{\ell}{\mu s}$ 에서

2) $R_m{}' = \dfrac{\frac{1}{2}\ell}{\frac{1}{2}\mu \cdot \frac{1}{2}s} = 2 \cdot \dfrac{\ell}{\mu s} = 2R_m$

10 최대 전계 $E_m = 6[\text{V/m}]$인 평면 전자파가 수중을 전파할 때 자계의 최대치는 약 몇 $[\text{AT/m}]$인가? (단, 물의 비유전율 $\varepsilon_s = 80$, 비투자율 $\mu_s = 1$이다.)

① 0.071

② 0.142

③ 0.284

④ 0.426

해설 $\dfrac{E_m}{H_m} = \sqrt{\dfrac{\mu}{\varepsilon}} = \sqrt{\dfrac{\mu_0}{\varepsilon_0}} \cdot \sqrt{\dfrac{\mu_s}{\varepsilon_s}}$ 에서

$\dfrac{6}{H_m} = 377\sqrt{\dfrac{1}{80}} = \dfrac{377}{\sqrt{80}}$

$\therefore H_m = \dfrac{\sqrt{80} \times 6}{377} = 0.142[\text{AT/m}]$

11 무한장 솔레노이드에 전류가 흐를 때 발생되는 자계에 관한 설명 중 옳은 것은?

① 내부 자계은 평등 자장이다.

② 외부와 내부 자계의 세기는 같다.

③ 외부 자계은 평등 자장이다.

④ 내부 자계의 세기는 0이다.

해설 1) 무한장 솔레노이드의 내부

$H = \dfrac{NI}{\ell} = nI\left(n = \dfrac{N}{\ell}\right)$

• n : 단위 길이당 권수

2) 외부자계 : $H = 0$

정답   **09** ②   **10** ②   **11** ①

12 비유전율 $\varepsilon_s = 5$인 베이크라이트의 한 점에서 전계의 세기가 $E = 10^4\,[\mathrm{V/m}]$일 때, 이 점의 분극률 $x\,[\mathrm{F/m}]$는?

① $\dfrac{10^{-9}}{9\pi}$

② $\dfrac{10^{-9}}{18\pi}$

③ $\dfrac{10^{-9}}{27\pi}$

④ $\dfrac{10^{-9}}{36\pi}$

해설 1) $P = \varepsilon_0(\varepsilon_s - 1)E = xE$

$\qquad x(\text{분극률}) = \varepsilon_0(\varepsilon_s - 1) = \varepsilon_0(5 - 1) = 4\varepsilon_0$

2) $\dfrac{1}{4\pi\varepsilon_0} = 9 \times 10^9$

$\therefore 4\varepsilon_0 = \dfrac{1}{\pi \times 9 \times 10^9} = \dfrac{10^{-9}}{9\pi}$

13 무한히 넓은 접지 평면 도체로부터 수직 거리 $a\,[\mathrm{m}]$인 곳에 점전하 $Q\,[\mathrm{C}]$이 있을 때 이 평면 도체와 전하 Q와 작용하는 힘 $F\,[\mathrm{N}]$는 다음 중 어느 것인가?

① $\dfrac{1}{16\pi\varepsilon_0} \cdot \dfrac{Q^2}{a^2}$이며, 흡인력이다.

② $\dfrac{1}{4\pi\varepsilon_0} \cdot \dfrac{Q^2}{a^2}$이며, 흡인력이다.

③ $\dfrac{1}{2\pi\varepsilon_0} \cdot \dfrac{Q^2}{a^2}$이며, 반발력이다.

④ $\dfrac{1}{16\pi\varepsilon_0} \cdot \dfrac{Q^2}{a^2}$이며, 반발력이다.

해설 **무한히 넓은 접지 평면 도체(무한 평면도체)**

$$F = \frac{1}{4\pi\varepsilon_0}\frac{Q_1 Q_2}{r^2} = \frac{1}{4\pi\varepsilon_0}\frac{Q \times (-Q)}{(2a)^2} = \frac{1}{4\pi\varepsilon_0} \cdot \frac{-Q^2}{4a^2} = -\frac{Q^2}{16\pi\varepsilon_0 a^2}$$

14 그림과 같이 반지름 10[cm]인 반원과 그 직선 도선에 전류 10[A]가 흐를 때 반원의 중심 0에서의 자계의 세기[AT/m]는?

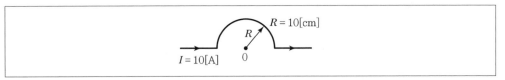

① 2.5, 방향 ⊙

② 2.5, 방향 ⊗

③ 25, 방향 ⊙

④ 25, 방향 ⊗

해설 1) 원형코일 중심의 자계 : $H = \dfrac{I}{2R}$

2) 반원 : $H_{\text{반원}} = \dfrac{I}{2R} \times \dfrac{1}{2} = \dfrac{I}{4R} = \dfrac{10}{4 \times 0.1} = 25$

정답 | 12 ① 13 ① 14 ④

15 전위 $V = 3xy + z + 4$일 때 전계 E는?

① $i\,3x + j\,3y + k$

② $-i\,3y - j\,3x - k$

③ $i\,3x - j\,3y - k$

④ $i\,3y + j\,3x + k$

해설 $E = -\,grad\,V = -\,\nabla V = -\left(i\dfrac{\partial}{\partial x} + j\dfrac{\partial}{\partial y} + k\dfrac{\partial}{\partial z}\right)V$

$\qquad = -\left(i\dfrac{\partial V}{\partial x} + j\dfrac{\partial V}{\partial y} + k\dfrac{\partial V}{\partial z}\right) = -(i3y + j3x + k) = -i3y - j3x - k$

16 내압 1,000[V] 정전용량 1[μF], 내압 750[V] 정전용량 2[μF], 내압 500[V] 정전용량 5[μF]인 콘덴서 3개를 직렬로 접속하고 인가전압을 서서히 높이면 최초로 파괴되는 콘덴서는? (단, 콘덴서의 재질이나 형태는 동일하다.)

① 1[μF]

② 2[μF]

③ 5[μF]

④ 동시에 파괴된다.

해설 Q 값이 작은 콘덴서가 가장 먼저 터진다.

• $Q_1 = 1000 \times 1 \times 10^{-6} = 1 \times 10^{-3}$[C]

• $Q_2 = 750 \times 2 \times 10^{-6} = 1.5 \times 10^{-3}$[C]

• $Q_3 = 500 \times 5 \times 10^{-6} = 2.5 \times 10^{-3}$[C]

17 그림에서 $S = 10\,[\mathrm{cm}^2]$, $l = 100\,[\mathrm{cm}]$, $\mu_s = 100$, $N = 1,000$회인 환상철심에 10[A]의 전류를 흘렸을 때 자계에 축적되는 에너지 $[\mathrm{J}]$를 구하면?

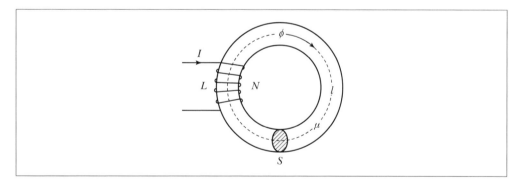

① $2\pi \times 10^{-3}$

② $2\pi \times 10^{-2}$

③ $2\pi \times 10^{-1}$

④ 2π

해설 $W[\mathrm{J}] = \dfrac{1}{2}LI^2 = \dfrac{1}{2}\dfrac{\mu SN^2}{\ell}I^2 = \dfrac{1}{2}\dfrac{\mu_0\mu_s SN^2}{\ell}I^2$

$\qquad = \dfrac{1}{2} \cdot \dfrac{4\pi \times 10^{-7} \times 100 \times 10 \times 10^{-4} \times 1,000^2}{100 \times 10^{-2}} \times 10^2 = 2\pi$

정답 | **15** ② **16** ① **17** ④

18 변위전류와 가장 관계가 깊은 것은?

① 반도체   ② 유전체

③ 자성체   ④ 도체

> **해설** **변위전류밀도**($i_D = \dfrac{\partial D}{\partial t} = \varepsilon \dfrac{\partial E}{\partial t} [\mathrm{A/m^2}]$)
>
> 유전체 내의 전속밀도의 시간적 변화를 말한다

19 간격 d의 평행 도체판 간에 비저항 ρ인 물질을 채웠을 때 단위 면적당의 저항은?

① ρd ② $\dfrac{\rho}{d}$

③ $\rho - d$ ④ $\rho + d$

> **해설** $RC = \rho \varepsilon$
>
> $R \times \varepsilon \dfrac{S}{d} = \rho \varepsilon$
>
> $\therefore R = \rho d$

20 전기 쌍극자로부터 r만큼 떨어진 점의 전위 크기 V는 r과 어떤 관계에 있는가?

① $V \propto r$ ② $V \propto \dfrac{1}{r^3}$

③ $V \propto \dfrac{1}{r^2}$ ④ $V \propto \dfrac{1}{r}$

> **해설** **전기 쌍극자**
>
> • 전계 : $E = \dfrac{M\sqrt{1+3\cos^2\theta}}{4\pi\varepsilon_0 r^3} \propto \dfrac{1}{r^3}[\mathrm{V/m}]$
>
> • 전위 : $V = \dfrac{M\cos\theta}{4\pi\varepsilon_0 r^2} \propto \dfrac{1}{r^2}[\mathrm{V}]\left(V = -\displaystyle\int_{\infty}^{r} E dr = \int_{r}^{\infty} E dr\,[\mathrm{V}]\right)$

전기기사 핵심완성 시리즈
1. 전기자기학

—

초 판 발 행   2024년 2월 5일

편   저   김명규
발 행 인   정용수
발 행 처   예문사
주   소   경기도 파주시 직지길 460(출판도시) 도서출판 예문사
T E L   031) 955 – 0550
F A X   031) 955 – 0660

등 록 번 호   11 – 76호

정   가   18,000원

홈페이지 http://www.yeamoonsa.com

ISBN   978 – 89 – 274 – 5297 – 3   [13560]